期货投资者教育系列丛书

铁矿石期货

中国期货业协会 编

中国财政经济出版社

图书在版编目（CIP）数据

铁矿石期货／中国期货业协会编．—北京：中国财政经济出版社，2014.11（2023.6重印）
（期货投资者教育系列丛书）
ISBN 978－7－5095－5809－6

Ⅰ.①铁…　Ⅱ.①中…　Ⅲ.①铁矿物－期货交易－基本知识　Ⅳ.①F830.9

中国版本图书馆CIP数据核字（2014）第267172号

责任编辑：贾延平　　　　责任校对：王　英
封面设计：徐广山　　　　版式设计：董生萍

中国财政经济出版社 出版
URL：http：//www.cfeph.cn
E－mail：cfeph@cfeph.cn

社址：北京市海淀区阜成路甲28号　邮政编码：100142
发行处电话：88190406　财经书店电话：64033436
北京中兴印刷有限公司印刷　各地新华书店经销
787×1092毫米　16开　21.25印张　335 000字
2014年12月第1版　2023年6月北京第6次印刷
定价：47.00元
ISBN 978－7－5095－5809－6/F·4696
（图书出现印装问题，本社负责调换）
本社质量投诉电话：010－88190744
打击盗版举报热线：010－88191661　QQ：2242791300

本书编写人员

蔡卓飞

总 序 言

近年来，在党中央国务院的正确领导下，随着《国务院关于推进资本市场改革开放和稳定发展的若干意见》的深入贯彻落实，我国期货市场取得了稳步较快发展的良好局面。但是由于当前我国期货市场“新兴加转轨”的特征依然突出，市场制度和结构仍存在缺陷，风险防范和化解的自我调节机制尚未完全形成，市场主体发育不成熟，我国期货市场的整体波动和投机性仍较强，这些都对期货市场的改革发展提出了新的挑战。

与此同时，在新的市场环境和对外开放的条件下，随着我国期货市场规模的不断发展壮大，国内市场与国际市场的联系日趋紧密，影响期货市场运行的外部因素也更为多样化和复杂化，由美国次级债危机引发的国际金融市场动荡不安，国内外商品市场价格频繁而剧烈的波动，都增加了期货市场风险控制和日常监管的难度，给我国期货市场的稳定、健康的运行带来了新的挑战。

在这样一个新的形势下，期货市场的持续活跃和规范运作吸引了许多新的市场参与者，期货市场的开户数快速增长，特别是新入市的个人投资者比重较大且呈持续上升趋势。大宗商品和资产价格的频繁剧烈波动也使越来越多的企业开始意识到利用期货市场进行风险管理的重要性。但是由于对期货市场的交易特点和运行机制缺乏详细了解，同时风险意识淡薄，受期货高杠杆、高回报的诱惑，而忽视了期货的高风险特征，导致非理性投资行为上升，产生了不必要的损失。投资者是期货市场的重要主体，期货市场的发展离不开投资者的积极参与，特别是成熟投资者的参与。因此，在当前我国期货市场的快速发展时期，做好投资者教育工作更加意义深远。

做好投资者教育工作，既是保护投资者合法权益、促进期货市场稳步发展的客观需要，也是加强我国期货市场建设、促进市场稳定运行的关键环节。持续不断地开展行之有效的投资者教育活动，使投资者了解期货高杠杆、高风险的特点，了解期货市场的产品及交易规则，减少投资者的盲目性，特别是牢固树立"买者自负"的风险意识，从而理性参与期货交易，增强投资者的自我保护能力，才是对投资者最好、最有效的保护。同时，通过投资者教育，有助于投资者客观、正确地认识和参与期货市场，可以进一步促进培育诚实守信、理性健康的市场文化，促进期货市场功能的有效发挥和市场的平稳有序运行。期货市场的投资者教育工作任重而道远，是一项长期的、系统性的工程，需要持之以恒地开展下去。

近年来，围绕投资者教育工作，期货市场的监管部门、自律组织与中介机构都深入进行了形式多样、内容丰富和卓有成效的大量工作。由中国期货业协会组织编写的这一套《期货投资者教育系列丛书》就是协会按照中国证监会的统一部署，贯彻落实期货投资者教育工作的重要措施之一。该丛书作为期货市场第一套系统介绍我国上市期货品种的投资者教育普及读物和中国期货业协会期货投资者远程教育学院课程的基础性教材，以广大普通投资者为服务对象，兼顾了现货企业等专业机构的需求。本套丛书在体例上采取简单明了的问答体例，在语言上深入浅出，通俗易懂，可读性强。在内容上，丛书以"风险教育"为主线，不仅对国内上市的期货品种基本知识和交易规则进行了详细介绍，更从期货品种相关的现货生产、加工、贸易和消费等产业链的各个环节对该产品的特性进行了系统介绍，从而使得投资者能够得到更加全面、深刻的理解。同时，丛书还选取了大量包括套期保值、套利交易等典型实务操作案例，作为投资者了解和学习该产品的辅助材料，充分体现了丛书的实用性和可操作性特点。衷心希望本丛书的出版能够为期货投资者了解期货市场，树立风险意识，理性参与交易提供有益的帮助。

姜　洋

目　录

第一章

铁矿石现货基础知识

本章要点

铁矿石期货是2013年中国商品期货市场推出的重量级交易品种之一，其成功上市基本完善了期货市场中钢铁产业链产品的基本分布，对于钢铁及其周边贸易领域具有非常重要的意义。本章首先围绕铁矿石的品种特点、资源分布、开采情况三大方面进行了系统性介绍，为投资者全面认识铁矿石期现货打下必要的知识基础，为铁矿石期货的基本面分析、期货合约解读及交割品质等做好铺垫，引导投资者继续研读铁矿石期货的投资思路及投资设计方法。

一、铁矿石的种类有哪些？

铁矿石是指存在利用价值的、含有铁元素或铁化合物的矿石。铁矿石的用途单一，98%作为钢铁的生产原材料。以目前钢铁生产水平来衡量，生产1吨生铁约需要1.6吨铁矿石，铁矿石在生铁成本权重中占比达50%～60%。

铁矿石的主要有用成分为铁的氧化物。人们日常生产过程中利用的天然铁矿石按照化学成分的不同主要包括以下四大类：磁铁矿、赤铁矿、褐铁矿和菱铁矿（见表1-1）。

表1-1　　主要铁矿石种类及基本特征

分类	矿样图	基本描述
磁铁矿		主要成分：Fe_3O_4，理论含铁72.4% 典型代表：中国、乌克兰、俄罗斯精粉
赤铁矿		主要成分：Fe_2O_3，理论含铁70% 典型代表：Newman粉
褐铁矿		褐铁矿：$mFe_2O_3 \cdot nH_2O$，理论含铁约62% 典型代表：火箭、扬迪、罗布河粉
菱铁矿		主要成分：$FeCO_3$，理论含铁小于50% 典型代表：Harz矿，量少，主要分布集中于波兰、德国、美国

数据来源：中国冶金矿山工业协会。

（一）磁铁矿

化学属性（质量分数）：磁铁矿中氧化亚铁（FeO）约占31.03%，三氧化二铁（Fe_2O_3）约占68.97%，铁（Fe）的总含量为72.4%，氧（O）的总含量为27.6%。磁铁矿的颜色为铁黑色，条痕为黑色，半金属光泽，不透明。磁铁矿的硬度为5.5～6.5，比重为4.9～5.2，具强磁性。磁铁矿中常有相当数量的钒、钛、镁等以类质同象伴随，因而天然矿石中经常形成一些矿物亚种，如钛磁铁矿、钒磁铁矿、钒钛磁铁矿、铬磁铁矿、镁磁铁矿等。磁铁矿是岩浆成因铁矿床、接触交代—热液铁矿床、沉积变质铁矿床，以及一系列与火山作用有关的铁矿床中铁矿石的主要矿物。此外，磁铁矿也常见于砂矿床中。磁铁矿氧化后可变成赤铁矿，但仍能保持其原来的晶形。磁铁矿是目前使用比例最大的铁矿石品种。

（二）赤铁矿

自然界中铁的最稳定氧化物 Fe_2O_3 的同质多象变种已知有两种，即 $\alpha-Fe_2O_3$ 和 $\gamma-Fe_2O_3$。前者在自然条件下稳定，称为赤铁矿；后者在自然条件下不如 $\alpha-Fe_2O_3$ 稳定，处于亚稳定状态，称为磁赤铁矿。赤铁矿中，Fe 占 69.94%，O 占 30.06%，常含类质同象混入物 Ti、Al、Mn、Fe^{2+}、Ca、Mg 及少量 Ga 和 Co。结晶赤铁矿为钢灰色，隐晶质；土状赤铁矿呈红色，条痕为樱桃红色或鲜猪肝色；金属至半金属光泽，有时光泽暗淡。赤铁矿的硬度为5～6，比重为 5～5.3。赤铁矿的集合体有各种形态，形成一些矿物亚种：如镜铁矿，其为具有金属光泽的玫瑰花状或片状赤铁矿的集合体；又如云母赤铁矿，其为具有金属光泽的晶质细鳞状赤铁矿。赤铁矿是自然界中分布很广的铁矿物之一，可形成于各种地质作用，以热液作用、沉积作用和区域变质作用为主。

（三）褐铁矿

褐铁矿是几种矿物的混合体，主要为针铁矿、纤铁矿、水针铁矿、水纤铁矿以及含水氧化硅、泥质等的混合物。其化学成分变化大，含水量变化也大。

1. 针铁矿为 $\alpha-FeO(OH)$，Fe 含量为 62.9%。含不定量的吸附水者，称为水针铁矿，即 $HFe-O_2NH_2O$。针铁矿是斜方晶系，形态有针状、柱状、薄板状或鳞片状；通常呈豆状、肾状或钟乳状；切面是平行或放射纤维状构造，有时呈致密块状、土状，也有呈鲕状；颜色为红褐色、暗褐色至黑褐色。经风化而成的粉末状、赭石状褐铁矿则呈黄褐色。针铁矿的条痕为红褐色，硬度为 5～5.5，比重为 4～4.3。褐铁矿的条痕一般为淡褐或黄褐色，硬度为 1～4，比重为 3.3～4。

2. 纤铁矿为 γ - FeO（OH），Fe 含量为 62.9%。含不定量的吸附水者，称水纤铁矿，即 FeO（OH） - NH_2O。纤铁矿是斜方晶系，常见的是鳞片状或纤维状的集合体；颜色呈暗红至黑红色；其条痕为橘红色或砖红色，硬度为4 ~5，比重为 4.01 ~4.1。

（四）菱铁矿

化学属性：菱铁矿主要成分是 $FeCO_3$，FeO 含量为 62.01%，CO_2 含量为 37.99%，常含有 Mg 和 Mn；三方晶系；常见菱面体，晶面常弯曲。其集合体呈粗粒状至细粒状，亦有呈结核状、葡萄状、土状者。菱铁矿呈黄色、浅褐黄色（风化后为深褐色），有玻璃光泽，硬度为 3.5 ~4.5，比重为 3.96 左右，硬度和比重因 Mg 和 Mn 的含量不同而有所变化。

小贴士

铁矿石贸易中常用术语解释

1. 硬度

广义硬度是指材料局部抵抗硬物压入其表面的能力，用以衡量固体对外界物体入侵的局部抵抗能力，俗称软硬程度。衡量硬度的指标各异，根据侧重面不同主要有莫氏硬度、布氏硬度、洛氏硬度、维氏硬度、里氏硬度、肖氏硬度等。铁矿石硬度是用于衡量、表征矿石物料破碎难易的指标，国际通用以莫氏标准矿物硬度比较法为基准，中国还采用普氏岩矿坚固性系数 f（俗称岩矿硬度系数）表征矿石硬度。本书中采用的是莫氏硬度。莫氏硬度以硬度从小到大的滑石、石膏、方解石、萤石、磷灰石、正长石、石英、黄玉、刚玉、金刚石十种标准矿物的硬度为标尺，分为 1 ~10 级硬度标准。铁矿石硬度一般分布在 5 ~6.5 的范围内。

2. 比重

比重也称相对密度（英文缩写为 s.g），常用固体比重是该物质（完全密实状态）的密度与在标准大气压下 3.98℃ 时纯 H_2O 下的密度

（999.972 kg/m^3）的比值，属无量纲量，一般情形下随温度、压力而变。铁矿石比重一般分布在3.9～4.2，换算成密度约为4g/cm^3。

3. 同质多象

同质多象，化学组成相同的物质，在不同的物理化学条件下，能结晶成两种或多种不同结构的晶体的现象，也称多晶型或同质异象，旧称多形性。同种物质的不同变体的化学组成虽然相同，但微观晶体结构不同，因而它们的物理性质、化学性质也不相同。最常见的同质多象为石墨和金刚石的差异。同质异象可以互相转换。铁矿石由于其主要成分为铁的多种氧化物，晶体形态的差异性更加明显，从而造就了自然界中各种形态的天然铁矿石。而铁矿石冶炼预处理过程也经常涉及同质异象体间的互相转换。

4. 公吨、长短吨

公吨是公制的单位，在英文中原本的表达法为 tonne 或者 metric ton。使用范围广，故常把 metric ton 缩略为 ton。实际上，吨（原本意义上的吨）是英制单位，英文中是 ton。英国和美国对 ton 的定义不同。在英国，1 ton＝1 016 千克，因此，英国的吨又称为 long ton，即长吨；在美国，1 ton＝907 千克，因此，美国的吨又称为 short ton，即短吨。由于铁矿石国际贸易涉及不同文化与不同地域，在洽谈及合同中都会标注得非常仔细，以防理解差异造成的损失，但大部分非文字报价仍然将“公吨”与“吨”等同。

5. 粉矿、烧结矿、球团矿

天然铁矿石经过破碎、磨碎、选矿等加工处理成矿粉，这叫精矿粉。精矿粉按照选矿方法的不同分为多种精矿粉，如磁选、浮选、重选等精矿粉；而高炉冶炼并不能直接应用矿粉，必须使用具有一定形状的块状结构。烧结矿即是将铁矿粉（铁精粉）掺入一定的黏合剂经高温烧结为块状料进高炉。烧结的作用也就是将铁矿粉做成可供高炉使用的块状料，而球团矿则是把精矿粉和石灰石粉混匀后，滚成或压成直径为 10～30 毫米的生球，经过干燥和高温焙烧，使颗粒固结。球团矿颗粒均匀，透气性和还原性好，一般按其中金属铁的还原程度分为氧化球团与金属化球团。

6. 干基、湿基

干基和湿基，即湿基表示法和干基表示法。湿基表示法是以物料质量为基准计算的，而干基表示法是以物料中固体干物质为基准计算的。铁矿石生产、运输过程都要接触水分，因此在定价、谈判时务必要标明干基价格还是湿基价格。干基价格是在湿基价格基础上水分扣重的实际价格，两者转换公式为：干基价格 = 湿基价格/（1 − 水分的百分比）。

二、描述铁矿石品位有哪些主要参考指标？

矿石品位是衡量矿床经济价值的主要指标，其含义指单位体积或单位重量矿石中有用组分或有用矿物的含量。国际上通用的铁矿石品位以重量百分比表示。例如，62%铁矿石（业内俗称“62 铁矿”）表示，在此类铁矿石中，有用铁（Fe）的质量分数为62%，其余部分为其他矿物成分或杂质，如该矿种为赤铁矿，其主要成分三氧化二铁（Fe_2O_3）的含量将达 88.5%，其余矿物成分仅占 10% 左右。另外，铁矿石的品位是评定其利用价值的主要指标，而实际在工业和商业上综合评定铁矿石价值的指标则分以下几部分。

（一）化学成分

有用成分：铁含量，即矿石品位。含铁量愈高，含有杂质就愈少，于是，在运输的过程中浪费在无用杂质上的费用就愈低，在冶炼的过程中浪费在无用成分上的燃料费用就愈少。所以，铁矿石中铁的含量对它的价值影响很大。一般说来，平均含铁量在 50% 以上的矿石都可以称为富矿，已经有不必经过处理就直接运输的价值。若低于此数值则必须在矿场附近加以富集处理，再运输至钢厂当原料。

无用成分：矿石中的脉石（矿石中没有使用价值或不能被利用的部分

称为脉石，矿体周围的岩石叫围岩，夹在矿体中的岩石称为夹石。矿体围岩和夹石通称为废石，废石与矿石的概念是相对的，在采矿过程中伴随采出的无工业品位的岩石都叫废石）的化学成分，对于它的价值亦有很大的影响，因为鼓风炉中分离杂质和铁液的原理是：把矿石熔融之后利用熔铁液和杂质熔液比重不同形成上下两个液相而加以分离。所以，凡是在熔融状态下，都不希望脉石中含有可溶解在铁熔液中的有害物质，例如硫、磷及钴、钒、铬的化合物。除了上述无用成分之外，其他的如水分的含量高及碳酸盐的含量高都会造成煅造过程中燃料的增加。另外，如果杂质氧化物多，则还原剂的耗用量就会增加，而且有害成分越多，对炉衬的腐蚀作用就越明显。这些都是在选择矿石时必须要考虑的。从目前大多数国内钢厂的生产水平来分析，原料铁矿石的品位增加 1，焦比可下降 2%，吨钢生产成本可降低 3% 左右。

铁矿石常用化学成分标准要求见表 1 - 2。

表 1 - 2　　铁矿石常用化学成分标准要求与说明

元素	允许的质量分数(%)	危害及说明
硫 S	≤0.3	使钢产生热脆，易轧裂
磷 P	≤0.3	对酸性转炉生铁，磷使钢产生冷脆，烧结及炼铁过程皆不能除磷
	0.03 ~ 0.18	对碱性平炉生铁
	0.2 ~ 1.2	对碱性转炉生铁
	0.05 ~ 0.15	对普通铸造生铁
	0.15 ~ 0.6	对高磷铸造生铁
锌 Zn	≤0.1 ~ 0.2	Zn 在 900℃ 挥发，上升后冷凝沉积于炉墙，破坏炉衬
铅 Pb	≤0.1	Pb 易还原，密度大，与 Fe 分离沉于炉底，破坏炉底，Pb 蒸汽在高炉上部循环积累，形成炉瘤，破坏炉衬
铜 Cu	≤0.2	少量 Cu 可改善钢的耐腐蚀性，但 Cu 过多使钢热脆，不易焊接和轧制
砷 As	≤0.07	使钢冷脆，不易焊接，生铁含 As≤0.1%

续表

元素	允许的质量分数(%)	危害及说明
钛 Ti	(TiO_2) 15~16	降低冷脆，不易焊接，生铁含 Ti≤0.1%
钾 K 和钠 Na	—	易挥发，在炉内循环积累，造成炉瘤，降低焦炭及矿石强度
氟 F	—	在高温下气化，腐蚀金属，有毒性危害，CaF_2 侵蚀破坏炉衬

数据来源：《钢铁冶金》。

（二）物理性质

在鼓风炉中用来还原氧化铁的主要还原剂是气态的一氧化碳（CO），而矿石则是固体的状态，因此，这个还原反应是发生在气相和固相之间，两相之间接触面的大小和接触时间的长短都会影响这个还原反应的速度。原则上希望两相的接触面要大，两相接触的时间要久。为了满足这两个要求，对铁矿石的物理性质考虑要着重下面三个因素：

1. 铁矿石的气孔性要高：气孔性高表明表面积大，且表面吸附力大，与还原性一氧化碳气体的亲和力大，反应面积大，有利于还原反应快速、高效率进行。

2. 铁矿石粒度要适中：粒度愈小，单位重量矿石表面积就愈大，有利于还原反应。但是，粒度太小之后，会影响鼓风炉中的通气性，而且也容易被热风带出，增加炉顶气体中的尘埃量。目前，大部分高炉粉矿应用要求颗粒直径在 10~30 毫米之间。

3. 矿软化点要高，保证炉内气孔性良好。

铁矿石常用物理性质见表 1-3。

表 1-3　铁矿石常用物理性质及要求说明

物理性质	适宜范围	说明
气孔性	>15%	原则上期望气孔性越大越好，这样能提高冶炼速度，并使冶炼反应更加完全，但是考虑到后续的硬度和强度要求，一般高炉矿料气孔率不会超过 35%

续表

物理性质	适宜范围	说明
粒度	5～35 毫米	现代高炉适宜矿物颗粒的最佳直径在 10～30 毫米之间，稍大或稍小颗粒可以以混料方式加入，同样也可以达到冶炼要求，但要控制混料比例，避免由于颗粒差距使得矿料强度下降
硬度	3.8～4.5	硬度主要保证了矿料在炉内的堆积要求，以避免发生坍塌和破碎，同时要考虑到气孔性要求，这样硬度就不宜过高
软化温度	1 250～1 400℃	要求矿料软化温度要足够高，区间足够小，以方便控制在所需温度发生软化作用

数据来源：《钢铁冶金》。

三、世界铁矿石资源的分布情况如何？

（一）世界铁矿石资源的分布情况

根据 2012 年美国地质调查局（USGS）对全球范围内铁资源分布的调查数据，截至 2012 年底，世界铁矿石基础储量为 3 700 亿吨，储量为 1 700 亿吨。从国别分布看，世界铁矿石储量（见图 1－1、图 1－2）主要集中在澳大利亚、巴西、俄罗斯和中国，储量分别为 350 亿吨、290 亿吨、250 亿吨和 230 亿吨，分别占世界总储量的 20.6%、17.1%、14.7% 和 13.5%，四国储量之和占世界总储量的 65.9%。另外，印度、乌克兰、哈萨克斯坦、美国、加拿大和瑞典的铁矿资源也较为丰富。由于品位不同，世界铁元素与铁矿石分布并非完全一致。世界铁元素储量主要集中在澳大利亚、巴西和俄罗斯，储量分别为 170 亿吨、160 亿吨和 140 亿吨，分别占世界总储量的

21.3%、20.0%和17.5%，三国储量之和占世界总储量的58.8%。铁储量和基础储量最能代表一国铁矿资源的丰富程度，因此，澳大利亚、巴西和俄罗斯是世界铁矿资源最丰富的国家。虽然中国的铁矿石储量很大，但铁矿石品位低，含铁量不突出。

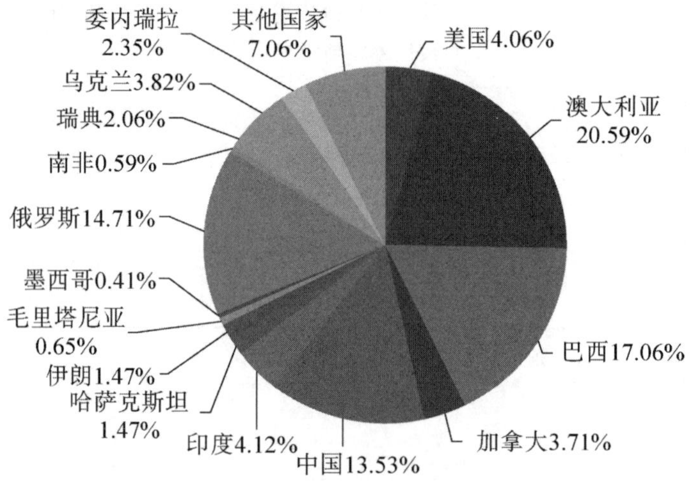

图1-1 2012年世界铁矿石储量分布

数据来源：我的钢铁网。

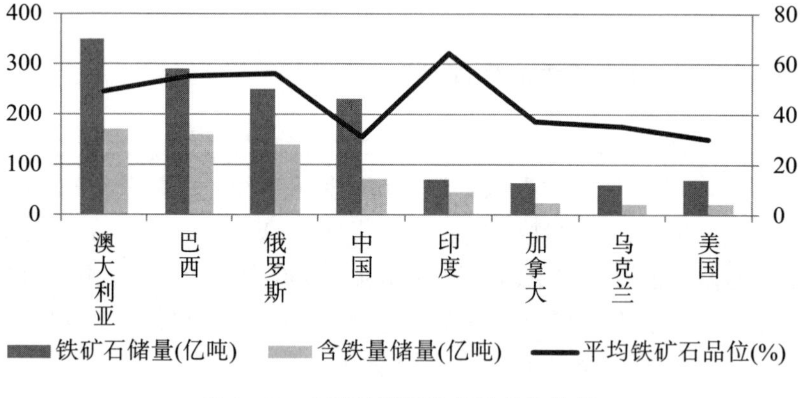

图1-2 全球铁矿石储量及品位分布

数据来源：USGS。

全球大型铁矿集中度较高，主要集中分布于澳大利亚、巴西、印度及俄罗斯，但目前绝大多数优质矿藏已被大型矿商垄断。2012 年世界主要大型矿山分布见表 1－4。

表 1－4　　2012 年世界主要大型矿山分布

国家	矿区名称	基础储量（亿吨）	品位（%）	主要企业
澳大利亚	哈默斯利	320	57	RIO、BHP
巴西	铁四角	300	35～69	VALE
巴西	卡拉加斯	180	60～67	VALE
印度	比哈尔奥亚萨	67	＞60	MMTC
俄罗斯	库尔斯克	435	46	列别金、马哈伊洛夫、斯托伊连

数据来源：USGS。

（二）巴西铁矿石的特点

巴西铁矿资源非常丰富，其铁矿石主要分布在米纳斯吉拉斯州，其中伊塔比拉的铁储量最为丰富，具有“铁山”之称。伊塔比拉露天铁矿是世界储量最大的高品位铁矿之一。淡水河谷（VALE）公司几乎垄断了巴西的铁矿石生产市场，淡水河谷成立于 1942 年，是世界第一大铁矿石生产和出口公司、全球第二大矿业公司，也是美洲最大的采矿业公司。公司主要产品有铁矿砂、锰矿砂、铝矿、金矿等矿产品及纸浆，还经营港口、铁路和能源等项目。淡水河谷公司经过多次资产重组和企业兼并，目前已拥有 MBR 公司和萨米特里—萨马尔库两家公司 50% 的股权，已实际控制这两家公司，大部分巴西境内的铁矿已被淡水河谷公司控股。目前，淡水河谷铁矿石产量占巴西全国总产量的 80% 左右。

淡水河谷的铁矿资源主要集中在巴西南部的“铁四角”和北部的巴拉州地区，拥有挺博佩贝铁矿、卡潘尼马铁矿、卡拉加斯铁矿等，其中，铁矿石已探明储量 92 亿吨，潜在储量 60 亿吨。淡水河谷在世界设有 5 个办事处，1994 年办事处进驻中国。淡水河谷在 15 个国家和地区有业务经营和矿产开采活动，中国也有其投资项目。2010 年，淡水河谷在世界各国的收入比重如下：欧洲是 19%，巴西是 18%，中国是 33%，亚洲其他国家是 20%，其他国家是 10%。此外，淡水河谷公司还控制了巴西北部矿区通往 Ponta Da Madeira 港的铁路和 Ponta Da Madeira 港口，控制了南部各矿区通往 Sepetiba 港和 Tubarao 港的铁路和港口设施。

巴西铁矿主要由赤铁矿组成，具有高铁、中硅、低铝的特点，是目前大型钢铁厂首选原料之一。其脉石部分主要是石英，Al_2O_3/SiO_2 比较低，有利于液相形成，且粒度合理。以淡水河谷公司为例，其北部的卡拉加斯地区的铁矿石 TFe 超过 67%，SiO_2 小于 2%；南部伊塔比拉地区的铁矿石 TFe 超过 66%，SiO_2 小于 4%，Al_2O_3 不大于 0.8%，是优质的烧结用矿。此外，巴西铁矿的细粉少，黏性小，在与其他矿配合使用时，要特别注意其特点，以达到成本最低、冶金性能最好、烧结矿产量高的效果。

（三）澳大利亚铁矿石的特点

澳大利亚有丰富的铁矿石资源，富矿较多。澳大利亚 95% 的铁矿储藏在西澳州，西澳州是全球铁矿主要产地之一，该州 90% 的铁矿资源蕴藏在皮尔巴拉（Pilbara）地区。

目前，澳大利亚铁矿石开采公司有 20 个左右，但已探明铁矿石储量大部分被力拓（RIO）及必和必拓（BHP）两大公司掌控。其中，力拓矿业公司（英澳合资）成立于 1873 年，1962 ~ 1997 年间，力拓公司先后兼并了几家具有全球影响力的矿业公司，并在 2000 年顺利收购了澳大利亚北方矿业公司，成为在勘探、开采和加工矿产资源方面领先的巨型矿业公司。力拓集团在澳大利亚境内主要拥有三家铁矿生产企业，即哈默斯利（力拓全资子公司）、罗布河公司（力拓控股 53%）以及何普山铁矿（力拓控股 50%）；在加拿大境内则拥有加拿大采矿公司。力拓集团目前拥有铁矿石探明储量约 21 亿吨，潜在储量 13 亿吨。

必和必拓公司是全球第三、澳大利亚第二大铁矿企业，在 2001 年由两家巨型矿业公司——BHP 与英国比利登（Billition）合并而成，现在已经是全球最大的采矿公司。必和必拓公司在西澳经营鲸背山矿业公司（Mount Whale Back）及其附属矿体的 23/25、金伯利巴矿业公司（Jimblebar）、扬迪矿业公司（Yandi）和戈尔兹沃西矿业公司（Goldsworthy）矿山。该公司还在巴西萨马尔库矿业公司（Samarco）的矿山拥有 50% 的股份。BHP 铁矿有限公司的矿山位于澳大利亚西部皮尔巴拉地区，分别有纽曼、扬迪和戈德沃斯三个矿区和在亚里南部的 C 采区，探明储量 25 亿吨，潜在储量 30 亿吨。

力拓及必和必拓的合计产量约占澳大利亚铁矿石总产量的 80%。

（四）印度铁矿石的特点

印度有超过 200 亿吨的大型、丰富、潜在的铁矿储量。其中，赤铁矿占铁矿总储量的 75%，50% 以上的赤铁矿是具有 62% 以上铁含量的中等品位和高品位铁矿，这种品位的铁矿石可以块矿、烧结矿或球团矿形式直接用于高炉冶炼。

印度铁矿石主要分为以下五个地区：

1. 库德雷美克铁矿。其矿山位于卡纳塔克邦，探明铁矿储量 7 亿吨，矿石平均品位 Tfe 含量为 38.6%，是可产 Fe 含量为 66.5% ~67% 的铁精矿。其在港口合资建有球团厂。

2. 拜拉迪尔铁矿。其矿山位于中央邦南部的巴斯塔尔县，估计储量 30 亿吨，其中含 Fe 达 65% 的矿石 6 亿吨。除供国内钢铁企业使用外，约 50% 经维扎加帕特南港出口。

3. 多里玛兰铁矿。其矿山位于卡纳塔克邦的贝拉里地区，探明储量 1.55 亿吨，平均品位 Fe 含量为 64.5%。其矿石运到 560 公里处的马德拉斯港出口。

4. 果阿地区。果阿地区铁矿分布广，矿床规模小，含铁品位高。目前，在果阿矿区至少有 80 家矿山正在开采。年产 50 ~200 万吨的矿山有丹普、萨尔戈卡、图道等。该地区铁矿石出口量约占印度的三分之一。

5. 奇里亚铁矿。其矿山位于比哈尔邦的辛格布姆县，铁矿储量 19.7 亿吨，含铁品位 Tfe 含量为 62% ~63%。该矿没有大规模开采，产品只供国内使用。

与澳大利亚粉矿（哈默斯利粉矿）相比，印度的果阿铁矿烧结生产率低，转鼓指数也低，但烧结矿合格率高。果阿烧结矿的铁含量与哈默斯利烧结矿的铁含量大致相同，但 SiO_2 和 Al_2O_3 含量低。单矿烧结杯试验表明，果阿烧结矿的低温直接还原指数和还原指数优于哈默斯利烧结矿。

印度铁矿石主要供应商有 MMTC（Minerals and Metals Trading Corporation Ltd，为印度最大进出口公司）、KMMI、MSPL、NMDC。其中，品位在64%以上矿的出口要通过印度的 MMTC。印度主要的国有矿山包括国家矿业发展公司（NMDC）、印度钢铁管理中心（SAIL）和 Kudremukh 铁矿公司（KIOC）。这几家公司是行业的巨头，并且控制着铁矿石的产量。印度的私有矿山有许多公司，其中最重要的塔塔钢铁公司（Tata Steel），是一个综合性钢铁企业，每年的铁矿石产量达到600 万~700 万吨，主要来源于 Noamunid 和 Joda East 两座矿山。印度所有的生产商都有出口的能力，但他们又是相对独立的。日本原是印度铁矿的最大买主，但目前其份额已下降到 33% 左右，韩国及中国台湾地区是另外两个印度铁矿的主要买主。

印度内陆运出铁矿石的主要港口有 Paradeep 港和 Haldia 港（东部）、Visakhapatnam 港（中部）、Bellary Hospet 地区用的 Chennai 港、Kudremukh 地区的 New Mangalore 港，以及 Goa 和 Karntaka 地区的 Kudremukh 港和 Mormugao 港。

值得注意的是，印度政府已经逐步加大对印度铁矿石出口的限制，以保护国内相对欠发达的钢铁产业。

（五）俄罗斯和乌克兰铁矿石的特点

俄罗斯铁的基础储量约占世界的 17.5%。俄罗斯有三个地区的铁矿石储量最丰富，分别是中央黑土区、乌拉尔经济区和西伯利亚地区。

中央黑土区铁矿石的储量异常丰富，其中库尔斯克磁力异常区的铁矿石含铁量相当高，平均为 32%，有的富铁矿石含铁量最高可达 56%~62%，而且该地的铁矿石埋藏浅，易于开采，储量占俄罗斯铁矿石总储量的 57.4%。

乌拉尔经济区包括 5 个州（库尔干州、奥伦堡州、彼尔姆州、斯维尔德洛夫斯克州和车里亚宾斯克州）和两个共和国（巴什基尔和乌德摩尔梯亚）。该经济区面积为 82.4 万平方公里，占俄联邦总面积的 4.8%。乌拉尔经济区已发现的矿藏有 1 000 多种，自然资源丰富。该地区蕴藏最丰富的就是黑色金属矿石和有色金属矿石。该区铁矿石基础储量有 150 亿吨，其中，83.8% 为钛磁铁矿石，80% 的铁矿石分布在斯维尔德洛夫斯克州。

乌拉尔经济区的铁矿石储量占俄罗斯铁矿石总储量的16.7%，西伯利亚地区的铁矿石储量占12.8%，远东地区的铁矿石储量也很丰富，占俄罗斯铁矿石总量的8%。俄罗斯的贫铁矿储量十分丰富，拥有许多储量在5亿吨以上、适宜露天开采的大型铁矿区——西伯利亚地区的铁矿石基础储量超过40亿吨。

乌克兰位于欧洲东部，乌克兰铁矿主要储存在克里沃罗格和亚速—黑海铁矿地区。乌克兰矿业公司属于国有矿业公司，其下属公司有中央采矿选矿公司、北方采矿选矿公司、因古列茨基采矿选矿公司、苏哈亚巴尔卡采矿选矿公司、南方采矿选矿公司和克里沃罗格矿。乌克兰的铁矿石以供应本国和欧洲为主，亚洲市场份额很小，基本上就是与中国的边境小额贸易，其对世界铁矿石市场价格影响较小。

四、中国铁矿石资源的分布情况如何？

除上海、香港特别行政区、澳门特别行政区外，铁矿石在我国其他省份均有分布。我国东北、华北的铁矿地质勘查程度较高，其铁矿资源占总量的约72.7%，其境内铁矿资源情况基本清楚，今后难以找到大型铁矿。西部地区勘查储量比重为28.3%，但其勘查工作程度较低，仍有发现大型铁矿的可能。

就省份而言，目前已探明铁矿石储量辽宁位居榜首，占全国总资源量的24.08%，四川省的储量排名第二。河北、山西、安徽、云南、内蒙古次之。辽宁、河北、四川三省，占全国铁矿石总储量的48%。从区域看，环渤海地区是我国铁矿石资源的主要分布地区，该地区储量占总储量的56.5%，西南地区储量也较多，比重为16.5%，其他地区储量较低，比重均低于10%。

我国铁矿石矿区较为分散。其中，储量大于1亿吨的大型矿区有101处，合计储量占68.1%；储量在0.1亿~1亿吨的中型矿区470处，合计储量占 27.3%；储量小于 1 000 万吨的小型矿区 1 327 处，合计储量占 4.6%。我国铁矿资源在整体分布很散的状况下，局部又相对集中在十大矿区，这十大矿区合计储量占总储量的 64.8%。其中，鞍—本矿区占总储量的 23.5%，冀—密矿区占 11.8%，攀—西矿区占 11.5%，五（台山）—吕（梁山）矿区占 6.2%，宁—芜矿区占 4.12%，包—白矿区占 2.2%，鲁中矿区占 1.74%，邯邢矿区占 1.6%，鄂东矿区占 1.34%，海南矿区占 0.8%。这种整体分散、局部集中的特点，使我国铁矿资源开发利用不得不采取以大中型矿山为主、地方中小矿山为辅、民营群采并存的格局。

中国主要铁矿石产区如下：

1. 东北地区铁矿主要是鞍山矿区，它是目前我国储量、开采量最大的矿区，大型矿体主要分布在辽宁省的鞍山（包括大弧山、樱桃园、东西鞍山、弓长岭等）、本溪（南芬、歪头山、通远堡等），部分矿床分布在吉林省通化附近。鞍山矿区是鞍钢、本钢的主要原料基地。

鞍山矿区矿石的主要特点：

（1）从铁品位来看，该地区相较于国外来说富矿较少，约 98% 为含铁量在 20% ~40% 的贫矿，平均 30% 左右，必须经过选矿处理，精选后含铁量可达 60% 以上。

（2）矿石矿物以磁铁矿和赤铁矿为主，部分为假象赤铁矿和半假象赤铁矿。其结构致密坚硬，脉石分布均匀而致密，选矿较困难，矿石还原性较差。

（3）脉石矿物绝大部分由石英石组成。二氧化硅比例在 40% ~50%。但本溪通远堡铁矿为自溶性矿石，其碱度（$CaO + MgO/SiO_2 + Al_2O_3$）在 1 以上，且锰含量在 1.29% ~7.5%，可代替锰矿使用。

（4）矿石含硫、磷杂质很少。本溪南芬露天铁矿含磷很低，是冶炼优质生铁的好原料。

2. 华北地区铁矿主要分布在河北省宣化、迁安和邯郸、邢台地区的武安、矿山村等地区以及内蒙古和山西各地，是首钢、包钢、太钢和邯郸、宣化及阳泉等钢铁厂的原料基地。

迁滦矿区矿石为鞍山式贫磁铁矿，含酸性脉石，硫、磷杂质少，矿石的可选性好。邯邢矿区主要是赤铁矿和磁铁矿，矿石含铁量在 40% ~55%，脉石中含有一定的碱性氧化物，部分矿石含硫高。

3. 华东地区铁矿，主要是安徽省芜湖至江苏南京一带的凹山、南山、姑山、桃冲、梅山、凤凰山等矿山。此外还有山东的金岭镇等地也有相当丰富的铁矿资源储藏，是马鞍山钢铁公司及其他一些钢铁企业（例如宝钢梅山矿业）原料供应基地。

芜宁矿区铁矿石主要是赤铁矿，其次是磁铁矿，也有部分硫化矿，如黄铜矿和黄铁矿。铁矿石品位较高，一部分富矿（含铁50%～60%）可直接入炉冶炼，一部分贫矿要经选矿精选、烧结造块后供高炉使用。矿石的还原性较好。脉石矿物为石英、方解石、磷灰石和金红石等，矿石中含硫、磷杂质较高（含磷一般为0.5%，最高可达1.6%，梅山铁矿含硫平均可达2%～3%），矿石有一定的溶剂性（如凹山及梅山的富矿中平均碱度可达0.7～0.9），部分矿石含钒及铜等金属。

4. 西部地区铁矿的矿区数占全国的32.6%，储量占全国的28.3%，富铁矿储量占全国的52%。西南地区矿区数占西部地区的58.6%，储量占西部地区的65.2%，富矿占西部地区的62.4%；西北地区矿区数占西部地区的41.4%；储量占西部地区的34.8%，富矿占西部地区的37.6%。

5. 中南地区铁矿，以湖北大冶铁矿为主，其他如湖南的湘潭，河南省的安阳、舞阳，江西和海南等地都有相当规模的储量，这些矿区分别成为武钢、湘钢及本地区各大中型高炉的原料供应基地。

大冶矿区是我国开采最早的矿区之一，主要包括铁山、金山店、成潮、灵乡等矿山，储量比较丰富。矿石主要是铁铜共生矿，铁矿物主要为磁铁矿，其次是赤铁矿，其他还有黄铜矿和黄铁矿等。矿石含铁量为40%～50%，最高的达54%～60%。脉石矿物有方解石、石英等，脉石中含二氧化硅8%左右，有一定的溶剂性，矿石含磷低（一般小于0.027%），含硫高且波动很大（0.01%～1.2%），并含有铜（0.2%～1.0%）等有色金属。矿石还原性较差。

6. 其他地区铁矿。除上述各地区铁矿外，我国西南地区、西北地区各省区，如四川、云南、贵州、甘肃、新疆、宁夏等地都有不同类型的铁矿资源，分别为攀钢、重钢和昆钢等大中型钢铁厂高炉生产的原料基地。

五、中国铁矿石资源的特点是什么?

中国铁矿资源不足，富铁矿较少，人均拥有量仅为世界人均铁矿资源量的34.8%。可供开发利用的资源仅为总资源量的53%，资源品质较差，矿石类型复杂，竞争能力弱。

中国铁矿石资源的主要特点如下：

（一）铁矿石品位普遍较低

目前，国内铁矿石平均品位不足30%，远低于巴西和澳大利亚等国的水平，也低于世界平均水平。保有储量中贫铁矿石占全国储量的97%，须经选矿富集后才能使用。含铁平均品位在55%左右，能直接入炉的富铁矿储量只占全国储量的2.7%，而形成一定开采规模，能单独开采的富铁矿数量更少。

（二）铁矿石资源中，多元素共生的复合矿石较多，矿体复杂，利用难度大，成本高

采矿成本和选矿成本是铁矿石开采成本的主要部分，目前，我国铁矿石采矿成本是40美元/吨左右，而必和必拓与力拓的采矿成本是20美元/吨，淡水河谷甚至只有8美元/吨；从选矿成本来看，我国也远高于矿业发达的国家，三大铁矿石企业的选矿成本不高于10美元/吨，而我国企业是它们的两到三倍，这主要是由于我们矿山的矿石品位太低，需要进行大量的选矿处理工作，从而加大了钢铁的生产成本。目前，我国铁矿石开采总成本超过50美元/吨，部分企业例如鞍钢、太钢、包钢等超过80美元/吨，酒钢超过100美元/吨，国内大量的中小型矿山企业成本则更高，高企的国产矿价格已经成为进口矿价格的有效支撑。

中国铁矿石资源储量与品位分布见图1-3。

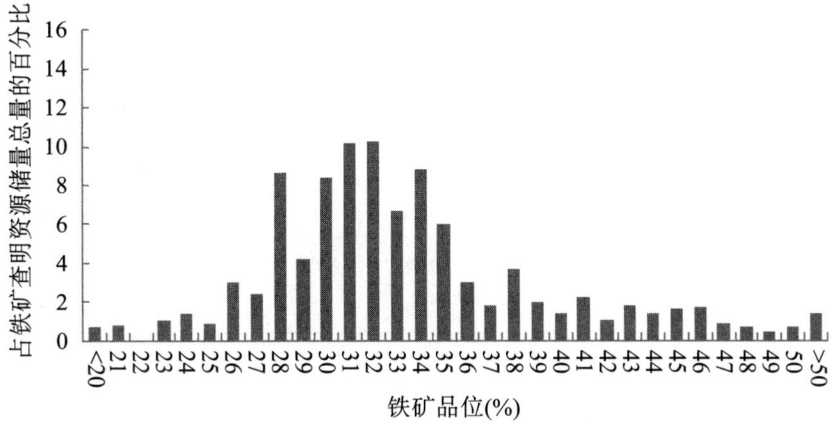

图 1-3　中国铁矿石资源储量与品位分布

数据来源：中国冶金矿山企业协会。

世界主要铁矿石企业开采平均成本核算见表 1-5。

表 1-5　　**世界主要铁矿石企业开采平均成本核算**　　单位：美元/吨

铁矿石企业	采矿成本	选矿成本	管理和维持成本	运输和港口成本	矿山适用税费	总计成本
淡水河谷	8.0	3.4	1.3	12.9	1.4	27.0
印度钢铁管理局	10.3	4.3	1.6	8.3	3.6	28.1
力拓集团	18.0	7.7	2.8	6.6	9.4	44.5
必和必拓	20.9	9.0	3.3	6.1	7.1	46.4
安赛乐米塔尔	24.5	10.5	3.9	11.2	2.5	52.6
FMG	30.7	13.2	4.9	3.3	7.4	59.5
首钢	34.6	14.6	5.4	1.6	3.7	59.9
马钢	31.0	12.9	4.7	11.7	7.6	67.9
河北钢铁	42.0	17.4	6.3	1.6	4.1	71.4

续表

铁矿石企业	采矿成本	选矿成本	管理和维持成本	运输和港口成本	矿山适用税费	总计成本
攀钢	32.1	13.6	5.0	18.3	3.8	72.8
武钢	39.2	16.6	6.2	11.2	2.6	75.8
鞍钢	45.4	18.9	6.8	9.7	4.3	85.1
酒钢	46.4	19.0	7.0	29.7	2.9	105.0

数据来源：中国钢铁工业协会。

在铁矿石开采过程中，由于巴西、澳大利亚露天矿比例较高，其开采成本较低，巴西平均不足 30 美元/吨，澳大利亚矿山的开采成本平均在 40 美元/吨左右，印度和南非的成本则相对稍高，基本在 45 ~ 50 美元/吨。从国内几家产量较大的矿山来看，海南铁矿成本在 60 美元/吨以内，攀枝花、南芬等地的成本在 70 美元/吨左右，白云鄂博、白马矿等地的成本在 80 美元/吨，弓长岭铁矿开采成本超过 90 美元/吨。

主要铁矿石矿山开采成本核算见表 1 – 6。

表 1 – 6　　主要铁矿石矿山开采成本核算　　单位：美元/吨

矿山	国家	采矿成本	选矿成本	管理和维持成本	运输和港口成本	矿山使用税费	总计成本
Area C Joint Venture	澳大利亚	21.1	9.1	3.4	4.4	8.2	46.2
Cloud Break	澳大利亚	30.3	13.0	4.8	2.2	7.9	58.2
Hope Downs	澳大利亚	16.0	6.9	2.5	6.1	9.6	41.1
Mesa A (Warramboo)	澳大利亚	15.1	6.5	2.4	6.9	8.4	39.3
Yandi Joint Venture	澳大利亚	21.6	9.2	3.4	5.6	6.8	46.6
Yandicoogina	澳大利亚	18.5	7.9	2.9	7.3	7.7	44.3

续表

矿山	国家	采矿成本	选矿成本	管理和维持成本	运输和港口成本	矿山使用税费	总计成本
Brucutu	巴西	5.4	2.3	0.8	16.5	1.3	26.3
Serra Norte	巴西	10.2	4.4	1.6	8.7	1.4	26.3
Kachkanarsky (KGOK)	俄罗斯	14.9	6.4	2.4	1.6	2.7	28.0
Lebedinsky GOK	俄罗斯	12.0	4.9	1.8	14.7	6.1	39.5
Sishen	南非	11.3	4.8	1.8	11.9	4.4	34.2
Bailadila Mines	印度	18.1	7.8	2.9	14.5	3.8	47.1
Goa (Sesa Goa)	印度	13.6	5.8	2.2	12.0	15.2	48.8
海南	中国	33.0	14.1	5.2	4.2	1.9	58.4
攀枝花	中国	30.2	12.9	4.8	18.1	3.0	69.0
司家营	中国	42.4	17.6	6.4	1.1	4.3	71.8
南芬	中国	22.5	40.0	2.7	5.4	3.9	74.5
白云鄂博	中国	41.5	17.2	6.3	10.4	4.2	79.6
白马矿	中国	36.0	15.0	5.4	19.1	5.7	81.2
大孤山	中国	34.7	14.5	5.2	29.2	4.2	87.8
弓长岭	中国	52.5	22.0	8.0	5.6	4.2	92.3

数据来源：中国冶金矿山企业协会。

（三）铁矿类型繁多

世界已有的铁矿类型，我国都已发现。具有工业价值的矿床类型主要是鞍山式沉积变质型铁矿、攀枝花式岩浆钒钛磁铁矿、大冶式硅卡岩型铁矿床、梅山式火山岩型铁矿和白云鄂博热液型稀土铁矿。主要矿石类型有：磁铁矿矿石，储量占全国总储量的55.4%，矿石易选，是目前开采的主要矿石类型。钒钛磁铁矿矿石，储量占全国总储量的14.1%，成分相对复杂，是目前开采的重要矿石类型之一。红矿，即赤铁矿、菱铁矿、褐铁矿等混合矿的统称，这类铁矿石一般难选，目前部分选矿问题有所突破，但总体来说，选矿工艺流程复杂，精矿生产成本较高。多组分共（伴）生铁矿石所占比重大，约占总储量的1/3。

案例1－1

中铝收购力拓

中铝收购力拓事件经历了首期注资、再次收购和参与配股三个阶段。2008年2月至2009年2月，中铝首次注资力拓为第一阶段并购事件。2008年2月中铝集团携手美国铝业在市场高峰期以近每股59英镑的价格斥资140.5亿美元合作收购力拓英国公司12%的普通股股份，并持有力拓集团9.3%的股份成为其单一最大股东。其中，美国铝业以认购中铝新加坡公司债券形式出资12亿美元，其余128.5亿美元均为中铝出资。

国际金融危机爆发后，截至2009年2月，中铝首期投资已经浮亏了70%以上。与此同时，中铝开始实施第二阶段注资计划。2009年2月12日，中铝公司与力拓集团签署战略合作协议，中铝主动斥资195亿美元将其在力拓集团整体持股比例由目前的9.3%增至约18%。2009年6月5日，力拓单方面宣布撤销中铝第二次注资的协议，这就宣告原本将成为迄今为止中国最大规模海外投资交易彻底失败。而按照双方签署的协议规定，力拓只需向中铝支付1.95亿美元的毁约费。

中铝第二次注资失败后，整个并购事件并没有完结。第三阶段事件是中铝参与力拓“152亿美元配股融资”方案。经证实，中铝至2009年7月1日已出资近15亿美元，全数执行力拓新股认购权，以维持现有的持股比例，摊低此前斥巨资入股的成本。以此时力拓英国公司收盘价每股21.7英镑计算，中铝仍然浮亏近90亿美元。

单就事件本身看，中铝先后两次收购力拓一成一败。两次并购事件引起了社会各界对中国企业特别是大型国有企业海外并购的热烈讨论。如果排除国际金融危机的影响，中铝首期收购的方式和效果都是相对较成功的。然而，第二次收购却以失败告终，这引起了社会各界的热议。

对比中铝两次注资力拓的结果，可以看出中铝第一次成功收购力拓9.3%的股份很好地利用了天时地利。第一，联合美铝共同完成对力拓股份的收购。一方面，中铝能够有效利用美铝在国际重大交易谈判上的技巧和经验，促使力拓在双方博弈中不敢轻举妄动；另一方面，联合美铝是一种市场化的操作行为，更容易得到国际社会对中铝市场化收购的认可。第二，首次收购是一种间接收购的行为，即绕道英国伦敦股票交易市场收购力拓英国有限公司 12% 的股份。这实际上避开了地缘政治的阻力，因为英国政府比澳大利亚政府更崇尚自由贸易。第三，首次收购受到雷曼、中金两家专业中介机构的资本运作支持，交易的操作过程相对比较迅速，减少了可能面临的监管和财务风险。第四，首次收购借助新注册公司且保密工作做得好，减少了来自力拓内外的阻力，使得这次大规模收购并没有成为众矢之的，完成得较顺利。

当力拓出现危机濒临破产边缘时，中铝第二次大规模投资使力拓重现生机。实际上，这次力拓借助中铝也是无奈之举，并不是真心地想与中铝合作，而是利用“缓兵之计”拖住中铝，等待时机成熟起死回生。由此可见，双方在时机博弈上的较量至关重要。首先，力拓采用“挑拨离间”的策略，尽力诱使中铝抛弃美铝单独参与收购协议谈判。事实上，联合美铝参与收购恰恰是中铝首次收购事件成功的关键原因。其次，力拓的拖延策略为其赢得了股市回升的时机。力拓通过影响媒体制造社会舆论进一步影响政府、监管机构以及民众，促使交易审查期由原定的 30 天延长到 90 天，引起澳大利亚民众对中铝“国家控制”的强烈抗议。这为力拓赢得了喘息机会来谋划和实施下一步“暗度陈仓”的计划。最后，在拖住中铝的同时，力拓还暗中与必和必拓商议合作事宜。当力拓宣布拒绝中铝收购后，迅速与必和必拓达成合作协议，“暗度陈仓”的计划也就此得逞。

中铝第二次收购力拓的失败，暴露出了中铝国际并购中博弈经验的不足。首先，中铝在这次收购的时机博弈上没有占据上风。因为在力拓宣布破产倒闭前宣布大规模的注资计划，恰好强力刺激了力拓股票价格上涨，所以选择什么样的时机将是双方博弈势力消长的关键环节。其次，中铝这次收购暴露出了国有企业“财大气粗”的急切心态。一方面，中铝并没有像第一次收购那样注册新公司完成收购。另一方面，当“两拓”暗中合作时，中铝也没有暗查并充分利用反垄断法，揭露“两拓”共谋的反市场行为。最后，在等待审查的过程中，中铝也没有随事态的变化及时做出交易调整和补救，例如调整某些交易条款、放弃坚持董事席位等。于是，在第二轮次的博弈较量中，原本处于上风的中铝让处于下风的力拓最终金蝉脱壳，而使自己逐步陷入被动局面。在随后的第三轮次较量中，中铝只好抓住机会参与力拓的配股融资方案。

自测题

一、填空题

1. 常用的铁矿石原矿主要有________、________、________、________四种。

2. 铁矿石干基价格与湿基价格的转换公式是____________。

3. 铁矿石品质的最重要参考指标是________。

4. 最新世界铁矿石探明储量为________亿吨，其中，中国占有________亿吨。

5. 世界铁矿石储量分布集中的四个主要国家是：________、________、________、________。

6. 世界三大铁矿石开采商是：________、________、________。

7. 中国铁矿石资源五大产区是：________、________、________、________、________。

二、选择题

1. 铁矿石内主要的有用成分包括（　　）。

A. 三氧化二铁（Fe_2O_3）　　B. 四氧化三铁（Fe_3O_4）

C. 氧化亚铁（FeO）　　D. 脉石

2. 国际上通用的铁矿石硬度标准采用（　　）。

A. 莫氏硬度　　B. 布氏硬度

C. 洛氏硬度　　D. 维氏硬度

3. 下列观点正确的是（　　）。

A. 铁矿石粉矿的粒度越小越好

B. 全球大型铁矿主要分布于澳大利亚、巴西、印度及中国

C. 巴西淡水河谷（VALE）是世界上最大的铁矿石生产和出口公司

D. 力拓及必和必拓的合计产量约占澳大利亚铁矿石总产量的80%

4. 中国铁矿石资源特点主要有（　　）。

A. 铁矿石品位普遍较低

B. 共生复合矿石较多，矿体复杂，利用难度大，成本高

C. 铁矿类型繁多

D. 铁矿石资源分布集中，平均开采成本较低

5. 中国铁矿石资源开发利用特点有（　　）。

A. 整体分散、局部集中　　B. 大中型矿山为主

C. 地方中小型矿山为辅　　D. 民营群采并存

三、判断题

1. 铁矿石用途较为单一，超过98%的铁矿石应用于钢铁生产原材料。（　　）

2. 赤铁矿是目前使用比例最大的铁矿石品种。（　　）

3. 铁矿石的品质取决于其化学性质，与其物理性质无关。（　　）

4. 国际上常用“公吨”作为铁矿石质量单位，其在合同中常简写为“吨”。（　　）

5. 铁矿石物理性质中气孔率、粒度及软化温度是三个重要的指标。（　　）

6. 世界铁矿石储量主要集中在澳大利亚、巴西、俄罗斯和中国。由于中国铁矿石品位偏低，世界铁元素储量则主要集中在澳大利亚、巴西和俄罗斯。（　　）

7. 环渤海地区和西南地区是我国铁矿石资源的主要分布地区。（　　）

8. 采矿成本和选矿成本是铁矿石开采成本的主要部分，我国铁矿石开采的综合成本与世界其他各国水平基本持平。（　　）

参考答案

一、填空题

1. 磁铁矿　赤铁矿　褐铁矿　菱铁矿
2. 干基价格 = 湿基价格/（1 - 水分%）
3. 铁矿石品位
4. 1 700　230
5. 澳大利亚　巴西　俄罗斯　中国
6. 淡水河谷（VALE）　力拓（RIO）　必和必拓（BHP）
7. 东北地区　华北地区　华东地区　西部地区　中南地区

二、选择题

1. ABC　2. A　3. CD　4. ABC　5. ABCD

三、判断题

1. √　2. ×　3. ×　4. ×　5. √
6. √　7. √　8. ×

第二章

铁矿石现货市场运行概况

本章要点

铁矿石是一种金融属性很强的大宗商品，其在世界贸易中一直占据举足轻重的地位。在工业革命期间，铁矿石消费量及钢产量一度成为衡量国家发达水平的重要指标。铁矿石的生产和消费过程中具有明显的地域特性，贸易中也具有流向稳定的特点。澳大利亚、巴西、印度及非洲铁矿石资源构成了目前铁矿石的产区，力拓、必和必拓、淡水河谷构成铁矿石贸易输出主体。本章将从宏观和微观方面向读者介绍铁矿石贸易的演变、铁矿石贸易格局的特点及形成方式，使读者较为全面地认识铁矿石的贸易属性及生产、消费特点，为后续的基本面研究提供较为完整的支撑。

一、世界铁矿石的生产情况如何？

2000年以后，全球特别是亚洲地区钢铁工业的快速发展，带动了世界铁矿石消费量的大幅提高，进而促进了全球铁矿石的生产，2001～2011年，尽管价格和海运费的影响使铁矿石的产量稍有波动，但总体产量呈上升趋势，2011年产量为20.4亿吨。全球铁矿石产量在这10年间增加了10.32亿吨，年均增长量约为1.03亿吨，年均增长率为8.65%，特别是2003～2007年，在价格暴涨的刺激下，供应量快速升高，年均增长率超过10%，直至2008年全球金融危机蔓延，这一增长势头才有所抑制，但整体仍旧持续在高位运行。

南美洲、亚洲、大洋洲是近年来全球铁矿石增产的主要来源区域，这些地区的主要铁矿石生产国分别是巴西、中国、印度、澳大利亚等。2000～2010年，澳大利亚、中国（原矿产量）两国的铁矿石年增长量都超过了2000万吨，巴西、印度在1 800万吨左右，上述四国年增长量之和占全球增量的93.06%。可见，全球铁矿石的增量主要取决于澳大利亚、巴西、中国和印度。其中，印度铁矿石增量有所下滑。

2000年来全球铁矿石产量与增速见图2－1。

除中国外的其他主要生产铁矿石的国家的铁矿石历年产量见图2－2。

（一）巴西

巴西铁矿石的主要特点是品质较高，出口量约占本国总产量的80%，欧洲市场占有率较高，占世界铁矿石出口量的1/3。自2001年以来，巴西铁矿石产量总体呈上升趋势。但2009年由于欧洲需求低迷，巴西铁矿石生产出现大幅下滑，上涨出现一定瓶颈。2012年巴西铁矿石产量达3.67亿吨，较2011年减少3 000万吨。2013年巴西铁矿石产量继续维持在3.8亿

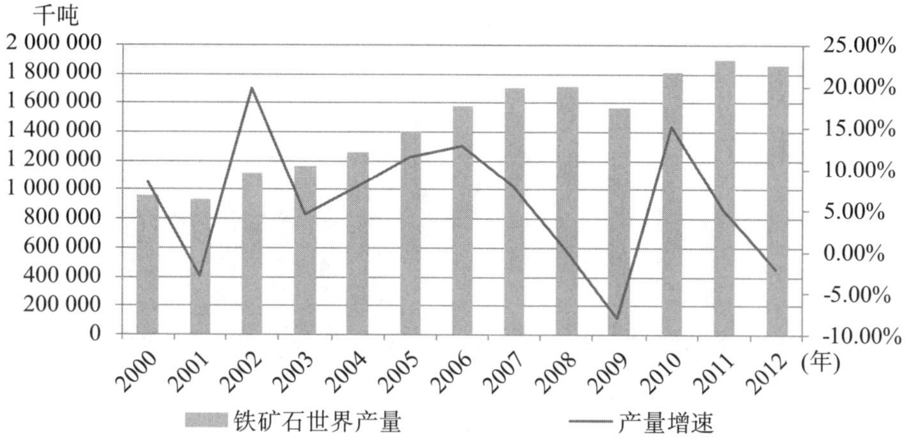

图 2－1　2000 年来全球铁矿石产量与增速

数据来源：中国统计局。

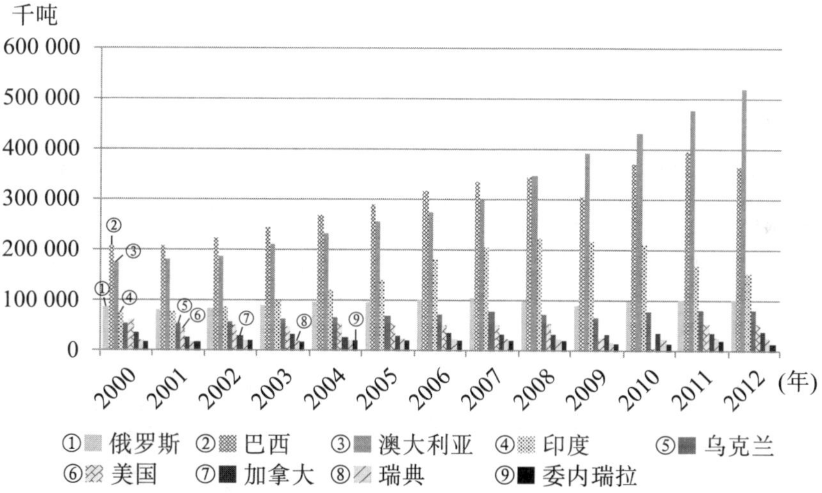

图 2－2　除中国外的其他主要生产铁矿石的国家的铁矿石历年产量

数据来源：中国统计局。

吨水平。巴西铁矿石历年产量见图 2－3。

（二）澳大利亚

2000 年以来，受亚洲市场的有力拉动，澳大利亚铁矿石产量不断增长，

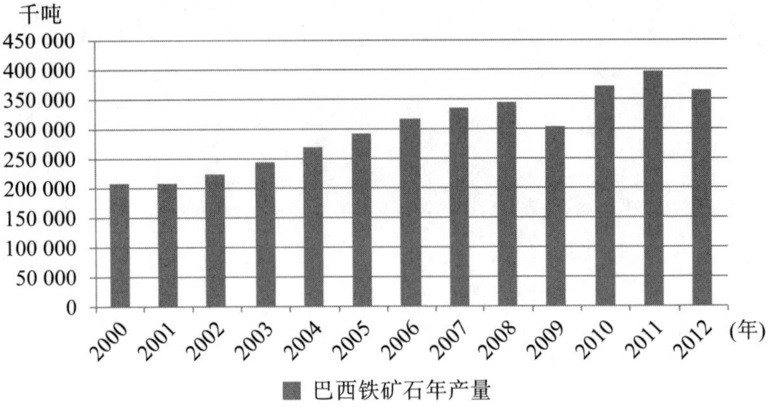

图 2-3　巴西铁矿石历年产量

数据来源：中国统计局、中国钢铁工业协会。

2001 年产量在 1.8 亿吨左右，约占世界铁矿石总产量的 20%。2000～2007 年，由于世界各国纷纷加大产量，澳大利亚铁矿石比重有所下降，但产量稳步提升。2009 年澳大利亚铁矿石产量在新增产能刺激下出现爆发性增长，新增产量 9 484 万吨，达到 39 390 万吨，占全球比重的 24.7%，之后每年新增产量均在 4 000 万～5 000 万吨水平。2012 年，澳大利亚铁矿石产量首次突破 5 亿吨大关，达到 5.2 亿吨水平，2013 年澳大利亚铁矿石总产量已达 5.7 亿吨，预计 2014 年澳大利亚铁矿石总产量将达 6.2 亿吨。澳大利亚铁矿石历年产量见图 2-4。

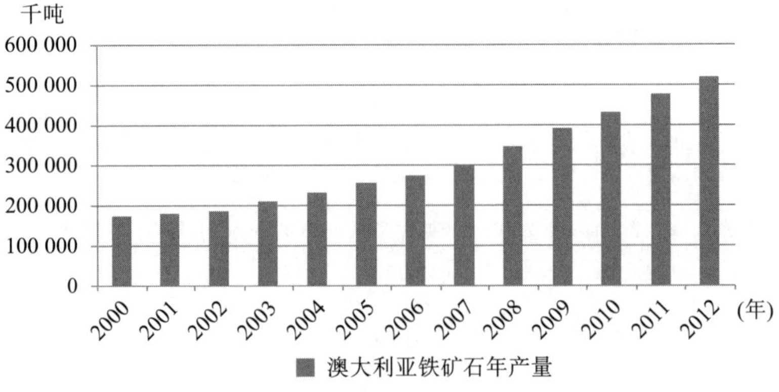

图 2-4　澳大利亚铁矿石历年产量

数据来源：中国统计局、中国钢铁工业协会。

（三）印度

印度铁矿石资源丰富，近几年，随着国际市场需求量增加，铁矿石价格上升，印度铁矿石产量涨幅较大。2000 年印度生产铁矿石 7 348 万吨，2008 年印度铁矿石产量达 2.17 亿吨，但之后由于产业政策的影响，其铁矿石产量呈下滑趋势，2012 年，印度产量为 1.55 亿吨。2013 年印度铁矿石产量基本维持在 1.6 亿吨水平。印度铁矿石历年产量见图 2－5。

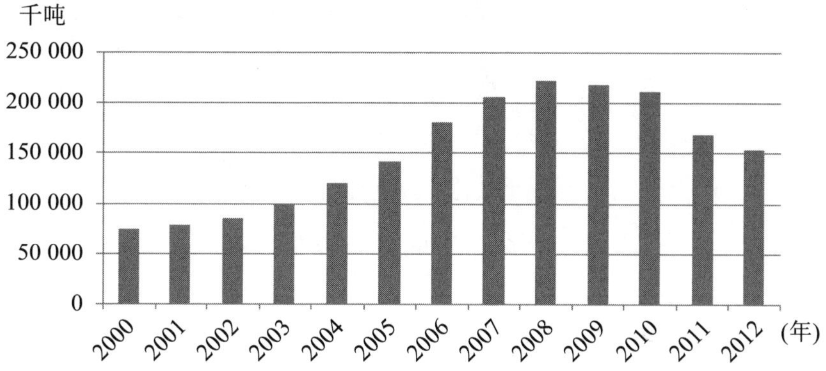

图 2－5　印度铁矿石历年产量

数据来源：中国统计局、中国钢铁工业协会。

（四）俄罗斯

俄罗斯自然形成的铁矿石品位明显低于澳大利亚、巴西等主要铁矿石生产国，不过在选矿之后，俄罗斯铁矿石的品位能够达到较高水平。俄罗斯铁矿石的磷含量明显低于澳大利亚和巴西的矿石，但是俄罗斯铁矿石的硅含量较高。俄罗斯铁矿石开采具有高集中度特点。现今，俄罗斯铁矿石市场已被几大公司垄断：冶金投资公司控制着铁矿石市场 43% 的份额，欧亚控股公司占 22%，北方钢铁公司占 11%，新利佩茨克钢铁公司占 10%，“欧洲化学”矿物和化学公司占 5%，梅切尔采矿和冶金公司占 4%，图拉钢铁公司占 1%，其他公司的份额不到 4%。上述大公司均属于产供销一条龙的大集团公司，它们控制着铁矿石销售市场的 83%。近年来，俄罗斯政策倾向于

"减少对资源出口的依赖"，俄罗斯出口的铁矿石不足其产量的20%，主要产能用以供应本国钢铁企业及重工业。

俄罗斯铁矿石历年产量见图 2－6。

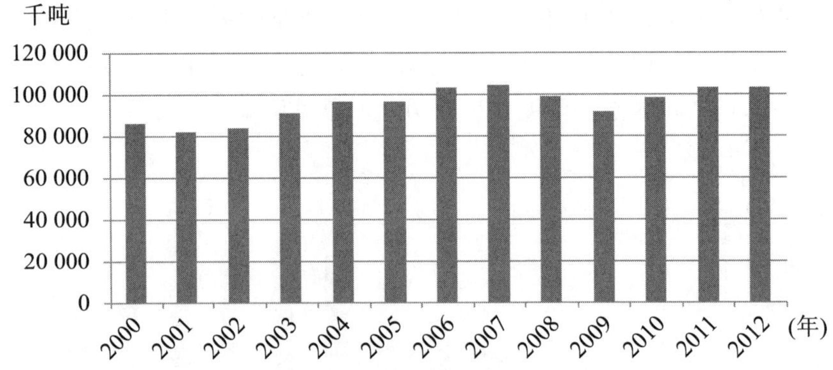

图 2－6　俄罗斯铁矿石历年产量

数据来源：中国统计局、中国钢铁工业协会。

（五）世界主要生产铁矿石企业生产情况汇总

世界三大铁矿石生产公司为澳大利亚力拓（Rio－Tinto）公司、必和必拓（BHP Billiton）公司以及巴西淡水河谷（VALE）公司，2009 年三大铁矿石生产公司共生产铁矿石 6.23 亿吨，同比增长 18.4%。其中 VALE 生产 1.71 亿吨，同比增长 29.5%；必和必拓公司生产 1.41 亿吨，同比增长 12.8%；BHP 公司生产 1.85 亿吨，同比增长 7.7%，而近几年的产量增速基本保持稳定。大型铁矿石生产商在全球中的比例基本保持稳定。由于高企的铁矿石价格吸引了不少新生产商（包括大量规模较小的企业）加入市场，十大铁矿供货商所占的全球市场份额自 2005 年以来轻微缩减，其份额由 54.4%降至 51.6%，但在铁矿石定价过程中仍旧处于垄断地位。

目前来看，三大公司铁矿石产量都在增加，且三大公司都在增大对新矿区的投资力度，因此，近期内三大公司产量应该还处于上升阶段。从长期来看，三大公司都有增产点，如果国际市场一直较好，其产量就会保持上升势态，2012 年三大铁矿石生产商产量增长近 2 000 万吨。世界主要铁矿石生产企业的铁矿资源占有率见图 2－7。

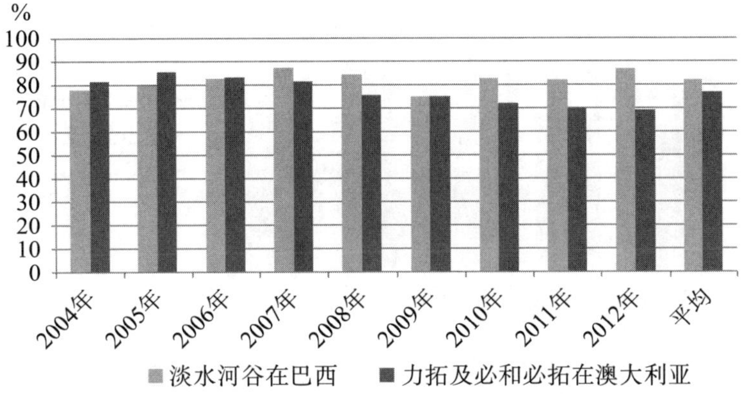

图 2－7　世界主要铁矿石生产企业的铁矿资源占有率

数据来源：中国钢铁工业协会。

值得一提的是已然成为世界第四大铁矿石生产公司的 FMG 公司，其在 2011～2013 年的铁矿石产量均呈几何级数量上涨，并有几大矿山即将陆续上马，同时，FMG 依靠新矿成本优势正在挤压三大矿商市场份额。据预测，2014 年 FMG 公司的铁矿石年产量将突破 1.6 亿吨，而 2015 年，这一数字将很快达到 2.3 亿吨。世界铁矿石供应格局将迅速演变为“四强分立”的局面。

（六）世界铁矿石需求分布

铁矿石作为钢铁行业主要原料，其在钢铁成本中占 60% 的权重，其需求变化与钢铁工业的发展密不可分。因此，钢铁生产水平及分布直接决定了铁矿石的需求。2000～2012 年期间，全球粗钢产量增加了 7 亿吨，其中，中国增加了 4.39 亿吨。中国经济发展不仅促进了本国钢铁工业的快速发展，也推动了世界钢铁工业复苏（见图 2－8）。

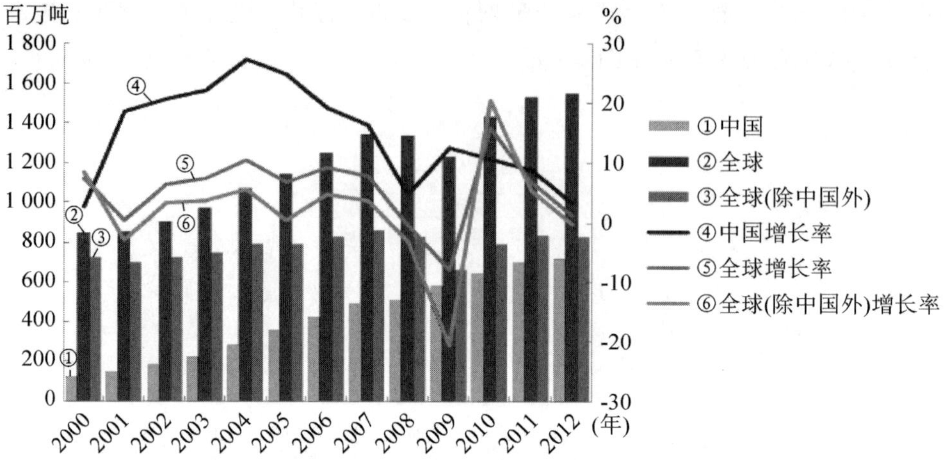

图 2-8 中国钢铁发展对于全球钢铁行业增长率的拉动

数据来源：大连商品交易所。

世界主要铁矿石生产国家铁矿石出口占比见图 2-9。

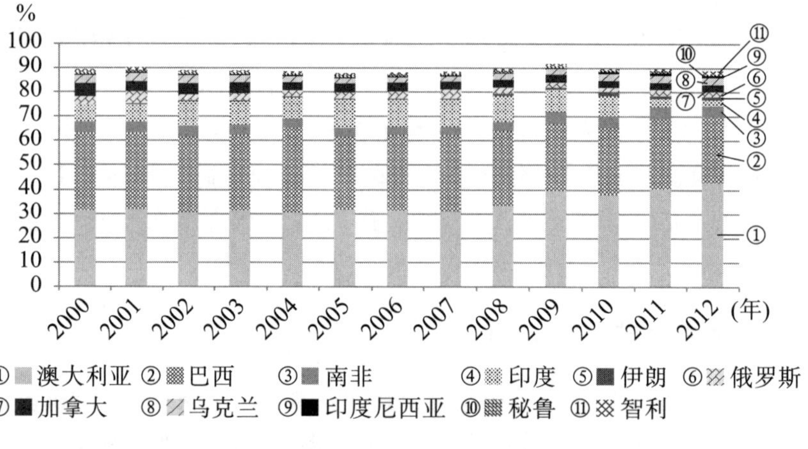

图 2-9 世界主要铁矿石生产国家铁矿石出口占比

数据来源：大连商品交易所。

2012 年中国钢铁工业发展迅猛，其生铁、粗钢产量分别是 6.58 亿吨、7.17 亿吨，比 2011 年分别上升了 1.9%、3.1%，而世界这两项数据分别增长了 0.8%、1.2%，如果剔除中国数据，则 2012 年世界生铁、粗钢产量同比下降0.5%、0.4%。

2000年以来，世界生铁产量保持稳步增长的态势，2001～2008年增幅均在6.9%左右；2009年受世界经济危机影响，产量出现下滑，降幅为2.3%，2010年全球生铁产量出现大幅反弹，年增幅达12.2%；2012年全球生铁产量已达11亿吨；2013年在此基础上依旧保持了5.8%的增速，达到11.65亿吨。

从图2－10中可以看出，中国是全球生铁产量稳步走高的主要推动力。2001～2011年间，中国生铁产量年均增长率为15.3%，远高于全球同期6.5%的增长水平。印度生铁增长率波动较大，鉴于印度政府的规划，印度未来钢铁产量将有较大增长潜力，2001～2011年间，其产量增幅最低为－5.4%，最高达29.1%，年均增幅为6.7%。美国、法国生铁产量跌幅较大，2001～2011年间，美国年均跌幅为3.3%，法国跌幅为2.4%。2001～2011年间，日本、俄罗斯、乌克兰、德国生铁产量基本维持原状。巴西生铁产量增长缓慢，2001～2011年间，该国年均产量增幅为2.0%，低于全球平均水平，同期韩国生铁虽保持年均5%的增幅，但低于世界平均增速。

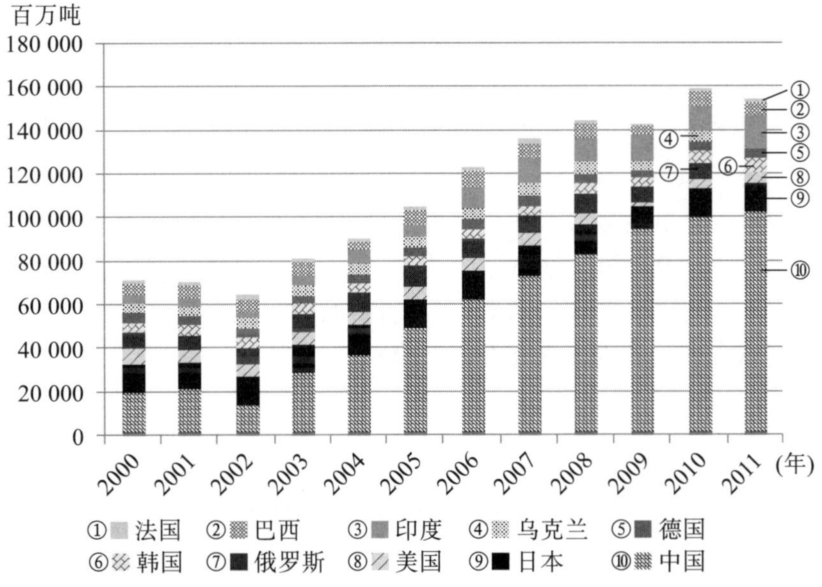

图2－10　2000～2011年世界主要铁矿石生产国家铁矿石消费量

数据来源：中国钢铁工业协会。

不同的增长速度使各国生铁产量占全球的比重发生显著变化：中国从2001年的24.9%跃升到2012年的55.6%，增长了约31个百分点；日本从2001年的12.6%下跌到2012年的6.9%，跌幅为5.7个百分点；美国从2001年的6.8%降低到2012年的2.7%，降幅为4.1个百分点；除印度比重略有上升外，其他国家均有不同程度的下降。

2000～2001年各主要产钢国家铁矿石消费量的增长情况与其钢铁产量的增长状况相近，中国仍然是全球铁矿石消费量增长的主要推动力量。全球铁矿石消费增长了97%，年均增长率为6.4%，其中中国铁矿石消费增长约4.8倍，年均增长率达17.3%。图2－10中，2000～2011年间，除中国外其他9个国家的铁矿石消费增长缓慢，除中国外全球其他国家的铁矿石消费量年均增长率为1.2%。

2000～2010年，世界生铁产量排前十的国家铁矿石表观消费量中，中国跃升了35.3个百分点，达到2010年的53.6%；日本、美国、俄罗斯下降幅度较大，分别下降6.3%、5.5%、4.1%，其他国家下降幅度较小，而印度消费量在总消费量中比重则小幅上升，上涨了2.3%。

各国铁矿石的来源并不相同。2012年中国消费的铁矿石中，有37.3%是由本国供给，62.7%依靠进口。2012年中国进口的铁矿石中，47%源自澳大利亚，22%源自巴西。日本铁矿石99%以上依赖进口。日本进口的铁矿石61%源自澳大利亚，21%源自巴西，8%源自印度，4%源自南非。韩国、德国和意大利所消费的铁矿石也几乎100%依赖进口，这3个国家均主要从巴西和澳大利亚获得铁矿石；美国50%左右的铁矿石依靠进口，主要从澳大利亚、巴西、印度、南非以及委内瑞拉等国获得；俄罗斯、乌克兰、印度和巴西的铁矿石则主要来自本国。

二、世界铁矿石的贸易格局是怎样的？

当前，全球钢铁生产布局与铁矿石资源分布不一致。日本、韩国、英国、意大利等主要钢铁生产国家的铁矿石完全依赖进口；中国因钢铁生产规模超过自身铁矿资源的支撑，需大量进口；俄罗斯国内铁矿石供求基本平衡；巴西、印度、澳大利亚的铁矿石不但能满足国内需求，还可以大量对外出口。世界铁矿石贸易目前基本形成了由澳大利亚、巴西、印度等国家向中国、日本、欧盟等国家和地区输送的格局（见图 2 - 11）。

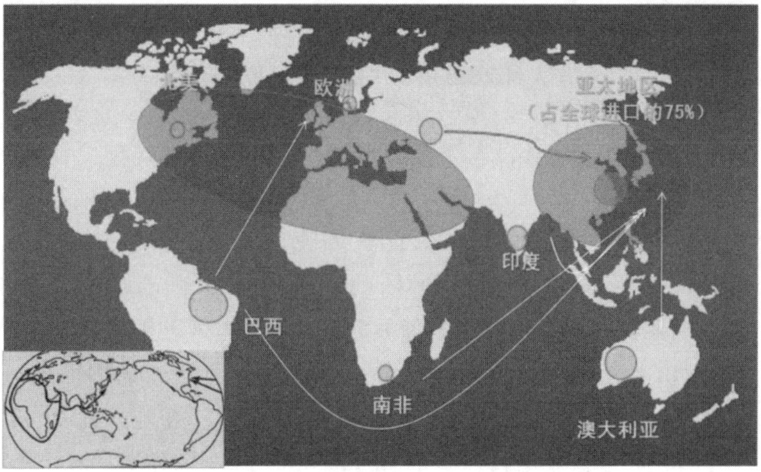

图 2 - 11　世界主要铁矿石贸易格局

数据来源：大连商品交易所。

（一）世界主要铁矿石出口国

1. 澳大利亚。澳大利亚是铁矿石主要生产国，其开采的铁矿石大部分用于出口，近几年产量和出口量不断增加（见图 2 - 12）。澳大利亚铁矿石出口亚洲和欧洲等地，亚洲的中国、日本、韩国一直是澳大利亚铁矿石主要出口国。西欧也是澳大利亚铁矿石的重要出口地区，其中出口在百万吨以上的国家有英国、法国、荷兰、德国等。近几年，土耳其从澳大利亚进口的铁矿石数量也不断上涨，到达百万吨以上。其他一些从澳大利亚进口铁矿石的国家还有巴基斯坦、意大利、美国、马来西亚等。

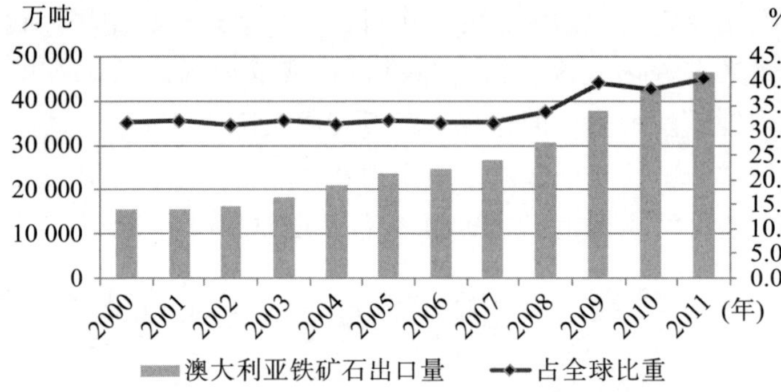

图 2-12 澳大利亚铁矿石出口量及全球占比

数据来源：Wind 数据。

2003 年世界铁矿石出口量达到 5.8 亿吨，其中，头号铁矿石出口国就是澳大利亚，其出口量达到 1.86 亿吨，占世界铁矿石出口总量的 1/3；2004 年澳大利亚共生产铁矿石 23 095.5 万吨，比 2003 年增长 9.1%；铁矿石出口量达 21 045 万吨，比 2003 年增长 12.0%。其中，向中国出口 8005.3 万吨，比 2003 年增长 33.5%；向日本出口 8 061.2 万吨，比 2003 年增长 7.0%。2011 年澳大利亚出口铁矿石 4.7 亿吨，占全球铁矿石出口量的比例上升至 40.5%，居世界首位。

2. 巴西。巴西铁矿石出口量仅次于澳大利亚，其出口量超过世界铁矿石总出口量的 1/4（见图 2-13）。2000 年，巴西铁矿石出口量为 1.6 亿吨，

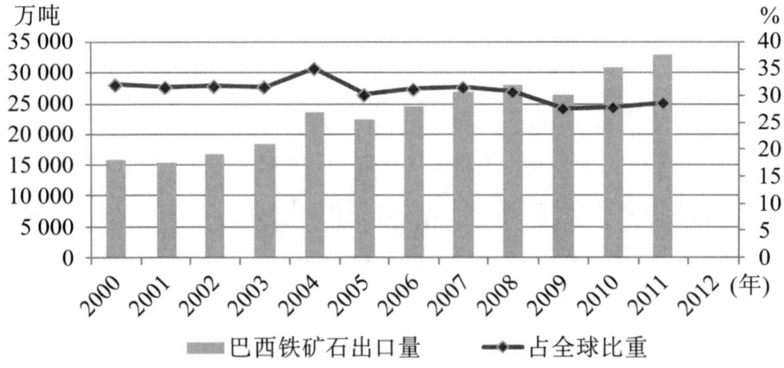

图 2-13 巴西铁矿石出口量及全球占比

数据来源：Wind 数据。

居世界首位。2011 年其出口量已达到 3.3 亿吨。

由于地理原因，历史上巴西向亚洲及欧洲出口的铁矿石大致均衡，但近几年，亚洲钢铁市场增长更快，特别是中国对铁矿石的需求大幅增长。近年来，巴西对亚洲的铁矿石出口量，在总出口量中比重持续增加。但由于澳大利亚铁矿的竞争，近几年巴西铁矿石出口呈弱势运行状态，2012 年、2013 年其铁矿石出口总量又回落至 3 亿吨规模以内，分别为 2.961 亿、2.955 亿吨。

3. 印度。印度铁矿资源丰富，是亚洲铁矿石储量第二大国，与中国相比，尽管印度储量不如中国，但其铁矿品质优于中国。印度铁矿石 2000 年出口量为 3 492 万吨，2008 年出口首次突破亿吨，达 1.04 亿吨，占世界总贸易量的 11.07% （见图 2 - 14）。近两年，由于出口政策限制，印度铁矿石出口量持续下滑。

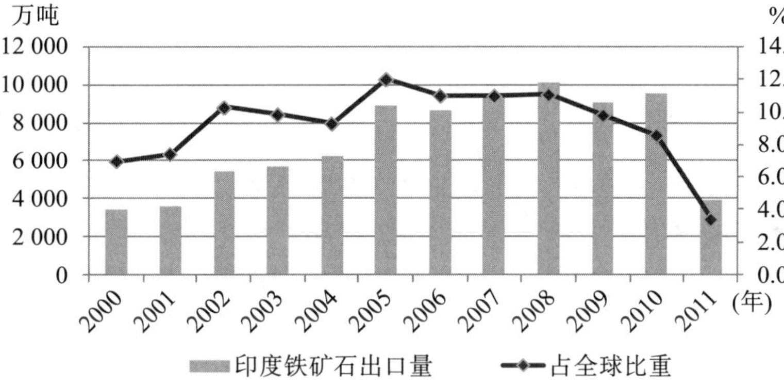

图 2 - 14 印度铁矿石出口量及全球占比

数据来源：Wind 数据。

4. 南非。南非与印度、加拿大等国相同，在世界铁矿石出口中逊于巴西和澳大利亚，属于第二梯度出口国。2001 年南非出口铁矿石 2 139 万吨，2002 年出口量增加到 2 352 万吨，至 2011 年，南非铁矿石出口量达到 5 330 万吨 （见图 2 - 15）。

与印度、加拿大等国情况相同，在国际铁矿石市场整体环境影响下，南非铁矿石出口量也在不断增加，成为世界铁矿石出口的后备基地，这些第二

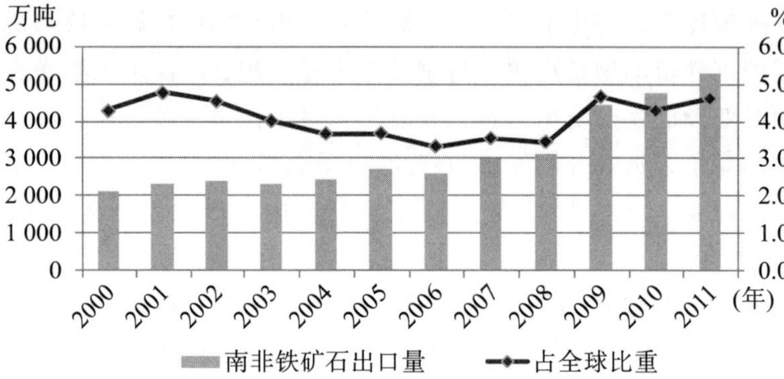

图 2－15 南非铁矿石出口量及全球占比

数据来源：wind 数据。

梯度的铁矿石出口国家，使得世界铁矿石出口市场出现微妙变化。同时，由于印度对于钢铁行业的保护政策的实施，铁矿石国际供给的“铁三角”格局正在发生变化，印度一角明显开始逐年萎缩，至 2012 年，印度所占铁矿石出口份额已跌落至 10%。而上述格局转变并没有终了，仍然在持续进行，特别是澳大利亚新矿山的投产将进一步抢占市场份额。各主要铁矿石输出国市场占比见图 2－16。

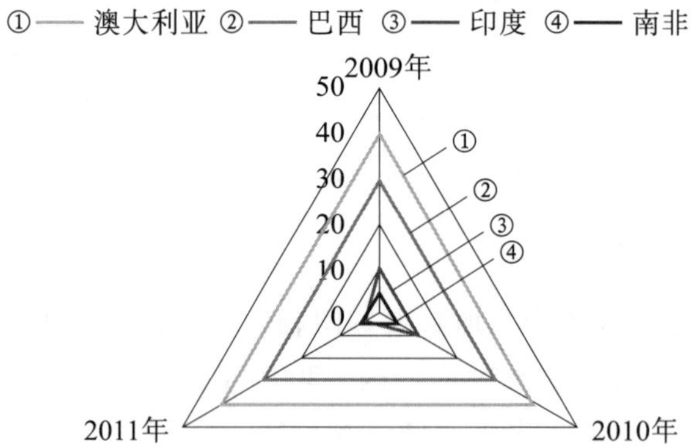

图 2－16 各主要铁矿石输出国市场占比（单位：%）

数据来源：Wind 数据。

（二）世界主要铁矿石进口国/地区

1. 中国。近年来，中国铁矿石的进口量不断走高，2012 年其进口量占全球总进口量的比重已经达到 67.9%（见图 2－17）。

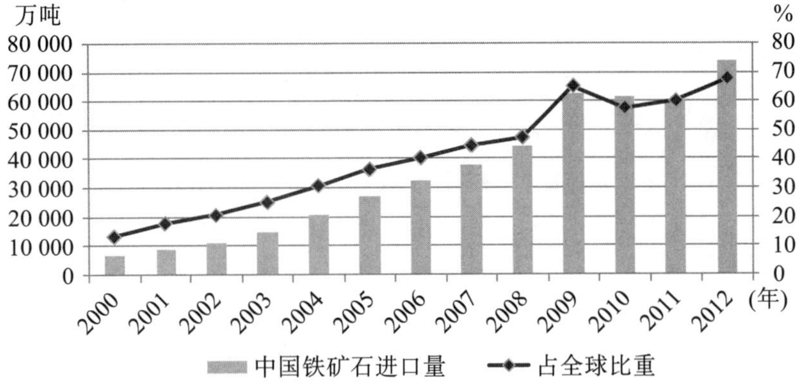

图 2－17　2000 年以来中国铁矿石进口量及全球占比

数据来源：Wind 数据。

我国进口的铁矿石主要来自澳大利亚、巴西和印度。2011 年我国累计进口铁矿石 6.86 亿吨，其中从澳大利亚进口 2.97 亿吨，从巴西进口 1.43 亿吨，从这两个国家进口的数量占我国铁矿石进口总量的 2/3 左右。最近几年，从澳大利亚进口铁矿石数量所占比重呈逐年递增趋势，而从巴西进口数量则出现了小幅回落。印度作为我国铁矿石第三大进口国，其出口数量也呈现持续下滑态势。2013 年，我国铁矿石进口总量达到创纪录的 8.19 亿吨。

2. 日本。日本国内资源匮乏，所用铁矿石基本依赖进口。2003 年以前，日本铁矿石进口量位居世界第一，到 2003 年被中国超出，2004 年日本铁矿石进口量达 1.35 亿吨，同期中国进口 2.08 亿吨。随后日本进口量基本达到需求饱和，直至 2012 年，日本进口量仍为 1.3 亿吨。2001～2011 年日本铁矿石进口量及全球占比见图 2－18。

尽管日本铁矿石进口数量低于中国，但其对铁矿石的依赖程度比中国高，日本企业很早就开始参股海外矿山企业，加强打造自己的原材料供应体系。

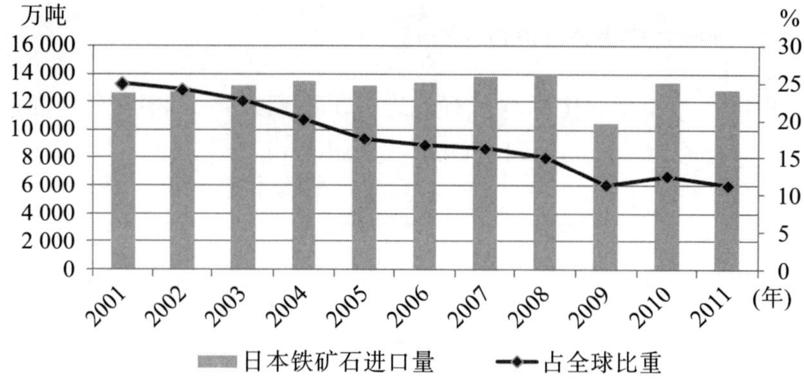

图 2-18 2001~2011 年日本铁矿石进口量及全球占比

数据来源：Wind 数据。

日本铁矿石进口来源主要是澳大利亚和巴西，日本国内部分钢铁企业，如日本钢铁的代表企业新日铁集团和 JFE 集团，为保障铁矿石来源稳定，在这两个国家均参股相应矿山。2000 年以后，受消费持续走低影响，2004 年日本铁矿石进口增速放缓，同比降低 1.46%。2005 年其进口量出现下降，2006 年重拾上升势头，但增速缓慢。2009 年日本受经济危机影响显著，进口铁矿石数量出现大幅下滑。经济恢复后，日本铁矿石进口回暖非常明显。值得一提的是，日本特别重视资源的储备及资源的综合利用，因此不难看出，日本在未来一段时间内仍将占据世界铁矿石进口第二大国的位置。

3. 韩国。韩国铁矿石资源也比较贫乏，进口依存度超过 99%。韩国近几年铁矿石进口量相对平稳，2000~2002 年韩国铁矿石进口量在 4 000 万吨左右波动，至 2003 年，韩国铁矿石年度进口量有所增长，进口铁矿石约 4 300万吨。2011 年进口量约为 6 500 万吨，而 2012 年及 2013 年的年进口量基本维持在此水平。以韩国各涉钢行业的产出集中统计来分析，韩国的铁矿石进口已达到并略超出本国市场需求量。2000~2011 年韩国铁矿石进口量及全球占比见图 2-19。

韩国铁矿石进口主要来自于澳大利亚和巴西，其中来自澳大利亚的矿石占 50% 以上，巴西矿约占 1/4，其余为印度、南非、加拿大等国。

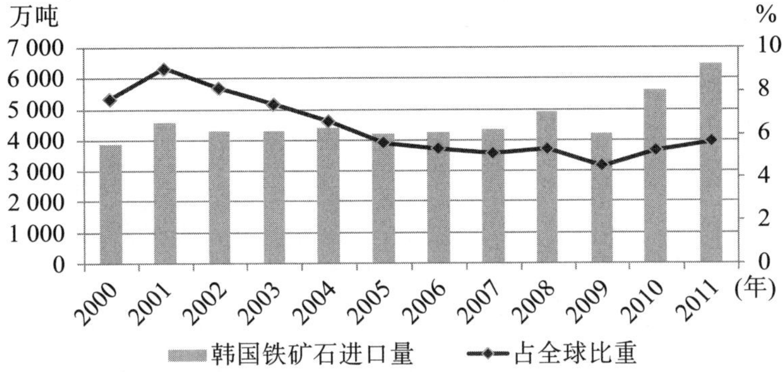

图 2－19　2000～2011 年韩国铁矿石进口量及全球占比

数据来源：Wind 数据。

韩国钢铁产业最具代表性的为浦项钢铁集团（POSCO），其成立于 1968 年，为全球最大的钢铁制造厂商之一，也是韩国十大财团之一。它拥有位居世界第一的年产 1 600 万吨的光阳钢铁厂和位居世界第二的年产 1 200 万吨的浦项制铁厂。2013 年浦项在美国《财富》杂志评选的世界 500 强中排名第 146 位，每年为全球超过 60 个国家的用户提供 2 600 多万吨钢铁产品。POSCO 分别在韩国浦项市（Pohang）和光阳市（Kwangyang）设有完善的厂房，生产各种先进的钢铁产品，包括热轧钢卷、钢板、钢条、冷轧钢板、电导钢片和不锈钢产品等，被美国 Morgan Stanley 投资银行评定为“全球最具竞争力的钢铁制造商”，并成为韩国国民经济的重要支柱和社会国力的表征。

4. 欧盟。西欧最主要的铁矿石进口国是德国，近几年均保持在 4 000 万吨/年的进口水平之上。西欧铁矿石进口量也在 1 亿吨以上，在 2000 年就已经超过 1.2 亿吨，居世界前列。其中，主要进口拉动国家为荷兰，近几年其进口量平均为 3 000 万吨/年。2000～2011 年欧盟铁矿石进口量及全球占比见图 2－20。

2000～2013 年西欧铁矿石进口量总体呈下降态势，但各国之间差异较大，其中荷兰增幅较大，从全球进口比重来看，欧洲 15 国在世界总进口量的比重持续下滑，尤以 2009 年下降幅度最大。这与欧洲人口的密度程度和社会钢材保有量的持续上涨具有直接关系。从未来市场分析来看，欧洲经济

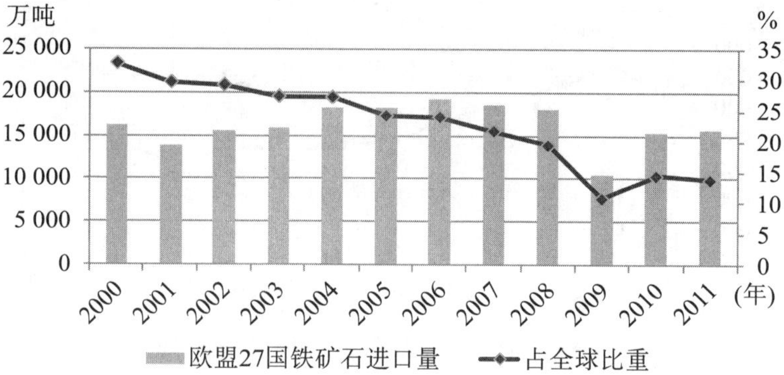

图 2－20　2000～2011 年欧盟铁矿石进口量及全球占比

数据来源：Wind 数据。

对于铁矿石的需求将继续缩减，而主要需求仍然来自于德国强大的工业及机械制造业。

小贴士

2013 年世界钢铁企业竞争力排名

行业分析机构世界钢动态公司（WSD）日前发布最新一期世界级钢铁企业竞争力排名，韩国浦项钢铁公司自 2010 年以来已经连续第四年获评全球最具竞争力钢铁企业。与 2012 年相比，2013 年的世界级钢铁企业竞争力排名企业名单略有变化，比 2012 年的 35 家少了 1 家，其中澳大利亚博思格钢铁公司退出排名，新日铁与住友金属工业公司合并后减少 1 家，印度京德勒钢和能源公司则首次入围，并且排名进入前十。

世界钢动态公司自 2002 年以来每年一到两次对钢铁企业的生产规模、盈利能力、技术创新、议价能力、成本优势、财务状况等 23 个项目进行评估并发布世界级钢铁企业竞争力排名。浦项在技术工人熟练度、技术创新能力、高附加值产品生产等方面获得高分，只是在原料和能源成本、下游业务发展等方面得分相对较低，浦项以加权平均 7.73 分（满分为 10 分）位居榜首，并且与 2012 年相比进一步拉大了与第 2 名之间的差距。

俄罗斯谢维尔公司和美国纽柯公司分列第2名、第3名。

世界级钢铁企业竞争力排名（2013年6月）见表2-1。

在该排名中，中国钢铁企业共有5家入围，分别是宝钢（排名第11名）、沙钢（排名第22名）、鞍钢（排名第28名）、武钢（排名第30名）和马钢（排名第33名）。2013年中国排名最高的宝钢排名出现大幅下滑，已经退出前十，由2012年的第5名降至第11名，其他中国钢铁企业排名也普遍表现不佳，基本处于中下游水平，这与中国钢铁行业整体盈利水平偏低有关。

表2-1　世界级钢铁企业竞争力最新排名

位次	企业名称	所在国家	年钢材发货量（百万吨）	位次	企业名称	所在国家	年钢材发货量（百万吨）
1	浦项钢铁	韩国	40	18	耶弗拉兹	俄罗斯 北美	16
2	谢维尔	俄罗斯 美国 欧盟	15	19	埃萨钢铁	印度 北美	6
3	纽柯	美国	20	20	马格尼托哥尔斯克钢铁	俄罗斯	13
4	新利佩茨克钢铁	俄罗斯	15	21	奥钢联	奥地利	8
5	京德勒西南钢铁	印度	9	22	沙钢	中国	32
6	盖尔道	巴西 北美	20	23	特尔尼翁	美洲	9
7	新日铁住金	日本	48	24	米纳斯吉拉斯	巴西	7
8	印度钢铁管理局	印度	14	25	美国钢铁	美国 东欧	21
9	京德勒钢和能源	印度	3	26	安赛乐米塔尔	跨国	94
10	JFE 钢铁	日本	30	27	维扎格	印度	2
11	宝钢	中国	43	28	鞍钢	中国 美国	30
12	沙特钢铁	沙特	6	29	AK 钢铁	美国	5
13	塔塔钢铁	印度 欧洲	23	30	武钢	中国	36
14	中钢	中国台湾	13	31	瑞典钢铁	瑞典 北美	4
15	埃雷利	土耳其	8	32	伊兹钢铁	埃及	5
16	钢动力	美国	5	33	马钢	中国	17
17	国家黑色冶金	巴西	6	34	蒂森克虏伯	德国 美洲	15

值得注意的是，德国蒂森克虏伯公司由于经营陷入严重亏损，已经完成不锈钢资产剥离，并且正在努力出售其美洲钢铁资产，去钢铁化进程在不断推进，其竞争力排名也由2012年的第24名下滑至第34名，排名入围企业的最后一名。

全球最大的钢铁企业安赛乐米塔尔公司仅排名第26名，与2012年的第16名相比也下滑10名。尽管从规模上看还没有其他企业能够撼动其霸主地位，但一家企业的竞争力显然并不仅仅在于生产规模，规模只是一个比较重要的影响因素而已。这也说明当今世界企业的竞争在于综合实力的比拼，依靠的是技术创新能力、削减成本能力等，而依靠规模取胜的时代显然已经过去。这也提醒中国钢铁企业要把更多的精力放在创新上，而不是单纯地追求规模扩张。

三、中国铁矿石的供需情况如何？

（一）中国国产铁矿石生产

近几年我国钢铁行业高速发展，对铁矿石的需求大幅度增加，带动我国铁矿石产量不断增长。2001年我国原矿产量为2.18亿吨，比2000年下降了2.5%，随后逐年增长，到2005年我国铁矿石原矿产量达到了4.2亿吨，同比增长35.6%，比2001年的产量几乎翻了一番。“十一五”期间，铁矿石产量年均增长率超过20%，2012年铁矿石原矿产量达13.1亿吨。

分地区来看，除天津、上海、宁夏和西藏受资源限制，没有进行铁矿石开采外，其他各地区均有生产。其中，河北、四川、辽宁产量较大，分别为5.2亿吨、1.6亿吨、1.5亿吨。另外，山西和内蒙古产量也较大，分别为8 130万吨和8 049 万吨。河北、辽宁、四川、内蒙古、山西五个地区的铁矿石产量占我国总产量的77%左右。其中，河北产量比重最大，2011年达到41%；其次是四川和辽宁，为12%；内蒙古和山西比重为6%。从地区分布来看，环渤海地区铁矿石原矿产量最大，为7.2亿吨，接近全国总产量的55%。如果考虑临近环渤海地区的山西及内蒙古两个省区，则该区域的产量占全国的60%以上。西南地区和华北其他地区产量比重也较大，均超过10%，而长三角地区和华南沿海地区产量较低，不足0.5亿吨，在全国的总产量中比重不足3.5%。2012年中国铁矿石产量分布见图2－21。

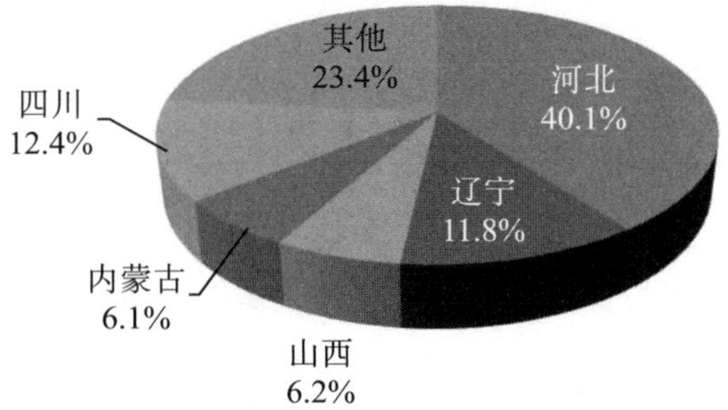

图2－21 中国铁矿石产量分布（2012年）

数据来源：中国统计局。

我国铁矿石生产商多为小型矿山企业，铁矿石生产集中度较低。根据中国冶金矿山企业协会统计（见表2－2），截至2012年12月，铁矿石产量在1 000万吨以上的15家，占企业总数的1.03%，拥有的矿石产量2.93亿吨，占总产量的22.01%；500万～1 000万吨的有25家，拥有的产量1.76亿吨；300万～500万吨的有33家，产量为1.23亿吨；100万～300万吨的企业年产量为2.59亿吨；50万～100万吨的有201家，拥有产量1.40亿吨；不足50万吨的企业近979家，总产量为3.39亿吨。

表2－2　　　　中国铁矿石生产企业规模分布

矿山规模（万吨）	企业数量	总数比例	年产量（亿吨）	总产量比例
1 000以上	15	1.03%	2.93	22.01%
500～1 000	25	1.72%	1.76	13.25%

续表

矿山规模（万吨）	企业数量	总数比例	年产量（亿吨）	总产量比例
300～500	33	2.27%	1.23	9.26%
100～300	154	10.61%	2.59	19.48%
50～100	201	13.85%	1.40	10.5%
50以下	979	67.47%	3.39	25.5%

数据来源：中国冶金矿山企业协会。

（二）中国铁矿石进口

我国自产铁矿石远不能满足国内钢铁生产的需要。从精矿产量看，2008年以后，由于整体开采品位的下降，我国的成品矿生产增长幅度反而缩小，在钢铁产能持续扩张的背景下，铁矿石的供需差距进一步被拉大，中国不得不进口更多的铁矿石以满足钢铁生产要求，这也是2008年金融危机后，世界各国纷纷降低进口量，而中国进口依然保持强劲的最根本原因。

我国重点钢铁企业总体铁矿石自给率较低，历年均不足20%（见表2－3）。其中自给率最高的为太原钢铁（集团）有限公司、包头钢铁（集团）有限责任公司和鞍钢集团公司。2010年，这三家钢铁企业的铁矿石自给率已达50%左右。铁矿石自给率较低，大部分钢铁企业需通过贸易方式外购铁矿石以满足自身生产需要。

表2－3　　中国钢铁企业铁矿石自给率　　单位：%

企业＼年份	2006	2007	2008	2009	2010	2011	2012
首钢集团	29.33	23.41	20.01	18.38	11.68	14.29	13.19
河北钢铁集团			10.16	8.57	7.07	6.65	6.77
河北津西钢铁集团			8.84	0.00	3.93	7.50	6.45
太原钢铁（集团）有限公司	47.31	38.55	46.21	42.71	47.36	45.57	47.91
包头钢铁（集团）有限责任公司	40.57	33.13	30.92	37.95	55.03	55.32	58.11
鞍钢集团公司	17.33	16.97	61.52	46.79	47.10	42.50	46.07
北台钢铁公司	9.20	8.00	8.30	6.57	5.05		

续表

企业 \ 年份	2006	2007	2008	2009	2010	2011	2012
宝钢集团有限公司	9.43	10.18	7.53	7.94	6.83	7.07	7.38
马钢（集团）控股有限公司	21.24	15.99	13.92	13.40	12.19	8.79	10.44
山东钢铁集团有限公司			8.64	8.80	8.77	8.50	9.80
安阳钢铁集团有限责任公司	7.47	5.72	4.57	4.15	2.78	2.12	3.53
武汉钢铁（集团）公司	13.21	11.84	10.98	11.10	10.59	10.73	9.98
平均	17.79	16.15	18.82	16.89	16.86		

数据来源：中国钢铁工业协会。

2001 年我国进口铁矿石为 9 239.3 万吨，比 2000 年增长 32.04%。到 2002 年我国铁矿石进口突破 1 亿吨，达到 1.11 亿吨，同比增长 20.67%。此后几年我国铁矿石进口一直居高不下，年增长率都在 30% 以上。直至 2010 年我国铁矿石进口增长势头才有所放缓，较 2009 年略有下降，结束了自 2000 年以来一直高速上升的势头。这一期间，中国进口铁矿石量年均增长 24.4%。进口量的不断攀升，也使得中国铁矿石的进口依存度不断提高，2012 年，中国铁矿石整体进口依存度约为 63%。2000～2012 年我国铁矿石年进口数量见图 2－22。

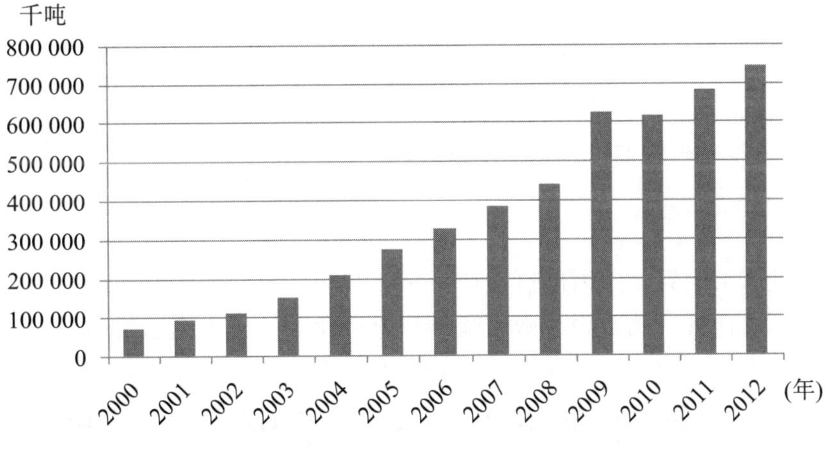

图 2－22 我国铁矿石年进口数量

数据来源：国家海关总署。

我国铁矿石进口金额也逐年提升。2002 年我国铁矿石进口金额达 27.69 亿美元，到 2003 年增加到 48.57 亿美元，增长 75.4%。2004 年、2005 年我国又分别花费了 127.12 亿美元和 183.7 亿美元进口铁矿石，分别比 2002 年增长了 359% 和 563%。2003～2005 年间的进口金额年均增长率高达 87.9%，远高于同期铁矿石进口数量的增长。2006～2011 年我国铁矿石进口金额增加较多，除 2009 年外，其他年份进口金额均有不同程度上涨。从单价看，2008 年铁矿石单价最高，2009 年单价较低，2010 年铁矿石价格又重新步入上升轨道，2011 年达到最高的 164 美元/吨，2012 年又出现回落，平均价格与 2010 年相近。随着铁矿石新增产能的投放，使铁矿石供需格局逐渐发生偏移，2013 年后，国际铁矿石价格逐渐失去支撑，终于在 2014 年迎来了全面暴跌局面。

近几年中国铁矿石进口年增长率及平均价格见图 2－23。

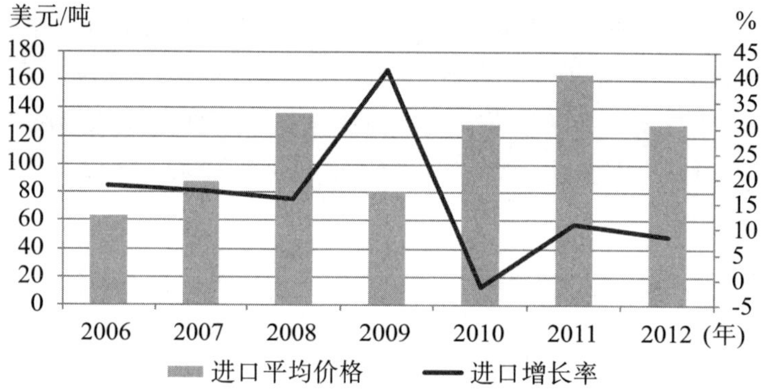

图 2－23　近几年中国铁矿石进口年增长率及平均价格

数据来源：Wind 数据。

从进口结构看，中国进口铁矿石结构稳定，从 2007 年开始，中国进口铁矿石排名前五的国家中，数量比例和金额比例一直占据总量的 88% 左右，尤其是澳大利亚和巴西两国，合计所占比例历年均在 60% 以上，而印度矿 2007 年所占比例在 20% 以上，但是由于出口政策限制，近些年印度矿比例下降至不足 5%。2012 年，澳大利亚铁矿石比例增长较多，约为 4%。从国别来看，中国进口来源国数目不断增加，范围不断扩展，表明中国铁矿石进口选择逐步多元化。

（三）中国铁矿石港口及运输

从进口港口看，中国铁矿石进口大致分为三个区域：一个为环渤海区域，包括京唐、天津、青岛、日照等港口；一个为长三角区域，包括北仑港、上海、南通等港口；一个为华南及西南地区，包括防城港、湛江港等。

从海运路线看，由于澳大利亚的铁矿石生产集中在西澳，澳大利亚至中国的海运通常从西澳港口出发。而巴西至中国的路线则从巴西东海岸港口出发，绕过非洲好望角，途经马来西亚到达中国。印度至中国的海运通常从印度西海岸出发，穿过印度洋，经马六甲海峡到达中国。

从海运距离来看，中国与巴西的海运距离为 11 000 海里，海运时间为 40 天左右；与南非的海运距离为 8 000 海里，海运时间为 32 天左右；与印度的海运距离为 4 100 海里，海运时间为 20 天左右；与澳大利亚的海运距离是 3 600 海里，海运时间为 15 天左右。澳大利亚是距离中国港口最近的主要供矿国。

从进口国家看，澳大利亚与巴西的铁矿石最受我国钢铁企业青睐。这两个地区的铁矿石规模大、质量好，符合我国大型钢铁企业发展高附加值钢材的需要。澳大利亚尤以其比巴西铁矿石更低的运费和比印度铁矿石更稳定的质量更受欢迎。相比之下，尽管进口印度铁矿石在成本上要低于澳大利亚与巴西，但由于印度铁矿石质量稍次，且产量有限，我国企业在印度的进口量稍逊于上述两国，但印度出口的铁矿石有 80% 以上销往中国。目前，俄罗斯及乌克兰铁矿石由于只能通过西部铁路运输，运力限制使得进口量受限，目前仅有河北、内蒙古部分钢厂在积极参与相关贸易，但在进口矿中整体比例仍偏低。

从运输经济性考虑，澳大利亚航线应以好望角型船舶为主；南美、南非航线因运距远、装船吨级较高，应以好望角型船舶或 20 万吨以上超大型散货船为主；印度航线以巴拿马型散货船为主。经验表明，采用 17 万吨级的超大型散货船一般比采用 5 万 ~6 万吨的船型在每吨铁矿石运费上低 15% 左右。如果是从巴西到中国运距超过 10 000 海里的运输，则采用不同船型所形成的成本差距更大。由于采用20万吨甚至30万吨以上的大型散货船可有效降低铁矿石的运输成本和到岸价格，加之中国港口条件的改善，近年来可接卸大型散货船的泊位数量不断增多，大型散货船未来将成为中国铁矿石进口运输的主要工具。巴西和澳大利亚到中国的好望角型船运价与国际海运指数基本保持同步走势。

2013年度中国进口铁矿石国家分布见图2-24。

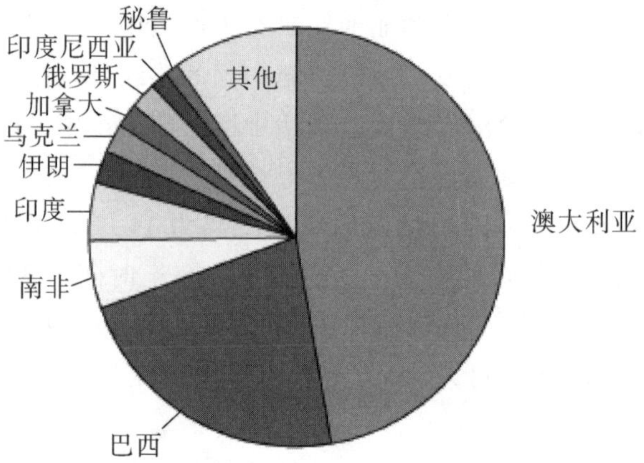

图2-24 2013年度中国进口铁矿石国家分布

数据来源：中国钢铁工业协会。

从2012年铁矿石进口省区看，河北、山东进口比例较高，均超过19%，江苏比例稍低，但亦超出11%，上海、天津的比例也超出5%，前五个省区合计占进口总量的66%。从历年情况看，虽然排名前五的省市总体比例较为稳定，但是个别省市比例存在变动。从2008～2012年各省市进口铁矿石的比例看，河北、山东、江苏依然是进口比例较高的省份，其比例略有上升，其他省市的排名基本稳定。从2008～2012年的变动趋势看，进口铁矿石数量较多的省市依然是钢铁产能较高的省市。2008～2012年中国各主要省市铁矿石进口比例见表2-4。

表 2 – 4　　中国各主要省市铁矿石进口比例

2008 年		2009 年		2010 年		2011 年		2012 年	
省份	进口比例	省份	进口比例	省份	进口比例	省份	进口比例	省份	进口比例
河北	17.76	河北	17.25	河北	19.29	河北	20.15	河北	22.88
山东	17.53	山东	16.59	山东	18.62	山东	19.92	山东	19.53
江苏	10.92	江苏	12	江苏	11.34	江苏	11.57	江苏	11.51
上海	8.86	上海	10.63	上海	6.83	上海	6.28	上海	6.05
天津	5.76	天津	4.82	天津	6.31	天津	5.82	天津	5.6
辽宁	5.27	辽宁	4.75	辽宁	5.3	辽宁	4.96	辽宁	3.8
其他	33.91	其他	33.95	其他	33.3	其他	31.29	其他	30.62

数据来源：国家统计局。

中国进口铁矿石组成见图 2 – 25。

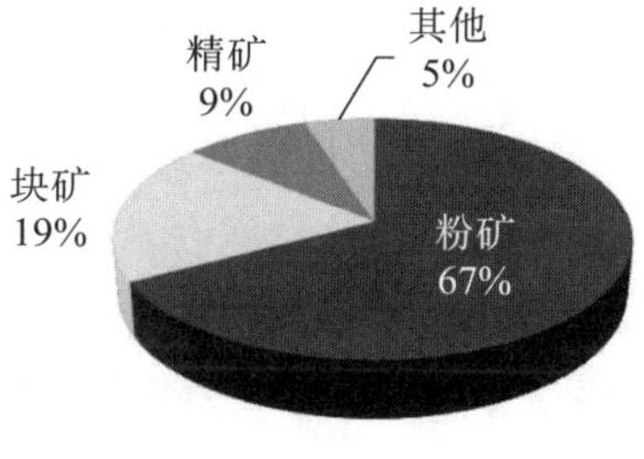

图 2 – 25　中国进口铁矿石组成

数据来源：中国钢铁工业协会。

中国进口矿分为长协矿及现货矿（见图 2 – 26）。2000 ~ 2004 年，进口长协矿量一直高于现货矿量，2005 年现货矿量首次超过长协矿量，2006 年、2007 年长协矿量又重新超出现货矿量。从 2008 年至今，现货矿量一直高于长协矿量，由于现货矿定价周期短，价格波动大，随着现货量的提高，中国铁矿石产业所面临的风险也在不断加大。从 2011 年后，短期定价机制开始活跃。

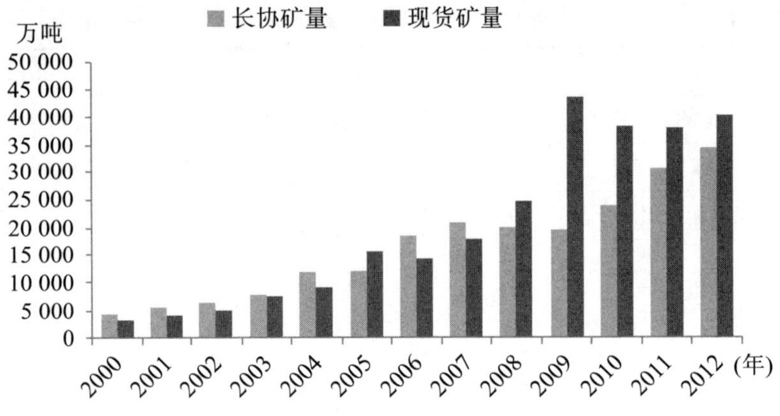

图 2－26　中国进口矿长协矿和现货矿含量

数据来源：中国钢铁工业协会。

2013 年我国港口铁矿石价格基本运行于较低水平，相对应的澳巴印矿供给方面则始终保持在平衡线附近，这也是导致矿价运行于高位的主要原因。随着国家治理钢铁产能过剩各项措施的出台，各钢铁生产重点地区也开展了部分治理工作，使得铁矿石预期价格有所回落，社会消耗量及粗钢产量均出现了明显的下调。加之铁矿石社会库存从 2001 年中开始回升（见图 2－27），铁矿石价格也出现稳中有降的情况。

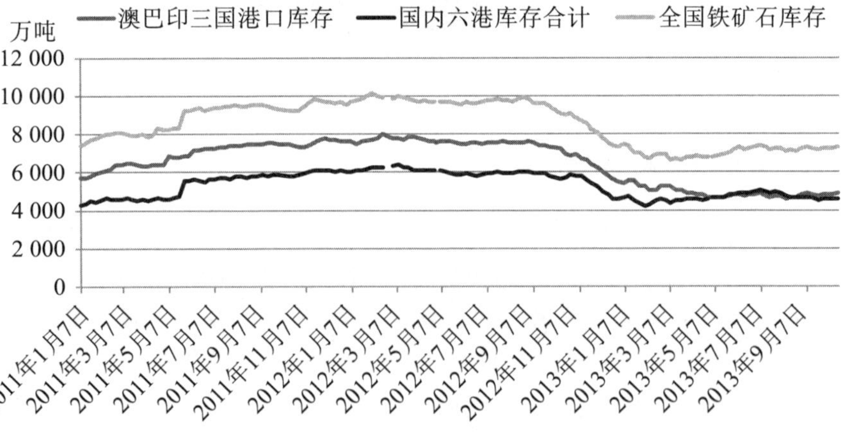

图 2－27　中国铁矿石内外主要港口库存对比

数据来源：Wind 数据。

四、中国铁矿石的定价过程是怎样的？

铁矿石贸易中主要存在两个定价体系：长协体系和现货体系。

长协体系曾经是世界最重要的铁矿石定价体系，其核心是铁矿石供需双方通过长期合同锁定供货数量或采购数量，期限一般为5~10年，甚至达到20~30年，但其价格并不固定。从20世纪80年代以来，长协定价体系经历了年度谈判—季度指数—现货化的演变过程，其定价基准也由最初的离岸价（FOB），转为现今流行的到岸价（CFR）。

（一）长协年度定价机制

1950年前全球铁矿石交易方式以现货交易为主；20世纪60年代，日本成为澳大利亚铁矿石的主要购买方，双方开始签订短期合同，并在60年代后期逐步发展为长期合同，铁矿石量和价都锁定10~20年；20世纪70年代，欧美借鉴日本经验大量进口铁矿石并签订长期合约。

铁矿石长协定价机制决定年度铁矿石价格的谈判开始于1980年（1981财年），并平稳运行近30年。其框架是：根据惯例每年由世界主要铁矿石供应商与其主要客户进行谈判，决定下一财政年度铁矿石价格，价格一经确定，双方则依照谈定的价格在1年内执行。铁矿石需求方中的任意一方与铁矿石供应方中的任意一方价格达成一致后则谈判结束，国际铁矿石供需双方均接受此价格，这一谈判模式即“首发—跟风”模式，且计价基准为离岸价，同一品质的铁矿石各地涨幅一致，即“离岸价、同涨幅”。

（二）长协谈判定价机制解体

中国铁矿石定价演变历史见表2-5。

表 2－5　　中国铁矿石定价演变历史

时　间	事　件
1950 年以前	现货交易为主
20 世纪 60 年代早期	供给短期合同出现
20 世纪 60 年代以后	长期合同为主
1975 年	铁矿石输出组织成立，改签长期合同为短期合同
1980 年	年度合同谈判机制形成
2004 年	宝钢代表中国企业加入年度长协谈判
2008 年	“首发—跟风”模式被打破（力拓单独定价）
2009 年	“首发—跟风”模式再度被打破（中国没有接受 33% 跌幅）
2010 年	三大矿山改为季度定价，指数定价模式随之产生
2011 年	月度定价渐成趋势

数据来源：我的钢铁网。

在长协年度定价机制下，供方可长期均衡占领市场，需方则获得稳定供货渠道。在铁矿石供需平稳的背景下，该体制较好地维护了谈判双方利益。

20 世纪 90 年代以来，伴随着中国等发展中国家钢铁工业的蓬勃发展，铁矿石全球供需格局变化剧烈，矿石产量的增长无法满足钢铁产能的迅速扩张，原材料严重紧缺，现货价远高于长协价，成为长协年度定价机制解体的导火索。

出于对长协年度定价机制的不满，三大矿山各自谋求对自身有利的定价方式。2008 年在 Vale 谈定首发价后，RIO 单独争取到了更大的涨幅，“同涨幅”规则被打破。2009 年在日韩钢厂与三大矿山确认了“首发价”后，中国与三大矿山之外的 FMG 达成了价格略低的协议，“首发—跟风”规则被打破，铁矿石长协年度谈判就此破裂。从此以后，铁矿石定价逐渐演变为季度定价、月度定价和指数定价，铁矿石价格的波动也日益频繁，采购模式中短期现货交易的比例逐渐提升。

小贴士

国际三大主要铁矿石价格指数

目前国际市场拥有影响力的铁矿石现货指数有：美国普氏能源资讯（Platts）的普氏指数、英国环球钢讯（SBB）的TSI指数以及英国金属导报（MB）的MBIO指数，三家定价方式各不相同。目前，TSI指数成为新加坡商品交易所和芝加哥商品交易所进行铁矿石掉期交易结算的依据，而普氏指数则占据季度定价以及铁矿石现货市场，2011年6月28日普氏宣布收购环球钢讯。

1. 普氏（Platts）指数

2008年6月，普氏能源资讯向全球市场推出了世界首款针对海运铁矿石的每日价格评估服务。一年后此项服务被BHP公司采用，成为其全球铁矿石定价指数的依据。普氏指数来源于中国市场的现货价格，最初以62%品位的铁矿石交易价格作为基础制定。普氏能源资讯推出的铁矿石价格指数作为国际三大矿商季度和现货贸易结算的定价基础，俨然成为决定铁矿石价格的官方指数，尤其是2010年4月以后几乎所有的澳矿、巴西矿均参考这一指数。

然而，普氏指数自诞生以来就非议不断，普氏指数的形成过程是：该公司在伦敦、新加坡等地的分析师通过电话和即时通讯工具，与市场参与者交流关于交易、询价和报价的信息。在每个工作日结束时（对于大多数亚洲现货市场而言，是中国时间18时30分），普氏的分析师将在该时间之前收集的信息进行评估，从而形成当天的指数价格。而普氏指数的形成方法一直不被中国方面认可，中国钢铁工业协会认为其采集信息缺乏科学性和准确性，采集过程并不透明。更为重要的是普氏指数的核心理念是寻找可成交的市场价位，普氏指数每天都在寻找最高的买方询价和最低的卖方报价来评估当天的指数价格，所以，确切地说，应该称之为普氏估价而非指数。这就意味着每日的普氏估价并非当天所有采集信息的加权平均，而是价格发现。即使市场收市前有成交，但如果在成交之后至18时30分前出现更有竞争力的询价或报价，那么这个价格也将会是普氏评估当天估价的主要依据。因此，如果一天中没有任何现货交易成交，普氏的估价将会是基于当天最有竞争力的询价或报价。以没有达成交易的价格作为评估价格，从而确定铁矿石季度价格，这正是其被认为不科学、不合理的所在，业内普遍担心这一价格可能被操纵。

2. TSI指数

环球钢讯编制的TSI指数，指数样本为对74家企业的成交数据进行采集，这些企业包括矿商、贸易商以及钢厂，而其所提供的数据不包括询价和报价，完全基于已经发生的矿石交易。根据这些数据的不同品质分级，TSI分析师进行加权平均最终得出当天的指数。目前，TSI仅作为新加坡商品交易所和芝加哥商品交易所进行铁矿石掉期交易结算的依据，对铁矿石现货贸易市场并没有影响。TSI的所有数据是市场实际现货情况，现货贸易实际成交数据源来自于现货市场上的活跃企业，成交量通过实际市场得出，因此，TSI指数成为正在崛起的、已经被中国一些大型钢铁企业意图采用的铁矿石指数。然而，在普氏迅速收购TSI后，TSI指数未来的发展趋势也变得难以确定。

3. MBIO指数

MBIO指数是根据交易当天实际成交量进行吨位加权计算后得出的数据，在计算时考虑到了不同等级铁矿石的质量、矿厂地点和交货地点等因素。

MBIO指数以62%品位铁矿在青岛港口的价格为基准。指数有三个数据来源：钢厂、矿山和贸易商，各占1/3的比重。指数在制定过程中并不特别偏向某一方，每一个数据源都对最后的指数起到同样的作用。每天，他们会搜集各地的三方面数据源，上报给伦敦总部。那里的专家会先对每项指标进行交易量的加权计算，然后对三项指标平均整合，得出最终的指数。在具体编制过程中，任何一个收集到的数据，如果比其加权计算的数据高4%，或者低4%，都将会被排除在外。该计算方法使得参与市场的任何一方都无法主导价格，即使在使用加权计算的情况下，如果有一方

（比如说铁矿商）报出的数据偏高，只会影响指数计算的33%。

在MBIO指数的模型内，有20～25个作为统计的数据点，这些数据点的大部分联系人都来自中国，包括中国主要钢铁企业。其中，有一部分主要参与者与金属导报签有保密协议，它们会将数据自动发送至金属导报。此外，金属导报还与上海钢之家签有协议，钢之家会根据其与钢铁企业签订的合同，向金属导报提供额外的数据。

世界三大主要铁矿石价格指数对比见表2－6。

表2－6　世界三大主要铁矿石价格指数对比

名称	MBIO指数	Platts指数	TSI指数
报价方式	美元/公吨	美元/公吨	美元/公吨
铁品位	62%	62%	62%
SiO_2	3.5%	4.5%	4.0%
Al_2O_3	2%	2%	3.5%
P	0.05%	0.07%	0.07%
S	0.02%	0.02%	0.05%
水分	8%	8%	8%
粒度	>90% <6.3mm	>90% <10mm	>90% <10mm
交易规模	30～350kt	>35kt	>20kt
交货港口	青岛—日照—连云港	青岛	天津
运送期限	8周内	自公布日2～8周	4周装货
信息收集	每日	每日	每日
发布时间	12：00伦敦	09：00新加坡	12：00伦敦

资料来源：中国钢铁工业协会。

案例 2－1

国际铁矿石贸易定价过程中的尔虞我诈

2007 年 2 月 28 日，正值中国农历正月十一，中国人还沉浸在春节的喜庆中，印度财政部部长奇丹巴拉姆却突然在印度财政局年度财政预算提案中提出：印度出口铁矿石执行对所有品位的粉矿、块矿和精矿每千吨收 300 卢比的出口税，并宣布此项政策属于临时性税收政策，无须通过国会批准。提案从 3 月 1 日起正式执行。其实，印度钢铁企业一直希望印度政府能够抑制铁矿石的出口，以降低铁矿石在其国内的价格。对于这次的铁矿石突加关税，印度钢铁企业自然是欢欣鼓舞，而中方则以五矿商会为代表，以拒绝进货的方式向印度施压。这导致印度铁矿石出口量锐减 40% 以上，印度果阿地区出口贸易量下降一半以上。

其实，在这看似不起眼的 7 美元背后，是中印两国日益白热化的钢铁之争。随着中国重工业在世界范围内的影响越来越大，印度自然也是不甘落后。但是遗憾的是，截止到 2006 年，印度全国的钢铁总产量仅有 4 000 万吨。相比而言，中国的钢铁产能在最近 10 年里突飞猛进，同样是 2006 年，中国的钢铁产量是 4.2 亿吨，超过印度 10 倍。我们举一个更具体的例子：宝钢一家企业在 2006 年的产能就达 2 140 万吨，超过印度全国钢铁产能的一半。为此，印度钢铁企业在倍受压力的同时，也在积极的思考对策。把中国当作假想敌的印度钢铁企业发现，其本国的大量铁矿石都被出口到中国了，虽然也没有影响到本国钢铁企业的采购，但是这当中会让印度钢铁企业"吃醋"。于是，印度钢铁企业开始设想：假如印度的铁矿石不出口，只在国内销售，那么印度铁矿石在国内的售价必然下跌，钢铁企业的生产成本也会下降，这样相对中国就有了价格优势，就可以打开更多的国际市场，从而刺激印度钢铁产能大幅提高。

印度钢铁企业在这个梦想的基础之上，开始打着保护印度资源的旗号，大肆游说政府，要求限制乃至全面禁止印度铁矿石的出口。假如非要在这个梦想上加一个期限的话，印度钢铁企业希望是在 5 年之内。

韩国和日本的平静，源于这两个国家的进口商与印度方面所签订的长期合同。这两个国家在每年初，都会与印度的出口商签订长期合同。在一年当中，无论铁矿石国际市场价格有多大的变动，双方的交易数量均不变，价格也不变。反观中国，由于历史的原因，双方并没有签订长期协议，7 美元就使中国方面显得异常被动。至于这当中的“历史原因”，也非常值得我们反思。中国与印度的铁矿石贸易很早就开始了，由于中国与印度接壤，印度的铁矿石就有了运输上的交通优势，从印度过来的铁矿石只需要 7 天就能到中国。由于这个最直接的优势，使得中印之间的贸易量逐渐增大，但同时，当年小贸易额所遗留下来的“劣根性”，也一直影响着双方。从一开始，双方就没有签订长期合同，交易比较“自由散漫”，一旦铁矿石国际价格出现波动，双方都有“逃单”的经历。国际价格上涨，印方就会坐地加价，而一旦国际价格下跌，中方也会不履行合同，海上的货船掉头就回到国内，直到印度方面把价格降下来。这样的贸易历史，使得中印双方对彼此的贸易信用都不高，也直接导致了这次的关税事件。目前，只有宝钢与印度最大的矿山签订了一份长期协议，但也只能约定贸易数量，而不能约定贸易价格。

最终结果是，中国被迫接受了印度铁矿石贸易保护的结果，致使印度矿进口优势荡然无存，印度钢铁业一片欢腾，而中国不得不转而发展远在澳大利亚和巴西甚至非洲的铁矿进口。

五、中国钢铁行业格局与演变是怎样的？

钢铁工业在中国经济中占据影响全局的重要位置。1949 年中华人民共和国建立之初，钢铁工业十分落后，钢铁产量只有 15.8 万吨，居世界第 26 位。加快发展钢铁工业，一直是中国尽快实现工业化的重要目标。中国钢铁工业发展大致经历了如下几个阶段：

（一）“大炼钢铁”运动发起和失败（1950～1977 年）

20 世纪 50 年代至 60 年代初，中国领导人提出“以钢为纲”，把加快钢铁工业发展置于整个经济发展的优先主导地位。在苏联援助下修复和建设了鞍钢、武钢、包钢三家国家级大型钢铁厂。全国各地还建成了20多家中小钢铁厂。这些钢铁厂成为以后时期全国各地发展钢铁工业的基础。1958年，中国政府提出钢铁产量15年后超过英国达到2 500万吨，发动了“大炼钢铁”“大跃进”运动。1958～1960年连续3年钢铁产量大幅度增长，粗钢产量从1957年的535万吨增加到1960年的1 866万吨，3年分别增长49.5%、73.4.5%和34.5%。在经济发展水平很低、基础薄弱的情况下，大量资源投入到钢铁工业中，虽然促成钢铁产量短期迅速增加，但是造成国民经济严重失衡，经济增长急剧下跌，钢铁正常生产无法维持。1960～1962年，经济增长速度跌落为－1.4%、－29.7%、－6.5%，1961年和1962年，粗钢产量下降到870万吨和667万吨，钢铁产量增长速度下降为－53.4%和－23.3%。追求钢铁产量超速增长的过高目标，只能是欲速则不达，反而造成经济增长和钢铁工业的剧烈波动和倒退。

“大炼钢铁”失败后，中国钢铁工业飞跃发展的愿望一直十分强烈，其中的教训却没有得到认真反思。从1963年到改革开放前夕的1977年的15年里，钢铁生产又发生两次大起大落。第一次，1964～1966年，粗钢产量连续3年高速增长25%～26%，1966年粗钢产量增加到1 532万吨。随后两年增长速度跌落为－33.4%、－11.4%，粗钢产量下降到904万吨。第二次，1969～1971年，钢铁产量增长速度回升到20%～48%，到1973年粗钢产量上升到2 522万吨，实现了15年前提出的目标。但是，钢铁生产扩张速度过快，缺少经济基础支持，1974年和1976年钢铁产量又出现大幅度下跌，直到1977年还没有恢复到1973年时的钢铁产量水平。

（二）国家投资建设宝钢（1978～1991年）

1978年中国经济开始改革开放，上海宝山钢铁厂建设项目开工，由国家集中投资，引进日本新日铁公司成套设备技术。宝钢建设工程是中国钢铁工业走上开放发展新道路的代表性项目。1958年发动“大炼钢铁”的群众运动，大量小钢铁厂生产工艺原始、粗糙，产品质量低劣，失败有目共睹。20世纪60年代中期至70年代末期，中国经济发展和钢铁工业遭受“文化大革命”的冲击，1960年中国钢铁产量为1 866万吨，同日本的2 200万吨差距不大。在以后近20年时间里，中国经济处在封闭环境中，技术停止不前。除20世纪70年代中期引进国外一米七轧机安装在武钢之外，中国钢铁工业现代技术装备几乎是空白。到70年代末，很多小钢铁厂技术落后，产量很低，100多万吨产量的钢厂只有五六家，全国钢铁产量只有2 000多万吨，且品种单一。同时期，日本钢铁工业飞速发展，中国钢铁部门受到强烈震动。日本全面引进欧美各国先进技术装备，建成以新日铁为代表的8个千万吨级钢铁厂，1973年钢铁产量增大到1.19亿吨，钢铁产量和技术跃居世界高峰。中国钢铁工业和日本钢铁工业的差距急速拉大。1978年改革开放之初，宝钢工程迅即开工。宝钢一期年产300万吨钢、二期增大到600万吨钢的现代化工厂于1985年和1992年建成投产，生产出热轧带钢、冷轧带钢、钢管等钢材品种，填补了国内当时不能生产的品种空白，产生出进口替代效果。建设宝钢这样的现代化大型钢铁厂，重视提高钢铁生产技术水平，是改革开放后中国钢铁工业发展的一种新做法。宝钢的建成，对提高中国钢铁技术水平、改善中国钢铁产品结构发挥了重要作用。

宝钢建设采取国家集中投资、大力支持的发展模式，在中国经济基础薄弱和经济转型艰难的情况下出现了一些问题：

第一，宝钢建设投入国家大量资金，改革开放初期国民经济难以承受。宝钢一、二期工程共投资300亿元，其中一期投资128亿元，完全是国家财政出资。宝钢一期投资，相当于1979年财政支出总额和财政基本建设投资总额的10%和24.9%，宝钢等大型项目集中使用国家财政资金，财政基本建设投资占财政支出比重上升到40%，财政负担加重，财政收支从1978年盈余10亿元变成1979年赤字170.6亿元，财政赤字占国民收入的5%。宝钢等大项目使用大量外汇，引发中国外汇收支危机。1980年中国外汇储备降低到-13亿美元。宝钢工程的投资规模超过了当时国民经济的支撑能力。宝钢项目受到国内广泛批评。1980年宝钢工程停工，不顾国力花费大量外汇的“洋跃进”得到纠正。宝钢停工损失很大，半年后宝钢工程在争议中复工。

第二，宝钢的高技术、高成本模式与中国现阶段发展状况很难相合。宝钢以高强度投资方式建成了高技术、高水平的钢铁企业，替代了进口产品，宝钢的生产效率、耗材耗能、经营收益等指标在同行业中领先，但是，企业投资经营资金需要量大，在资金不足和金融市场低水平的情况下融资成本很高，高档次产品成本高因而销售价格高，难以和大量低成本企业展开竞争，不得不要求国家的特殊支持和保护。国家对宝钢的偏向支持，对很多钢铁企业形成了歧视性压力，对其他钢铁企业的合理发展造成了不利影响。

第三，宝钢建设采用的是政府决策集中投资的计划经济模式，这种方式在宝钢以后的扩张发展中一直起着作用。宝钢的投资经营活动现在还和国家很多指令性配置安排紧紧连在一起，宝钢的经营领导人曾说，宝钢乃至钢铁工业的发展不应该看市场变化，而应该按国家长远发展战略安排进行。宝钢在钢铁工业具有的特殊地位，强烈影响着国家钢铁产业政策和资源配置朝着宝钢所希望的方向倾斜。目前，按照宝钢意愿所形成的政策措施中有很多计划经济的做法，对钢铁工业的市场竞争和企业重组产生了不利影响。

第四，宝钢只是国家制造出来的一个样板企业，不具有普遍的示范效应。国家集中投入大量资金和政策支持建设大型钢铁厂，在资金有限的情况下只能建造出一个宝钢。其他钢铁厂不可能得到像宝钢这样多的国家资金投入。宝钢建成后，可以生产出其他钢铁厂生产不出来的优质钢材，但宝钢的钢铁产量只占全国钢铁产量的7%左右。单靠宝钢模式无法使钢铁工业的整体规模和质量获得快速扩大和提高。从中国钢铁工业发展的实际情况看，宝钢的建设发展模式并不一定是最优、最有效率的。很多钢铁厂没有得到像宝钢这样大力度的国家支持，走市场竞争道路，却实现了比宝钢更快的发展。在国家集中资源建设宝钢的时期里，宝钢实现了比其他钢铁厂都快的发展，但是其他钢铁厂的发展受到忽视或压抑，中国钢铁工业整体在当时并没能实现稳定、快速的发展。

（三）市场涨落中的钢铁产量增长（1992～2000年）

1992年、1993年我国宏观经济过热，GDP增长升高到14.2%、14.0%，投资增长高达44.4%、61.8%。投资过热导致投资品供不应求，国内钢材供给缺口扩大，价格暴涨，进口激增。各种公司和人员利用钢材紧缺和双轨体制的漏洞倒卖钢材。钢材被当作投机工具反复倒手，紧俏品种的钢材价格成倍上涨。1993年上半年经济过热和价格上涨到高峰。1993年，原材料燃料动力购进价格总指数上升35.1%，其中钢材价格上涨74.1%，在所有投资品种类中上涨幅度最高。钢材产量增长跟不上泡沫暴涨的钢材需求，1993 年，我国进口钢材 3 026 万吨，进口量比 1992 年增加近 4 倍，占当年钢材消费量的 28%。钢铁市场需求和价格高涨，刺激钢铁投资扩张，掀起地方经济和民营经济钢铁投资热，这也是改革开放后中国钢铁业出现的第一次高潮。

1994 年以后，紧缩调控下的宏观经济逐渐降温，经济增长速度逐年减慢，钢铁需求迅速从过热变为过冷。钢铁价格大幅度下降，钢铁企业收益下降，很多企业由盈利变为亏损。这期间，钢铁产量继续增长，1996 年钢铁产量突破 1 亿吨，1999 年钢铁产量超过 1.2 亿吨。产量增长加大价格下降压力，钢铁企业收益连连下滑。全部钢铁企业利润总额从高峰期 1993 年的 290.1 亿元减少到低谷期 1996 年的 50.5 亿元、1998 年的 9 亿元，销售利润率从 1993 年的 10.2% 降低到 1996 年的 1.9%、1998 年的 0.3%。有关部门认为，钢铁价格下降导致企业收益下降，原因在于钢铁产量过多，市场供大于求，只有减少钢铁供给量，才可解决钢铁价格下降问题。1999 年，有关部门对钢铁行业采取限产保价措施，要求钢铁企业连续 3 年产量递减 10%，预计到 2000 年底将钢铁产量总量降低到 1.1 亿吨以下至 1 亿吨以下。

政府部门对钢铁企业实施减产限产措施，不仅想解决钢铁市场供大于求问题，还想借限产措施促进结构调整，关闭中小钢铁厂，减少低劣钢铁产品产量。但是，地方和民营中小钢铁厂依靠市场生存发展，不受行政措施约束，限产行政措施只对国有大中型钢铁厂产生效力。大中型钢铁厂减产腾出的市场空间，很快被中小钢铁厂的产量增加所补填。限产保价所产生的市场收益被产量增加的钢铁厂所获取。限产措施实施以后，钢铁产量压不下去，仍然继续增加。1999 年粗钢铁产量突破 1.2 亿吨，比 1998 年增长 8.2%，2000 年达 1.29 亿吨，增长 3.7%，2001 年达 1.52 亿吨，大幅度增长 17.5%。限产措施限制了国有大钢厂，限制不住机动灵活的中小钢厂。大钢厂优质钢铁生产受到限制，中小钢厂低档钢铁生产得到较快发展，限产措施没有达到减少钢铁产量总量和优化产品结构的目的，钢铁产量总量不仅没有减少，而且产品结构也未得到改善。限产措施实施结果与初始愿望相反，政策制定部门本来想关小、限中、扶大，实际运行中却变成了大厂受到行政管制，小厂跟随市场变化自主发展。2001 年，限产措施的提法有所改变，强调限制滞销亏损产品，鼓励市场畅销产品。限产措施根据市场变化情况作出调整，限产管制放松。2001 年钢铁产量大幅度增长 17.5%，比 2000 年升高 13.8 个百分点。在限产措施严厉执行的时候钢铁产量被压得很低，限产措施一放松，钢铁产量就更大幅度地增长。限产措施先紧后松，没有实现限产保价的目标，反而导致并加剧了钢铁生产的波动。

从减产保价措施的失利，可以看出这一措施实施及其政策思路所存在的问题。实际上，1994 年以后钢铁市场价格大幅度下落，主要原因并不是有关部门所认为的钢铁企业盲目过多生产，而是宏观调控部门为控制经济过热所采取的紧缩措施过于猛烈。

1993 年上半年经济过热高峰时，各类价格全面高涨。1993 年，居民消费价格上升 14.7%，工业品出厂价格上升 14%，原材料价格（原材料燃料动力价格）上涨 35.1%，其中钢材价格（黑色金属材料价格）上涨最高，达到 74.1%。紧缩调控后，宏观经济由热变冷，各种价格全面下落，钢材价格下降最快。1995 年，钢材价格指数在原材料价格指数所有分项价格指数中首先变为负数，为 -1.8%。1997 ~ 2002 年，宏观经济整体下滑到偏冷甚至过冷，各类价格指数纷纷下降到零以下。1998 年、1999 年宏观经济各项指标下滑到最低谷，经济增长速度最低下滑到 7.6%，投资增长速度最低下滑到 5.1%。这期间，居民消费价格指数下降到 -1.4%，工业品出厂价格指数和原材料价格指数下降到 -4.1% 和 -4.2%，钢材价格指数下降到 -5.3%。通货紧缩局势下的钢材价格下降，主要是宏观调控紧缩力度过大并且持续时间过长，而不是钢铁产量过多。广义货币 M2 增长速度从 1993 年经济过热时的 37.3% 降低到连续多年的 15% 以下，2000 年降低到 12.3%，贷款增长速度从 1993 年的 25.1% 降低到 2000 年的 6%。钢材价格下降和各种商品价格全面下降一样，是紧缩过度所导致的总需求全面下滑及通货紧缩不断加重的现象。在这种情况下，宏观调控部门坚持紧缩的货币政策，有关部门对钢铁工业采取限产措施，总需求下滑和通货紧缩加重顽症难以治理，钢铁价格下降问题自然也得不到解决。

20 世纪 90 年代初中国经济增长加速，发展水平上升到新的高度，钢铁消费需求明显增长，即使紧缩调控后经济增速下滑到低谷，钢铁消费需求也在不断增长。钢铁限产措施提出连续 3 年减少钢铁产量 10%，力图把经济增长速度压低到8%，钢铁产量压低到亿吨以下的目标是不适当的。当紧缩调控将经济增长速度减缓到8%左右的时候，钢铁限产措施始终没能够将钢铁生产压低到变成负增长。经济增长速度从10%以上降低到8%左右，钢铁消费需求减弱，但仍在继续增长。钢铁消费需求并没有减弱到要将钢铁产量拉低到从正增长变为负增长的程度。1994年以后的几年里，宏观经济和钢铁市场状况下落到低谷，钢铁生产增长速度明显减缓，但并没有变成负增长。1996年，中国钢铁产量在缓慢增长中超过1亿吨，成为世界上继美国、日本、苏联之后第四个钢铁产量上亿吨的国家，位居世界第一。1994～1996年，粗钢增长速度仅分别为3.4%、3%和6.2%。1994～2000年，粗钢平均增长5.3%，低于1980年“洋跃进”下马之后1981～1991年期间平均增长6.5%的速度。有关部门和很多钢铁专家不把钢铁产量超亿吨看作是中国钢铁工业的发展成绩，而是把钢铁产量的这种增长看作是市场企业盲目扩张的后果，是企业产能扩张偏离宏观调控和产业政策目标的一种失控现象。还有很多人一边称赞钢铁产量超亿吨的发展成果，一边批评钢铁产量过多及结构不合理。中国钢铁产量超过亿吨后还在继续增长，有关部门并不感到高兴，反而忧心忡忡。市场分析认为，在钢铁价格下降的情况下钢铁生产持续增长，加重了钢铁价格和钢铁企业收益的螺旋下降。有关专家以发达国家钢铁产量超亿吨后供给过剩被迫限产的故事为证据，论证中国钢铁产量超过亿吨弊大于利。有关部门以当前世界上很多国家和地区以及国际组织采取钢铁限产措施为例证，认为中国应该采取限产措施。但是，持钢铁限产观点的有关部门和专家忽视了中国经济正处在钢铁消费需求增加的发展阶段这一特征。实际上，当前中国经济在正常增长状态时存在着较快增长的钢铁需求，在对中国经济和钢铁工业发展状况作出误判的基础上所采取的限产减产措施，既没有达到将钢铁生产压低到负增长的不合理目标，也没有取得调节钢铁市场供求、改善钢铁企业经营环境的合理效果。

（四）经济持续快速增长中的钢铁工业高速发展（2001～2010年）

2002年以后，钢铁生产出现了意想不到的持续高速增长，其主要推动力来自于中国城镇人口的快速增长和人口迁移，这同时带来了房地产业的快速发展，M2发行量再次出现逐年增长的扩张期。2002年，宏观政策和运行状态发生重要转变的前夕，钢铁投资和生产率先加速，钢铁产量增长速度升高到20%以上。钢铁生产从波动性反弹上升推进到趋势性持续上升。2002～2006年粗钢平均增长22.6%，2005年增长27.2%。2003年钢铁产量超过2亿吨，2005年超过3亿吨，2006年超过4亿吨。钢铁产量每超过1亿吨所用的时间越来越短。中国钢铁产量超过除中国以外世界钢铁产量前四位的日美俄韩四国钢铁产量总和，占世界钢铁总产量的30%。中国钢铁产量短短几年里这样大量快速的增长，远远超过了发达国家产钢大国钢铁生产高峰时期的水平。美国、日本、苏联钢铁产量超过1亿吨一段时间后便转变为下降。中国钢铁产量刚超过1亿吨的时候，有关部门和专家就开始忧虑钢铁产量过多造成滞销等问题；在2001年钢铁产量超过1.5亿吨的时候，有关部门担心钢铁产量已经进入到达顶点转变为衰退的危险时刻。从发达国家已发生的情况看，1亿多吨是钢铁产量的顶点。2002年，政府调控部门和多数专家认为，当前中国钢铁产量超过了合理需要量，存在着产能过剩、资源浪费、结构失衡、小钢厂过多的波动风险。少数专家学者持不同看法，认为中国当前的钢铁产量与需要量相适合，不存在产能过剩、结构不合理等问题。近几年，中国钢铁产量持续高速增长，钢铁产业发展的稳定性和结构状态也得到了改进，担忧钢铁产量过多的批评意见略微减少。这种争执导致问题一直被拖延，而钢铁产业就此保持了接近10年的高速增长，目前，钢铁生产集中度过低、企业兼并重组难以推进、钢铁产品净出口趋于增大等已成为中国钢铁工业面对的新问题。

（五）产能过剩及结构调整成为行业发展新问题（2010年至今）

2007年，钢铁行业利润率达到7.7%，粗钢产量也接近5亿吨，加之庞大的生产能力，使得钢铁企业大得甜头，银行等金融机构也看到了这一行业机遇，为钢铁产业扩张提供了便利的融资环境，致使钢铁产业投资迎来黄金期。据粗略统计，2007～2010年3年期间，钢铁行业新开工项目产能约为2.8亿吨，违规产能竟接近2亿吨，违规建设的钢铁产能比重高达70%以上。新增产能主要以1 000立方米以上大型高炉为主，满足《钢铁产业发展政策》的相关规定，因此，在削减方面存在相当大压力。2008年的经济危机中，受益于国家的投资刺激政策，钢铁行业并未受到明显影响，钢材价格也很快恢复甚至超过之前水平。2011 年中国钢铁产量突破 7 亿吨，市场压力也逐渐浮出水面，钢铁行业利润也开始频繁出现负值。受制于统计难度，中国钢铁工业实际产能很难准确给出，据业内人士透露，截至 2012 年，中国的钢铁产能官方数值为 8 亿 ~9 亿吨，但实际产能肯定超过 10 亿吨。巨大的产能及产量压力面对的是经济“软着陆”及房地产业的下滑，产能过剩问题、环境污染问题等已被高层重视。2013 年，国务院下发《关于化解产能严重过剩矛盾的指导意见》出炉，钢铁行业首当其冲，钢铁行业各方面都感到了寒冬的冷意，然而开工率在持续不振的经营指标下仍旧坚挺，粗钢产量依旧维持高位，都想利用行业压缩的机遇挤掉对手，在资金日渐匮乏的情况下，市场竞争更加残酷。大型钢厂利用资源及资金优势抢占市场，中小钢铁企业利用经营灵活进行游击反击，致使钢材价格一路下跌。受益于上游铁矿石、焦煤（焦炭）供给过剩及进口量大增的契机，钢材成本也明显下降，大多数钢铁企业在钢材销售方面都本着不囤货、快出货、优惠大、以量冲价的思路来经营着钢材市场，在资金捉襟见肘的情况下维持着快速的资金流动性，仍然在钢铁行业中维持着自身多年经营留下的家底。钢铁产业链内的大型国有企业在原材料及钢材价格不断走低的情况下更加大产量，以应对年度生产业绩。这种情况导致钢材价格越降，钢材产量越难以有效降低。待真正的市场机制发挥作用后，中国的钢铁行业才能在此轮调整中真正受到影响，走到市场化发展的正路上来。

自测题

一、填空题

1. ______、________、________三大区域是近年来全球铁矿石增产的主要来源区域。

2. 全球铁矿石的增量主要取决于________、________、________、________四个国家。

3. 按照出口量大小排列，排名前三位的铁矿石出口国分别为______、

________、________。

4. 按照进口量大小排列，排名前三位的铁矿石进口国分别为________、________、________。

5. 按照铁矿石生产量的大小排列，我国铁矿石开采主要五大省分别为________、________、________、________、________。

6. 中国铁矿石进口量前五大省市分别为________、________、________、________、________。

二、选择题

1. 欧洲市场铁矿石进口占有率最高的国家是（　　）。

A. 巴西　　B. 澳大利亚

C. 俄罗斯及乌克兰　　D. 南非

2. 日本与韩国钢铁行业的代表企业分别为（　　）和（　　）。

A. 新日铁与 JFE 集团　　B. 塔塔钢铁

C. 浦项钢铁集团　　D. 安赛乐米塔尔

3. 中国铁矿石进口国主要有（　　）。

A. 巴西　　B. 澳大利亚

C. 印度　　D. 俄罗斯

4. 中国铁矿石进口的来源港主要分布在（　　）。

A. 澳大利亚西澳

B. 巴西东海岸

C. 非洲好望角

D. 印度西海岸

5. 中国在铁矿石贸易方面的描述正确的有（　　）。

A. 中国由于是世界主要的铁矿石进口国，在铁矿石定价过程中占有完全的主动权

B. 中国重点钢铁企业的自给率低是造成中国进口铁矿石保持强劲的最根本原因

C. 中国进口来源国数目不断增加，范围不断扩展，进口选择逐步多元化

D. 印度是距离中国港口最近的主要供矿国

三、判断题

1. 目前，澳大利亚已超越巴西，成为国际铁矿石出口量最大的国家。（　）

2. 印度受制于产业政策，铁矿石产量依旧保持上涨趋势。（　）

3. 俄罗斯铁矿石开采具有高集中度的特点，铁矿石品种中磷含量明显低于澳大利亚和巴西，俄罗斯铁矿石的硅含量较高。（　）

4. 欧洲的铁矿石进口国主要为德国和荷兰。（　）

5. 我国自产铁矿石基本能够满足国内钢铁生产的需要。（　）

6. 中国铁矿石进口大致分为三个区域：一个为环渤海区域，包括京唐、天津、青岛、日照等港口；一个为长三角区域，包括北仑港、上海、南通等港口；一个为华南及西南地区，包括防城港、湛江港等。（　）

7. 从进口国家看，澳大利亚与巴西的铁矿石最受我国钢铁企业青睐。（　）

8. 目前，铁矿石定价逐渐演变为季度定价、月度定价和指数定价，铁矿石价格的波动也日益频繁，采购模式中短期现货交易的比例逐渐提升。（　）

9. 中国钢铁工业的发展史中，政治需求与经济建设需求是一大重要影响因素。（　）

10. 我国铁矿石生产商多为大型矿山企业，铁矿石生产集中度较高。（　）

参考答案

一、填空题

1. 南美洲　亚洲　大洋洲

2. 澳大利亚　巴西　中国　印度

3. 澳大利亚　巴西、印度

4. 中国　日本　韩国

5. 河北　辽宁　四川　内蒙古　山西

6. 河北　山东　江苏　上海　天津

二、选择题

1. A　2. AC　3. ABC　4. ABD　5. BC

三、判断题

1. √　2. ×　3. √　4. √　5. ×

6. √　7. √　8. √　9. √　10. ×

第三章

铁矿石价格波动影响因素分析

本章要点

铁矿石具有很强的商品属性与金融属性，这就使得影响其价格波动的因素交错性比较强。其商品属性使得价格受一般市场性因素影响，例如供需关系、产业调整等；其金融属性则更加表现在货币、贸易、融资等影响因素方面。本章主要内容是与读者共同探讨这些影响因素的影响机理与基本分析方法，从而使读者了解并掌握铁矿石基本面分析的一些有效方法和指标。当然，本章涉及的内容不可能覆盖所有影响铁矿石价格的因素，而只是筛选目前应用比较成熟的几大主要因素来进行介绍。实际中的铁矿石基本面分析还需读者在此基础上展开拓展与创新。

一、市场总体产销量及消费量的情况怎样？

供需理论是微观经济学中最基本的理论之一。商品的供给和需求是决定商品价格最重要的要素。当需求量大于供给量的时候，会刺激市场价格上升；当需求量小于供给量的时候，会促使市场价格下降（见图 3－1）。

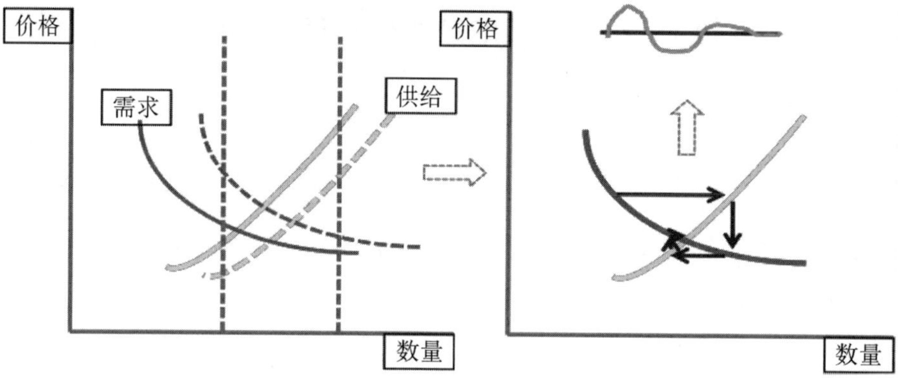

图 3－1 供需关系调整引起的价格波动示意图

铁矿石作为仅次于石油的世界第二大宗商品品种，必然会受到市场供需关系变化的影响，而一些其他因素最终的影响效果也体现在供需变化中。因此，供需关系始终为影响铁矿石价格波动的主要因素。铁矿石国际贸易属性很强，基本特点为澳大利亚占有 50% 以上的铁矿石出口贸易量，而中国则成为最大的市场吸纳方，进口份额占世界总贸易量的 60% 左右，产业分布的固定性较强，产能输出和消费输入相对固定，流向和流量集中度较高。世界铁矿石贸易格局中供给主体主要为巴西淡水河谷及澳大利亚的力拓、必和必拓、FMG，四大矿商几乎全部的铁矿石产量均用于出口，且为中国进口的主要来源。其中，FMG 为近几年的后起之秀，产能扩张以翻倍形式在不断增长，且有部分中国企业参股。四大矿商基本构成了世界铁矿石贸易中的输出主体，相比之下，印度、南非的铁矿石出口份额在不断萎缩。

中国钢铁业受制于自身铁矿石资源的特点，对进口铁矿石依赖度持续高涨，数据显示，截至2014年6月，中国铁矿石对外依存度已达70%。这种情况曾导致中国钢铁企业在铁矿石价格谈判中吃尽苦头，在拥有最大需求量的同时得不到市场定价的话语权。近几年，国际铁矿石供给量突涨，加之国际电子交易市场的日趋成熟，中国正逐步发挥自身的市场作用，逐步获取铁矿石贸易定价的应有地位，主动投资海外铁矿石资源，在铁矿石贸易中的主动权得以一定发挥，铁矿石交易价格变化也日趋细致，更能反映市场的实际情况。同时，铁矿石相关交易的发展也促进了流通的频繁和成熟，这均是通过不断调节的市场产销与消费均衡实现的，可以说，铁矿石价格与供需关系的实时体现息息相关。

由于中国在铁矿石贸易量中的绝对主力地位，使得中国铁矿石的成交价格直接影响全球铁矿石市场的成交量，在研究铁矿石市场的产销及消费时，需特别考察中国国内铁矿石的供需水平，通过对供需变化的统计来解释市场价格运行的原因并判断未来趋势。值得一提的是，这种通过供需来判断价格走势的方法具有长期有效性，但对于解释短期波动则显得乏力，因为市场应变的速度相较于从前有了质的飞跃，市场投资者也愈来愈理性化，在市场未得到充分确定的条件下，单独的资金行情很难形成有效性和持续性，且资金影响的波动幅度也相对较少，因此，目前市场更易贴近现实情况去运行，但运行过程相较前几年的行情却愈发不明朗，波动的频繁性增强也直接增加了基本面判断的难度。

常用的供需基本面分析方法是建立供需平衡表，如表3－1。

表3－1　　中国铁矿石基本供需平衡表（2012～2014年）　　单位：万吨

时间	国内产量	进口量	供给总量	总消费量	供给差额
2012年1月	7 151.52	5 931.98	13 083.50	12 802.50	281.00
2012年2月	8 156.69	6 497.55	14 654.24	14 601.24	53.00
2012年3月	10 331.10	6 287.25	16 618.35	16 710.35	－92.00
2012年4月	10 401.90	5 768.71	16 170.61	16 261.61	－91.00
2012年5月	11 235.30	6 384.35	17 619.65	17 745.65	－126.00

续表

时间	国内产量	进口量	供给总量	总消费量	供给差额
2012 年 6 月	12 569.30	5 830.86	18 400.16	18 304.16	96.00
2012 年 7 月	11 546.10	5 787.10	17 333.20	17 240.20	93.00
2012 年 8 月	11 656.90	6 245.27	17 902.17	17 858.17	44.00
2012 年 9 月	12 906.20	6 500.57	19 406.77	19 756.67	-349.90
2012 年 10 月	12 485.30	5 642.61	18 127.91	18 514.01	-386.10
2012 年 11 月	12 463.50	6 578.13	19 041.63	20 057.63	-1 016.00
2012 年 12 月	11 947.90	7 094.19	19 042.09	19 794.09	-752.00
2013 年 1 月	8 653.90	6 553.55	15 207.45	15 511.45	-304.00
2013 年 2 月	8 863.40	5 641.69	14 505.09	14 572.09	-67.00
2013 年 3 月	11 220.90	6 455.17	17 676.07	17 827.07	-151.00
2013 年 4 月	11 053.30	6 715.42	17 768.72	17 757.72	11.00
2013 年 5 月	11 679.04	6 856.18	18 535.22	18 155.22	380.00
2013 年 6 月	12 924.85	6 229.58	19 154.43	19 026.43	128.00
2013 年 7 月	12 052.59	7 314.30	19 366.90	19 411.90	-45.00
2013 年 8 月	12 983.91	6 900.81	19 884.72	19 851.72	33.00
2013 年 9 月	13 664.04	7 458.35	21 122.38	21 188.38	-66.00
2013 年 10 月	13 487.36	6 783.43	20 270.79	19 892.79	378.00
2013 年 11 月	13 865.61	6 783.43	20 649.04	19 980.04	669.00
2013 年 12 月	13 185.10	7 337.77	20 522.87	19 940.87	582.00
2014 年 1 月	9 629.60	8 683.46	18 313.06	17 363.06	950.00
2014 年 2 月	8 697.70	6 124.21	14 821.91	14 032.91	789.00
2014 年 3 月	12 093.10	7 396.19	19 489.29	18 932.29	557.00
2014 年 4 月	12 237.13	8 338.67	20 575.80	20 470.80	105.00
2014 年 5 月	13 194.39	7 738.17	20 932.56	20 607.56	325.00
2014 年 6 月	13 932.38	7 456.57	21 388.95	21 495.95	-107.00
2014 年 7 月	13 673.87	8 251.82	21 925.69	22 061.69	-136.00
2014 年 8 月	13 652.10	7 488.14	21 140.24	21 248.24	-108.00

数据来源：Wind 数据。

中国主要港口铁矿石库存量也是直接反映当前市场供需关系强弱的一项重要参考指标。从长时间的铁矿石市场分析经验来看，港口铁矿石库存与铁矿石价格呈稳定的负相关关系，这种负相关是建立在中国当前庞大而稳定增长的铁矿石需求量基础上的。稳定的市场需求使得港口库存的变化直接反映供给的水平，对市场供需形成短期偏离，从而成为短期市场价格的一大主要影响因素。

通过长期的数据统计可以发现，在中国钢铁行业保持一定发展速度的情况下，港口铁矿石的库存量与价格呈现一定的二次函数关系。这种关系函数反映出的是一种价格随库存变化趋势的简单二次数学描述，而该函数的强弱转换系数（对称轴）约为3.5，恰好等于我国的铁矿石原矿的选矿比例。这在一定程度上说明了我国国产矿与进口矿间存在着相辅相成的微妙关系。

中国铁矿石到岸价与库存量的负相关关系见图3-2，中国铁矿石到岸价与库存量的简单函数关系见图3-3。

图3-2　中国铁矿石到岸价与库存量的负相关关系

数据来源：Wind数据。

图3-3　中国铁矿石到岸价与库存量的简单函数关系

数据来源：Wind数据。

二、国际海运费的价格成本影响因素有哪些?

铁矿石一直以来就是国际海运散干货市场的主力品种，因此，海运费在铁矿石到岸价中占据相当重要的比例，其变化甚至直接决定了买卖双方讨价还价的余地。海运费升高，使得中国不得不支付更高的到岸价格，甚至在部分时间，中国支付金额的1/4是为运费买单。由于到中国的海运距离不同，巴西和澳大利亚这两个中国的主要进口国家，在离岸价格相差不多的情况下，到岸价出现悬殊差距，两者差距最大时超过了40%。

中国主要进口铁矿石海运价格指数见图3-4。

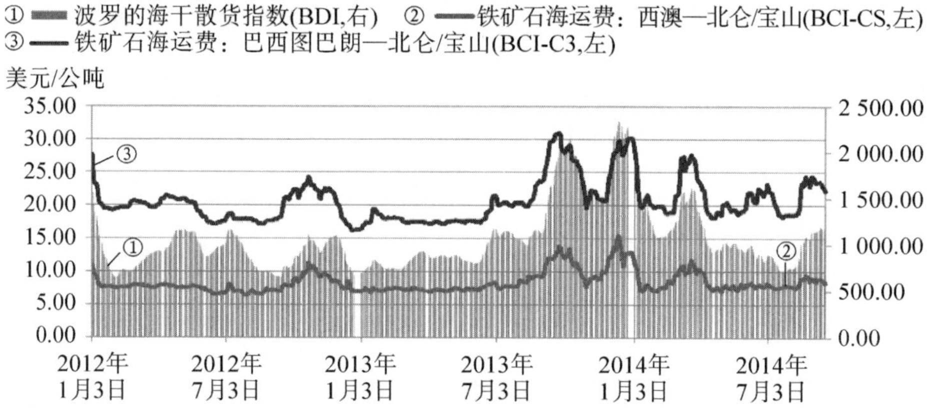

图3-4 中国主要进口铁矿石海运价格指数

数据来源：Wind数据。

值得注意的是，海运费的价格直接影响到岸铁矿石的升贴水幅度，因为其对于铁矿石的价格影响是通过综合成本影响铁矿石的贸易总成本，其与升贴水间是简单的价格相加关系，所以，在海运价格出现大幅震荡时，铁矿石的价格也很难稳定在一个较小的区间内。在部分年份，海运费的波动甚至直接影响贸易商的盈亏。这些情况不仅在铁矿石这个品种上表现得非常明显，在煤炭、焦炭的贸易过程中也普遍存在。

在 2012 年 9 月铁矿石价格上涨的过程中，国际航运价格的支持作用非常典型，在前期出现约 20% 回调后（价格下破 18 美元/吨）止跌回涨，直接恢复至 25 美元/吨的水平，加之 9～10 月钢厂补库的需求拉动，导致中国到港铁矿石价格直逼 150 美元/吨。航运价格的运行趋势也可以在一定程度上反映世界经济数据的好坏，其与国际贸易量、原油价格、地缘政治、港口停歇货运船只比例等因素息息相关。

三、天气因素对铁矿石供给有什么影响？

天气因素不仅对农产品的影响显著，对铁矿石价格的影响也非常大。其对铁矿石价格的影响基本体现在对航运航线的季节性影响、对钢铁行业下游需求周期性影响及对铁矿石矿区的天气变化影响三方面。

首先，世界铁矿石贸易航道基本集中在太平洋及印度洋海域，这点对于中国的铁矿石进口而言更加鲜明。太平洋和印度洋自古以来就不断活跃着飓风气候，洋流的季节性交替也会形成不利于航行的海况，综合来看，环太平洋的季节性飓风的影响效果最为显著。每年 1 月的飓风持续期可达 1 个月，经常会造成澳大利亚至中国航线出现断流情况，导致供给方港口积压、库存上升，而中国各主要港口的库存却出现回落，导致双方定价出现一定背离，这种背离一般需要 15～30 天才能够恢复正常，而由于期货市场的远期性特征，这种修复周期已明显改观；天气对钢铁行业下游消费需求的影响也会传导至上游铁矿石价格层面。例如，每年 9～10 月份通常为施工有利天气，容易拉动建设用材的价格；部分地区出现的自然灾害，如地震、火灾后的灾后重建工作也会拉动局部地区的钢材价格，从而传导至上游原材料市场价格的随涨。代表性的实例为汶川地震后的灾后重建工作，导致四川地区的钢材价格出现普涨，原材料铁矿石在刨除运输成本差异后仍存在 20 元/吨左右的升水情况。目前市场趋于“大市场”趋势，商品价格的敏感性日益强烈，因此，商品价格受此类影响的作用将更加明显；天气对于矿区的开采影响主要体现在露天开采和矿坑开采两方面，世界最大的露天开采矿基本都在澳洲北部，其干燥少雨的气候适合矿机工作，但偶尔会有热带风暴带来的为期一周至两周的集中降雨期，会短时影响矿石供应，在目前矿石供给量出现爆发式增长后，这种短期影响的效果越来越微弱。而天气对矿井的影响主要体现在中国国产铁矿石开采上。目前中国新矿开发力度欠缺，现有矿的开采深度和矿井复杂程度较高，容易由于天气等因素出现地质灾难，从而造成矿采出现波动。这种波动可大可小，对于现货市场上的价格影响相对较小，但对于期货市场中的铁矿石价格影响的心理预期往往较大。

太平洋飓风对力拓及必和必拓的产量影响见图 3－5，太平洋飓风引起的铁矿石价格季节性差异见图 3－6。

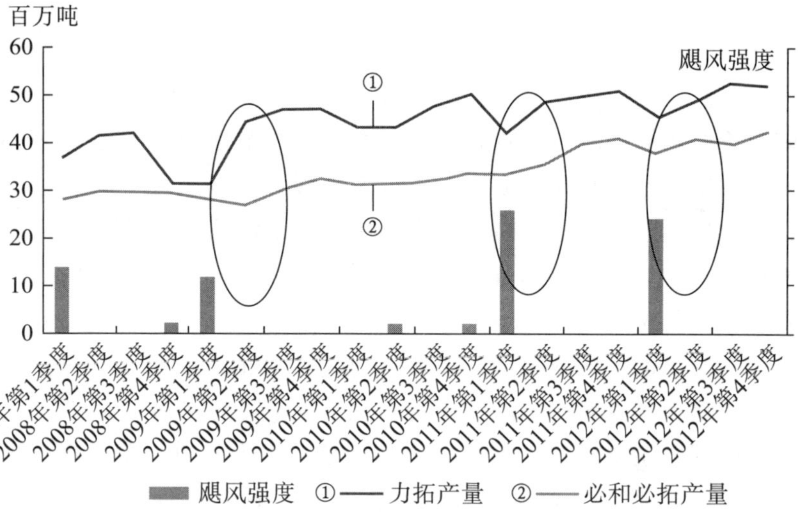

图 3－5　太平洋飓风对力拓及必和必拓的产量影响

数据来源：卓创资讯。

由于环太平洋的季节性飓风气候具有较为明显的时间固定性与周期性，对铁矿石贸易运输的影响也呈现一定周期性，这类似于农产品的季节性规律。从长期的观察统计来看，第一季度和第四季度的铁矿石价格在全年的表现相对坚挺，而对应的铁矿石港口库存也会出现一定降低。

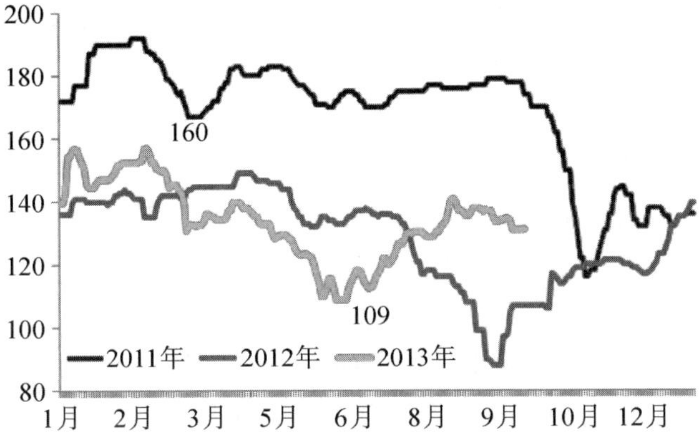

图 3-6 太平洋飓风引起的铁矿石价格季节性差异

数据来源：卓创资讯。

四、国产矿的价格支撑有哪些？

铁矿石成本受一系列因素影响，矿山开采设备价格、人工成本、开采所需水电价格、相关税费以及海运费用等因素均会影响铁矿石到岸成本，从而对矿石市场价格造成影响。

我国铁矿资源中，伴生矿、低品位矿采选难，伴生矿综合利用成本过高是阻碍国产矿发展的主要原因。全国铁矿石保有储量中贫铁矿石储量452.00亿吨，占全国储量的97.5%，而含铁平均品位在55%左右能直接入炉的富铁矿储量只有11.74亿吨，占全国储量的2.5%，形成一定开采规模，能单独开采的富铁矿就更少了。

我国铁矿石自然类型复杂，有磁铁矿石、钒钛磁铁矿石、赤铁矿石、菱铁矿石、褐铁矿石、镜铁矿石及混合矿石（两种或两种以上类型矿石混杂一起的）。在铁矿石保有储量中，以磁铁矿石为最多（占55.5%），是目前开采的主要矿石类型；钒钛磁铁矿石（占14.4%）成分复杂，但选冶技术已基本解决，也是目前开采的主要矿石类型；赤铁矿石（占18%）、菱铁矿石（占3.4%）、褐铁矿石（占2.3%）、镜铁矿石（占1.1%）、混合矿石（占5.3%）等5种类型矿石，因选别性能差，其贫矿多数尚未利用。

鉴于此，即便我国目前铁矿原矿产量已突破14亿吨/年，但由于采选率低（平均比例在3.5:1左右）、过程成本高，致使矿山生产的综合成本居高不下，且随着优质老矿区的日益匮乏，成本仍在不断上移，使得资源劣势非常明显，在开采难度、加工成本、成品质量等方面与进口优质矿相比没有任何优势。

受制于上述主要制约因素，中国的铁矿石对外依赖程度仍有继续上升势头。这就使得市场中进口矿到岸价存在明显的价格支持，即国产矿的成本价支撑着进口矿的最低价，而市场价则基本由进口矿决定。海外矿山的进一步扩张、新矿上市拉动了铁矿成本进一步下跌，同时导致市场供给出现明显提升，多重作用导致外矿不断压低市场价格，未来将可能出现外矿进口价格短期压低至国产矿成本线之下的局面，届时国产矿山的生存将更加艰难。

我国主要铁矿石生产成本与世界平均水平对比见图3－7，2011～2014年进口矿价与国产矿价关系随港口库存变化分析见图3－8。

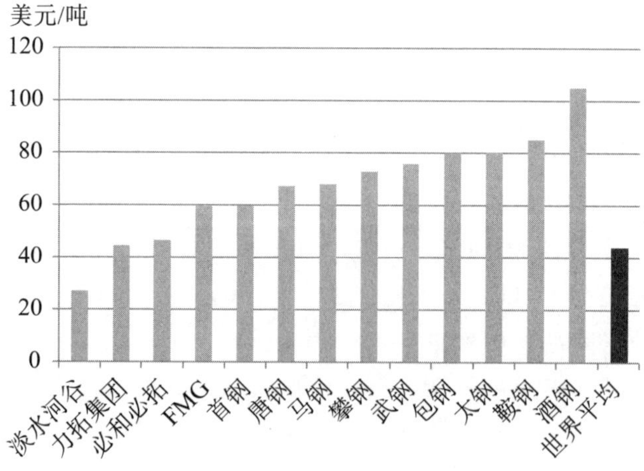

图3－7 我国主要铁矿石生产成本与世界平均水平对比

数据来源：大连商品交易所。

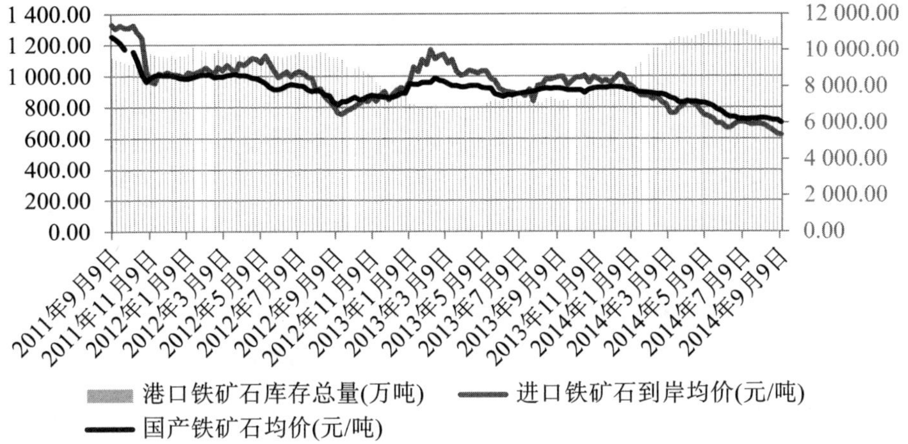

图 3－8　进口矿价与国产矿价关系随港口库存变化分析

数据来源：Wind 数据。

小贴士

国内外铁矿石的价格成本对比

我国铁矿石由于品位较低、开采难度较大，生产成本（采矿成本和选矿成本）较高。大致可按以下主要成本组成来进行比较：

1. 采矿成本

原矿采矿现金成本为 25～30 元/吨。对于高成本生产企业而言，10 吨原矿加工成 1 吨铁精矿，因此铁精矿开采成本为 250～300 元/吨。也有一些铁矿石生产企业开采 15 吨原矿才能生产出 1 吨铁精矿。同时，还有一些无证生产企业的原矿现金成本低于 20 元/吨。采矿现金成本包括：人力成本、消耗品成本、燃料成本和政府采矿税赋。国外主要供应商中，必和必拓和力拓的采矿成本为 20 美元/吨，淡水河谷甚至仅为 8 美元/吨。

2. 初次选矿的电力成本

对于选矿而言，电力成本几乎占到整个成本的一半。将原矿研磨成可以磁选或高成本化学选矿的粒度是选矿的关键一步。据估计，原矿磨矿的电力消耗为10～15千瓦/吨。随着电价上涨，选矿成本还将进一步上升。从选矿成本来看，我国也远高于矿业发达的国家，三大矿的选矿成本不高于10美元/吨，而我国企业是其的2～3倍。

3. 初次选矿的其他成本

耗材成本包括了研磨用钢球、人力成本等。高成本铁精矿生产商的其他成本为100～150元/吨。

4. 55%～60%铁精粉总计成本

总计成本包含上述三个方面。高成本生产商的55%～60%铁精粉生产成本为550～600元/吨。一些企业的生产成本可能更高。

5. 二次选矿的现金成本

二次选矿原料为经过初选的55%～60%铁精粉。二次选矿后的铁精粉品位为66%，考虑到收得率，大约1.20～1.25吨初选铁精粉可生产出1吨二次选矿铁精粉。加上二次选矿成本，以及脱水成本，二次选矿后的66%铁精粉（干吨）成本将超过820元/吨。我国国产铁矿石边际成本相当于品位为62%的进口铁矿石（干吨）到岸价120美元/吨或更高。

此外，国内铁矿管理和维护成本也相对较高。我国铁矿石生产总成本超过50美元/吨，一些大型钢铁企业的铁矿石生产成本高于80美元/吨，中小型矿山企业成本更高。我国大部分铁精粉（品位为55%～60%）生产成本为400～500元/吨（湿吨）。与此同时，河北省（我国最大的产钢省份和最大的铁精矿生产省份）的二次选矿厂还通常进一步将品位55%～60%的铁精粉提升至品位为66%的铁精粉，并且将66%的铁精粉直接出售给钢厂。我国铁矿石生产商大都位于河北、内蒙古以及江苏、广东等沿海省份，但各省份支撑高成本的因素互有差异。

通过上述铁矿石生产成本的分析，在2014～2015年国际海运铁矿石供应大幅增长之时，我国铁矿石的生产边际成本将成为支撑铁矿石价格的最重要支柱。

五、铁矿石市场价格的混乱是如何造成的？

前面已经介绍了铁矿石定价机制的演变历史，其也是一部中国争取铁矿石话语权的斗争史。近几年的铁矿石定价逐步回归正常市场行情，早前铁矿石年度定价机制瓦解，取而代之的是季度定价机制，然而，风水轮流转，2010 年 4 月起开始施行的季度定价机制也没能逃脱被废黜的命运。力拓称将继续推广月度定价机制，逐渐废黜铁矿石会谈。早在 2008 年，由于海运费的大幅上涨以及现货价远高于长协价，各大巨头已纷纷显露出对现行定价机制的不满，积极谋求对自身有利的定价方式，最终导致了“首发—跟风”和“同涨幅”规则被打破，原有的铁矿石定价机制就此遭遇了历史性的变革。

当前，全球铁矿石交易市场充斥着纷繁复杂的定价方式，混乱的价格体系不仅加大了钢厂对成本的控制难度，也让本已扑朔迷离的钢材市场更加令人难以捉摸。从历史上看，其中最重要的原因主要有以下四点：

（一）全球钢铁产业格局的变迁

从历史前进的步伐来看，全球钢铁产业格局的变迁必然伴随着铁矿石定价机制的转变。1960 年以前，全球钢铁业巨头主要集中在欧美国家，此后，随着亚洲国家的崛起，钢铁业的发展进入苏日时代，并于日本开始形成铁矿石年度定价机制。

在日本钢铁业快速崛起的同时，中国钢铁业也在悄然发展，在进入 21 世纪之后达到了一个高潮，中国迅速跃居为全球第一大粗钢生产国，并且远远大于第 2 名至第 4 名的产量。由此，全球铁矿石供需格局逐渐由松转紧，铁矿石价格的波动幅度也远大于以往，全球钢铁业格局的如此变化埋下了铁矿石年度定价体系瓦解的种子。可以说，铁矿石定价机制转变的偶然性中存在着必然性，全球钢铁业新的格局需要新的铁矿石定价机制与之相匹配。

（二）全球铁矿石市场供求不均

全球铁矿石市场供求格局的不均衡，使得供给方的垄断地位决定了三大矿山对铁矿石价格具有较强的操控权，而需求方的相对分散决定了其弱势地位。作为供给方，三大矿山占据了全球铁矿石产量超过一半的份额，具有非常强的行业垄断性，即使是2008年的金融危机也依然没有撼动其垄断地位。

另一方面，矿石需求方的市场地位千差万别，这在中国更加明显，中小钢铁企业和国有巨头之间的矛盾十分尖锐。不同市场之间各方利益的不一致使得需求方像一盘散沙，无法形成统一战线。当供给方为了谋求更大利润而不断更改铁矿石定价机制时，需求方也就只能任由他们牵着鼻子走。

（三）金融资本的影响

任何一次定价机制的变革都少不了金融资本的伺机炒作，而铁矿石的金融属性在铁矿石贸易过程中已被发挥得淋漓尽致。在每次谈判敏感期，那些所谓的国际投行都会频繁地发表报告预测铁矿石价格会大幅上涨，使得原本乱象丛生的铁矿石市场更加动荡不安。在三大矿山决定废除年度定价机制，转而实行季度定价机制，并逐步推行现货定价机制的同时，国际投机资金也看准了此次变革带来的机遇，纷纷推行铁矿石掉期交易、铁矿石期货等诸多金融衍生产品，这使得铁矿石定价机制的金融化趋势不可避免。

此外，中国的铁矿石贸易过程中的贸易融资、抵押融资非常普遍，金融杠杆致使铁矿石贸易过程被众多投资机构注意，以铁矿石为承载的各种金融产品也接踵而至，导致铁矿石贸易性质已经不单是商品贸易类型，而必须要考虑金融投资属性。

（四）大宗商品及现货市场发展

铁矿石定价机制的变革还可以从其他如铝、原油以及动力煤等大宗商品的价格变迁中看出端倪。这些大宗商品市场都从采用基本固定的价格或年度定价机制，逐渐转变成采用与现货市场挂钩的合约，而铁矿石也正沿着这些大宗商品昔日走过的路线发展着。与此同时，铁矿石国际交易量的强劲增长催生了一个规模相对不小的现货市场。据保守估计，在各类铁矿石总交易量中，现货市场至少占到了10%。现货市场的发展，在铁矿石定价机制的改革中起到了关键性的作用，它使钢铁生产商和矿商能够根据现货市场行情来确定合约价格，而期货市场的发展则使这种定价策略更加精准和灵活。

因此，要了解铁矿石价格变化的内在机理，就必须考虑上述定价成因。而随着新的电子交易的出现和交易量的上升，铁矿石定价则又出现了另一种占据重要地位的定价方式。

六、废钢社会保有量及价格的情况是怎样的？

废钢是现代炼钢行业的又一重要原材料，也是短流程炼钢的主要原料，优选的废钢甚至可以直接用于转炉冶炼。在欧美、日本等发达国家，由于人均钢材量已经达到很高水平，社会废钢已经成为钢铁行业的主要原料，长流程炼钢所占比例已不超30%（美国人均钢材社会保有量超70吨，日本达到90吨，世界人均水平是20吨，而中国人均钢材刚刚突破5吨）。这也是为什么发达国家的铁矿石需求量很小，而发展中国家成为铁矿石主要需求国的直接原因。

虽然我国的钢铁规模仍处于增长期，但是增长速度非常迅速。以目前每年约7.5亿吨的钢材生产量来计算，30年我国就可以达到国际人均20吨的钢材社会保有量水平，而发达国家则经历了50年甚至上百年的时间才达到这一水平。因此，在未来的发展过程中，中国社会的废钢量也会呈现快速发展态势，废钢在炼钢原材料中的占比将逐步提升。另外，我国常年具有国外废钢的进口业务，业务量的增长也非常显著，可以说，世界钢材在向中国聚集。

2006年12月31日~2013年12月31日，中国铁矿石港口库存与废钢进口量见图3-9。

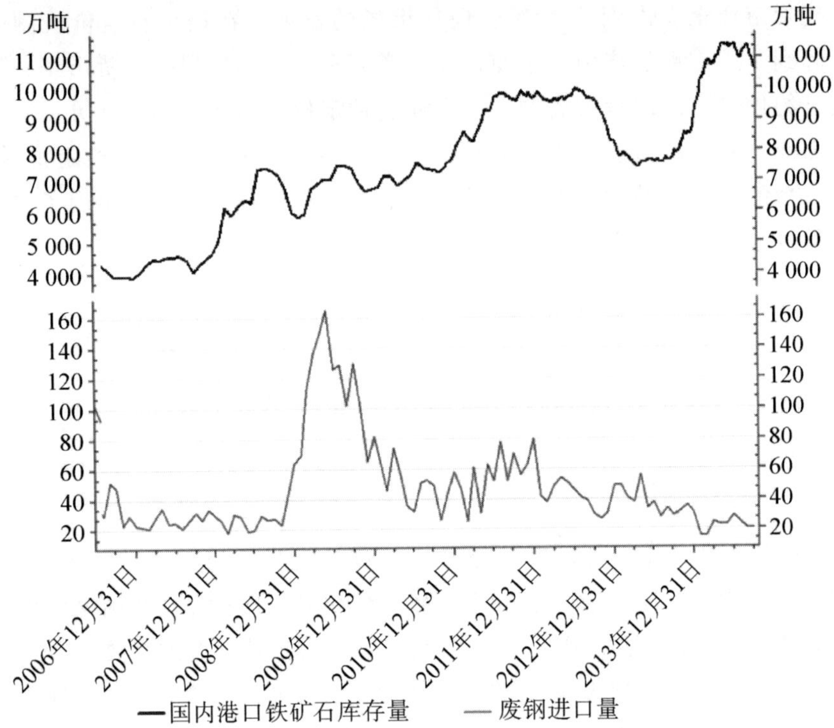

图 3-9　中国铁矿石港口库存与废钢进口量

数据来源：海关总署、西北新干线。

整体而言，随着中国钢铁行业近十几年的长足发展、钢铁产量的快速攀升，致使铁矿石进口量呈现明显增长，而这种增长在废钢进口方面则不明显。这是因为我国的钢铁生产流程设计主要是长流程工艺为主。随着近几年铁矿石价格的松动及市场供给的充足，废钢的价格难以下降，导致废钢的进口出现逐渐萎缩的状况，铁矿石进口一直保持火热。这也是钢铁企业在综合考虑炼钢成本后作出的选择。

同样作为原材料，废钢与铁矿石相比自然存在竞争关系，而两者的价格又呈现高相关性，这点在历史数据的统计中表现得非常明显。当前，中国市场所表现出来的情况更体现为价格的正相关性。由于废钢的总量相对于长流程冶炼的比例较低，不完全统计的数据大致只占原材料总量的10%，两者的竞争关系还未凸显，铁矿石仍处于原材料市场价格的掌舵地位，但废钢的价格已经能够对铁矿石的价格形成一定压力，这点在经济比较发达的华东地区更为明显。因此，对于铁矿石价格的研究，必然要考虑废钢因素的影响。

2010 年 4 月 ~2014 年 4 月中国废钢平均价格与铁矿石价格指数的相关性见图 3 – 10。

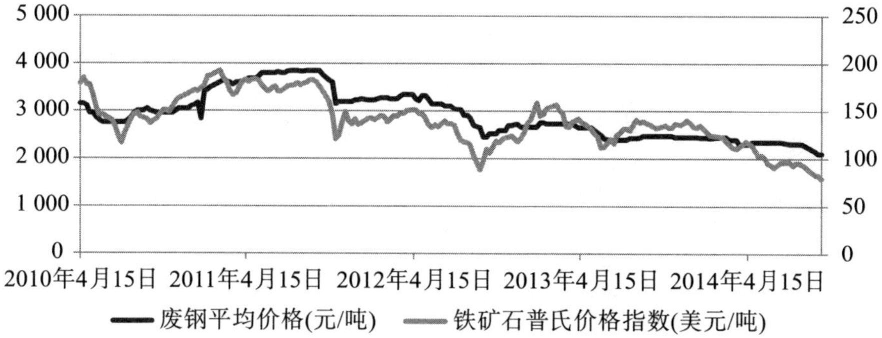

图 3 – 10 中国废钢平均价格与铁矿石价格指数的相关性

数据来源：Wind 数据。

小贴士

何谓长流程炼钢与短流程炼钢

简单说，长流程炼钢即是指从铁矿石、焦炭为原始原料直至钢材成品的炼钢流程；短流程炼钢则是用废钢作为原材料直至钢材成品的炼钢流程（见图 3 – 11）。短流程炼钢实际上可以认为是钢材的回收再利用过程。从流程结构上看，两者的主要差异就在于炼铁部分：长流程要通过化学反应，利用焦炭提供的还原性和热量将铁矿石中的铁氧化物还原至铁单质，而钢材的主要设备高炉即是这一过程的反应器；短流程则是直接实现废钢至铁水的过程，其主要为物理转化过程，通过电炉来实现（当然，废钢至铁水的过程也需要加入炉渣等辅料调节成分）。从整体流程上看，短流程炼钢确实比较“短”，但电弧炉的容量相较于高炉明显较小，加之目前国内高炉的生产效率较高，因此，长流程炼钢的单位生产率并不会比短流程炼钢的低。

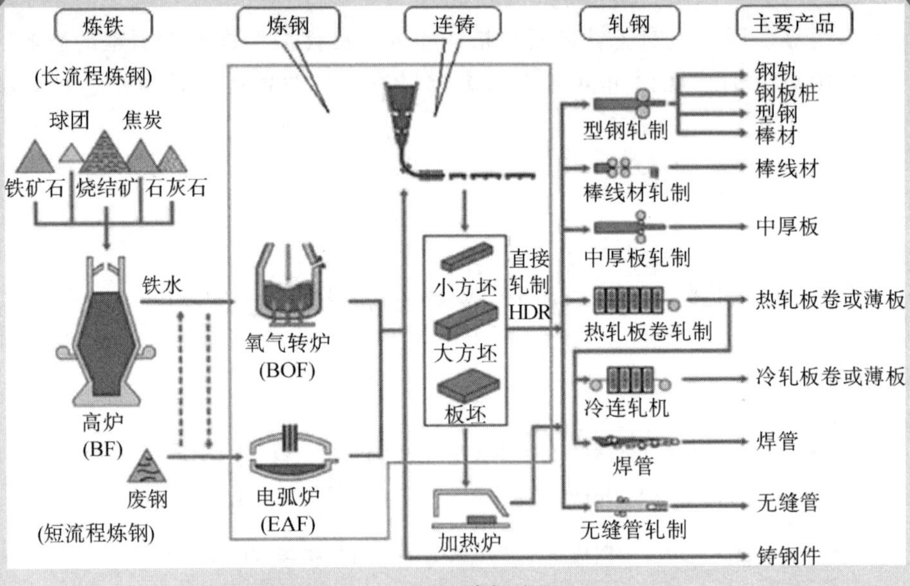

图 3－11　炼钢流程

数据来源：中国钢铁工业协会。

从设备需要来说，短流程设备投资较小，但因为废钢价格目前还比较高，所以折算成吨钢成本，还比长流程要高；长流程高炉和相关设备投资巨大，非一般个人能承受，但整体价格低于短流程。从长远看，废钢量充足，废钢价格降低，短流程竞争力会越来越强，但废钢的循环利用过程中有废金属富集，而长流程中铁水炼钢杂质金属含量低，目前仍不可替代。

目前看来，随着铁矿石降价趋势的延续，长流程成本的降低尤为明显，绝大多数钢铁企业仍以长流程为主，而废钢价格的下降需要钢材价格的下降传导，因此市场变化相对滞后，短流程一般不作为炼钢的主要方式，废钢只是为长流程炼钢提供热装铁水或辅料。

七、钢铁产业的政策因素有哪些?

从前述中国钢铁行业的演变历史上看，中国的钢铁产业发展与政治引导息息相关，中国钢铁行业为中国经济建设提供了强大的推动力。在钢铁行业的发展过程中，在每一次重大变革和产业调整过程中，政策调整一直是最大的推动力，它为未来一段时间内的产业发展提供了方向，并提供了产业调整所需的各项便利条件。另一方面，中国钢铁产业的格局中，国有大型企业占据明显的话语权及产业控制力，可以说，中国钢铁行业正是按照政策指引的国家需要发展起来的，其产业发展史能够从侧面反映出中国的建设发展史。目前，我国钢铁行业正在面临又一次的重大调整，如何解读当前政策对于我们把握未来几年之内的钢铁行业发展、供需关系及价格运行等均具有宏观指导性，同时，我国钢铁行业的政策能够影响产业体系内各环节、原材料与成品间的价格转换机制。对于铁矿石而言，产业规模的发展趋势将直接影响供需关系，产业分布的调整更能影响现有的贸易格局，对于市场分化具有直接性影响。从长期研究经验的总结上看，中国钢铁行业的政策对钢铁行业影响权重相当大，甚至能够决定一定时期的价格运行趋势。

对于 2000 年以前的产业政策调整本书不再做过多阐述，基本情况即表现为国民生产总值（GDP）、钢铁产业投资、钢材产量三者均保持高增长速度，三者高度的相关性甚至导致一些市场投资者将钢铁产业的数据作为衡量中国经济发展状况的重要指标。直至今日，钢材价格的走势也能够在一定程度上反映中国经济的运行方向，主要的钢材期货品种（螺纹钢）甚至被投资者称为“小股指”，其与股指期货高度相关的走势也证明了这一产业的重要地位。然而，随着钢铁行业对于国民经济的推动力的逐渐削弱，这种相关性也在逐渐消失，未来这一特点将更加显著，钢铁产业的走势将更加体现行业特点和市场化特点。

进入 21 世纪后，中国钢铁行业大致经历了三个重要的发展过程。

（一）促进产业合理发展阶段

2005年7月20日国家发改委发布钢铁产业政策，全面对未来5～10年中国钢铁产业的发展提出政治参考。实际上，该政策早在2002年就已开始酝酿，从初稿到2005年已经反复修改了30多次。钢铁产业政策出台的背景是基于各方面因素综合考虑的结果：第一，随着我国工业化进程的不断深入，钢铁作为基础性行业越来越显示出其重要性，有必要从政策上对其健康发展进行规范和指导；第二，近几年钢铁行业乱建新项目，乱建厂，造成产能大于需求，技术水平低，成本高，污染严重，并且还导致资源紧张（包括铁矿石、焦炭、电力、运输等），因此有必要制定钢铁产业政策对其规范和指导；第三，我国钢铁行业发展过程中的另一个表现是行业发展不稳定，忽冷忽热，为了保证钢铁行业健康稳定发展，有必要制定钢铁产业政策对其规范和指导；第四，制定政策的目的还是为了提高我国钢铁行业的国际竞争力。

该政策基本确定了中国近几年的钢铁产业发展方向，从历史的角度看，虽然在钢铁产业政策中并没有具体规定钢铁工业生产规模，而是表示为“根据我国经济社会发展需要和资源、能源及环保状况，钢铁生产应保持合理规模，具体规模可在规划中解决”。这说明，对钢铁生产规模预测的难度较大，因为钢铁行业是一个关联性很强的行业，它上连矿产资源业，中连煤炭、运输、电力行业，下接机械、汽车、房地产等行业，另外，目前国际、国内市场接轨程度越来越深，所以钢铁生产规模要综合考虑各种因素。然而，这些因素又是在不断变化的，因此，精确的预测比较困难，但是我们可以借鉴发达国家的工业化发展历程，大概估算一下我们对钢铁的需求，这一需求说明我国的钢铁生产规模发展空间还很大，但是，我们在考虑需求的同时还要再考虑资源、能源、技术条件的制约。

另外，针对铁矿石来源的集中度过高问题，钢铁产业政策也提出了提高中国钢铁产业集中度的意见。结合资源分布特点，从矿石、能源、资源、运输条件和国内外市场方面考虑，提出大型钢铁企业应主要分布在沿海地区。内陆地区的钢铁企业应结合本地市场和矿石资源状况，以矿定产，不谋求生产规模的扩大，以可持续生产为主要考虑因素。提高钢铁产业集中度，可以改善我国钢铁行业无序竞争的现象，有利于上游垄断市场的原材料供应商和下游强大的钢材用户在力量上形成抗衡，从而改变钢铁工业的经营与竞争格局，形成比较稳定的钢铁行业发展态势，减少钢铁业的波动。产业集中度的提高可以采取各种方法和手段，国际、国内钢铁业的历史证明，企业间的兼并、重组是提高钢铁产业集中度的一个重要方法，利用兼并、重组可以较快地提高我国钢铁行业的产业集中度。从近几年的格局演变来看，钢铁企业的演变正在向这方面加速迈进，新一届政府提出的市场化战略将更能推动原有政策的执行效果。此阶段中，受益于政策的推动作用，钢铁产业仍处于较高速度的发展期，从而使铁矿石价格易涨难跌，在国际贸易中存在较大的利润空间，使矿石贸易发展迅速。

（二）可持续性发展给钢铁行业带来节能环保新要求

2008 年，各主要行业节能环保的新政策陆续诞生。宏观节能量指标要求，到 2010 年每万元 GDP（1990 年不变价，下同）能耗降低 20% 以上，由 2002 年的 2.68 吨标准煤下降到 2.25 吨标准煤；2003 ~ 2010 年年均节能率为 2.2%，形成的节能能力为 4 亿吨标准煤；2020 年每万元 GDP 能耗下降到 1.54 吨标准煤，2003 ~ 2020 年年均节能率为 3%，形成的节能能力为 14 亿吨标准煤，相当于同期规划新增能源生产总量 12.6 亿吨标准煤的 111%，相当于减少二氧化硫排放 2 100 万吨。主要产品工作量单位能耗指标要求，2010 年总体达到或接近 20 世纪 90 年代初期国际先进水平，其中大中型企业达到 21 世纪初国际先进水平，2020 年达到或接近国际先进水平。然而，钢铁行业的水平照具体要求还存在很大差距，这就预示着钢铁产业在大规模产业扩张后必然会由于环保压力生成批淘汰机制。从目前来看，中小型钢铁企业经营压力的凸显虽然有行业饱和的压力，但长期有效性的压力仍为环保压力。同时，煤炭资源的硬性减排也为近几年煤炭行业的颓势埋下了内因。

其次阶段的另一特点是对第一阶段发展政策的深入执行。首先是产业组织结构调整，支持钢铁企业向集团化方向发展，通过强强联合、兼并重组、互相持股等方式进行战略重组，有效对小型钢厂进行规范化调整，实现钢铁工业组织结构调整、优化和产业升级，有效抑制了钢铁行业不断产生“羊群效应”，促使钢铁企业冷静审视钢铁市场运行态势，放慢钢铁新建产能的释放节奏，从而起到稳定市场的作用；其次就是调整钢铁产业布局，在综合考虑矿产资源、能源、交通运输、环境容量、市场分布和利用国外资源等条件基础上，依托有条件的现有企业，结合兼并、搬迁，在水资源、原料、运输、市场消费等具有比较优势的地区进行改造和扩建，区域内现有企业要结合组织结构、装备结构、产品结构调整，实施压产、搬迁，满足环境保护和资源节约的要求。从矿石、能源、资源、运输条件和国内外市场考虑，大型钢铁企业中心继续向沿海地区偏移。在此阶段，出现了一批具有代表性的指导工程，例如首钢的搬迁、曹妃甸新厂的建设、日照港和连云港的崛起等。该阶段铁矿石价格出现稳企态势，不利市场环境开始凸显，矿石价格反复下探更低价格，市场供给方开始主动让利于拓展市场占有水平。受制于市场整体供给相对平衡，价格难以在低价区维持，国内贸易和采购意向依旧保持火热。

（三）化解产业过度扩张引起的市场问题

2013 年《国务院关于进一步加强淘汰落后产能工作的通知》的发布，意味着政府对于钢铁产业最新一轮调整的大体方针基本确定，即利用市场手段和行政手段对钢铁等多快发展产业进行的修正，避免其出现重大市场问题，避免其拖累经济结构的调整步伐。新政策的出台也直接导致 2013 年末钢铁行业整体出现了前所未有的巨大压力，铁矿石、焦煤、钢材等价格出现历史上最长的连续下跌期，整体下跌幅度均超过 30%，而对于最主要的原材料铁矿石而言，产能缩减预期带来的需求压力更加明显，促使其成为下跌过程中的领军品种，价格不断突破投资者心理底线，也造成了铁矿石进口贸易市场的巨大波动，部分具有数十年经营经验的公司由于过于轻视铁矿石供需关系转变及政策调整引起的压力导致重大经营失误，部分企业回吐了数年经营积累起的资本甚至濒临破产。

目前，此政策的影响力度和广度仍然继续扩大，进一步的市场压力将更加体现在矿商、钢铁企业、炼焦行业、贸易商等各参与主体上。可以说，在中国基础建设、房地产业已经取得长足发展的历史阶段中，很难再形成钢铁产业发展的新动力。具体到铁矿石期货上，仍存在较长期的易跌难涨的局面。细致分析后续政策的发展及考察政策的执行效果对于判断未来行业走势及价格分化仍将具有长期有效性。

从长期经验来看，能够对钢铁行业及铁矿石市场价格产生明显影响的突出政策因素主要有：

1. 中国经济增长速度与经济增长点。
2. 国家重点扶持产业的变化。
3. 房地产业的发展规划。
4. 工业制造业的发展水平。
5. 产业调整与环保、减产压力。
6. 金融政策的支持力度。

八、国际及国内金融环境如何？

铁矿石作为国际大宗商品的典型代表，其必然会受到国际金融环境的影响和制约。加之贸易输入与输出国发展的不同步，必然会通过汇率市场传递金融力量，另外，国内的金融运作与金融机构的参与，对铁矿石期现货市场价格的变化都将产生影响。综合来看，对铁矿石价格影响最显著的因素主要为美元、汇率、国内金融政策及流动性。

（一）美元指数

几乎所有的国际贸易品种均以美元计价，铁矿石也不例外。目前，铁矿石三个主要电子交易市场——新加坡市场、纽约商品交易所和伦敦市场均以美元计价，且在中国非常具有代表性的铁矿石指数——普氏指数也采用美元计价。因此，美元价格及美元指数的变动无疑会对铁矿石现货和期货价格造成直接影响。

从一定意义上说，铁矿石受到美元货币价格变动的影响是相对的，不是主导因素，因此，单纯通过美元涨跌来判断铁矿石价格的运行方向是比较牵强的，但两者确实具有一定的负相关性。在研究价格运行中，研究美元指数的波动只能作为一个辅助工具和可能的风险揭示点，不能作为判断商品价格变化的主因，除非发生重大的货币价格变动才有可能在根本上改变铁矿石价格。铁矿石价格变动的规律仍主要体现其商品属性上，这点与有色市场的代表性商品金、银、铜、铝具有较大的差异。

铁矿石与美元指数走势见图 3 - 12。

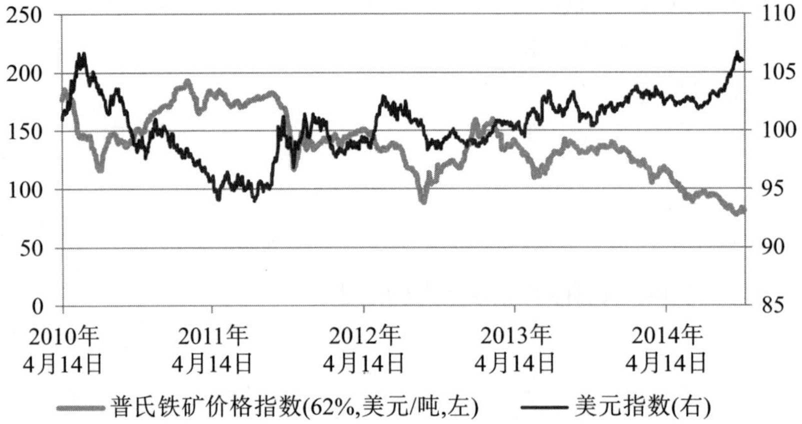

图 3 - 12　铁矿石与美元指数走势

数据来源：Wind 数据。

（二）汇率因素

中国作为铁矿石市场最大的进口国和消费国，人民币汇率（兑美元）对于国际市场和国内市场的铁矿石价格指数影响效果均较显著，而作为主要输出国的澳大利亚、巴西，其货币汇率（兑美元）也会起到较为明显的作用。而从作用效果上看，上述双方的货币汇率变动则会带来相反的影响结果，这点从供需双方不同的市场地位上可以较容易地理解。

由于美元的通用性，导致几乎所有的大宗商品价格及贵金属价格走势与美元指数走势呈负相关关系，这点在铁矿石期货上表现得也非常明显。值得一提的是，美元指数在贵金属价格方面的影响更为显著，反应速度很快，而在大宗商品上会存在一定时间差及传导时间，这主要还是受原有的布雷顿森林体系的后遗症的影响。当美元指数持续向单方向运行而铁矿石价格并未发生明显改变的时候，投资者就要注意这种负相关性即将影响后市的走势方向。从长周期看，这种规律是能够承受检验的。

2010 年 4 月 ~2014 年 4 月美元与澳元对铁矿石价格影响见图 3 -13。

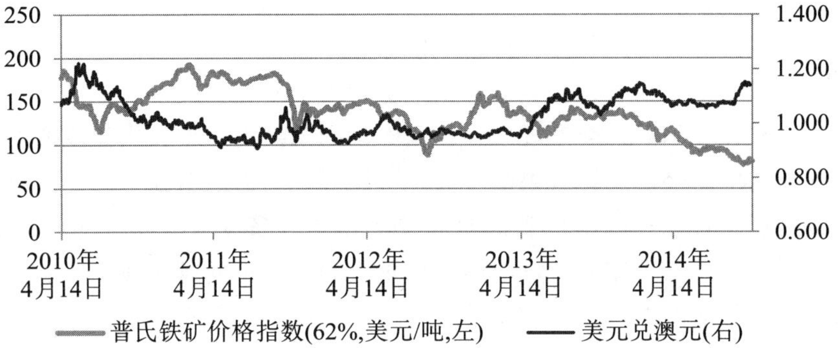

图 3 -13　美元与澳元对铁矿石价格影响

数据来源：Wind 数据。

2010 年 4 月 ~2014 年 4 月雷亚尔与澳元对铁矿石价格影响见图 3 -4。

图 3 -14　雷亚尔与澳元对铁矿石价格影响

数据来源：Wind 数据。

由于美国与澳大利亚特殊的国际关系，澳元与美元走势方向基本能够保持一定的同步性，相比之下，澳元的走势会平稳很多，美元与澳元的汇率基本难以出现连续单边的走势行情，而波动行情较为频繁一些。这些短期波动会导致国际铁矿石价格的小幅震荡，但整体对市场趋势的作用不明显。相对而言，美元与巴西雷亚尔的汇率更加市场化一些，随着巴西经济逐渐出现疲软，近几年美元兑雷亚尔一直保持上升态势，这也进一步促进巴西对出口铁矿石的依赖。在航运并不占优势的局面下，巴西铁矿石仍旧保持在国际市场的重要地位，也在一定程度上打压了国际铁矿石的价格。整体上看，主要输出国的货币汇率变化与铁矿石价格呈现负相关关系。

近几年，在国际社会发展中，中国经济的持续高速增长成为主要的上升动力。随着中国经济建设成果的扩大，中国经济实力的增强，人民币也日益坚挺，这也导致原有的出口利润空间受到挤压，贸易顺差增长速度有所下降，但对于铁矿石等原材料进口则形成重大利好，也同时加强了压制铁矿石价格的力度。从图 3－15 中可以明显看出，虽然铁矿石价格历年波动都很大，受到局部时点供需关系影响较为明显，但整体趋势是随着人民币升值而不断下滑的。进入 2014 年以后，随着铁矿石市场逐步转为买方市场，这种趋势则更趋于明朗化。人民币汇率与铁矿石价格的正相关关系特别值得国内投资者重视并加以利用。

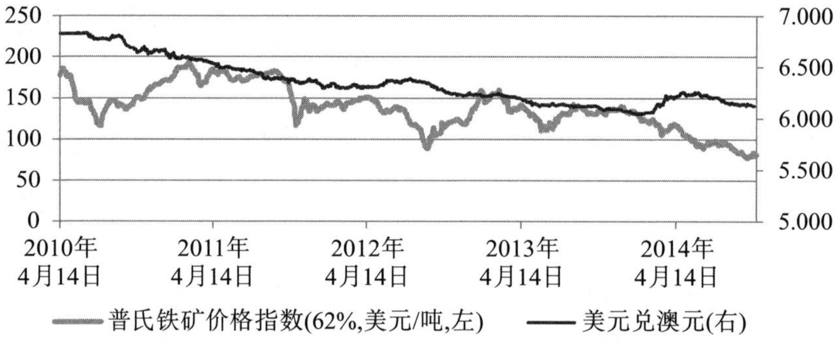

图 3－15　中国汇率对铁矿石价格影响

数据来源：Wind 数据。

实际参与国际铁矿石贸易的企业的财务处理大多使用人民币计算，在实际中更加重视人民币与对手货币间的汇率关系，这种关系可从上述关系换算间接得到，建议具有实际需要的投资者同时利用两种方法进行经营管理策略的分析。

（三）国内金融政策及流动性

简单来说，国内金融政策对于铁矿石等商品价格的影响主要体现在货币发行量和货币流动性两方面，而价格的涨跌在很大程度上取决于货币的购买能力。随着社会经济的向好发展，社会总体价值呈逐渐增加趋势，在金融政策上必然会采取增加货币发行量的措施来为经济发展提供保障，同时，货币发行的增加也可以直接刺激经济的发展。在此过程中，以国内货币标的的大宗商品价格必然会呈现上涨态势，当然，这种上涨是相对的，只有在货币发行对经济存在刺激作用的时候才能显现（如果货币发行落后于经济总量发展，则有可能出现价格滞涨甚至短期回落的态势）。另一方面，货币的经济作用也体现在流动性上，经济向好时，社会交易必然处于上涨态势，交易的频繁使在固定的货币投放量基础上的绝对交易数量上升，也就是在一定程度上增加了参与交易的货币水平，从而也会导致商品价格的上升。以长期的中国货币政策研究结论看，投资者们可以简单理解为“宽松货币政策及流动性的释放将促使经济的上行及商品价格的上涨；反之亦然”，而上述两种调控大都是通过中央银行的相关政策来实现的。因此，要起研究铁矿石及其他商品，就必须要关注国家相关政策的调整。

案例 3－1

天津港某贸易商融资贸易的重大损失

2013 年末，铁矿石的供给开始逐渐进入历史性的供需转换期。随着澳大利亚几大新矿的正式启动，铁矿石供给量再一次出现了阶梯式的上涨；另一方面，作为主要需求方的中国则正在进行钢铁产业过剩产能的治理，钢铁投资增速大大放缓，新增钢铁项目被中止和限制，导致钢材产量增速出现明显放缓甚至回落。两方面的协同作用导致中国港口铁矿石库存量迅速突破 1 亿吨大关，主力铁矿石价格也于 2013 年 3 月跌至 800 元/吨之下。在此情况下，某贸易商在途的 8 船（约 110 万吨）澳矿进口矿将出现亏损局面，而该贸易商根据自身长期经验认为，750 ~ 800 元/吨的铁矿石将是较好的抄底时机，而中国的钢材产量由于巨大的惯性作用将继续保持高速增长，因此，该贸易商不甘心多年经营的铁矿石出现亏损，其毅然以约115美元/吨的价格通过贸易融资方式大量“抄底”进购了10船的铁矿石。4月，铁矿石果然出现了一定的回调，其前期亏损大致被抹平。该贸易商自信满满地认为已经抓住了市场的机遇，再次通过融资方式以115美元/吨左右的价格增加贸易量至44船（约500万吨）。然而，市场价格却迅速打至100美元/吨之下，且银行开始缩紧铁矿石融资，增加相关融资的保证金，最高可达50%，这就使得该贸易商本来就拮据的资金状况直接崩溃，最终不得不在承受巨大价差损失的情况下贴水出货，使得现货市场价格加速下跌，铁矿石单价亏损超过100元/吨。十几年经营起的巨大财富基本消耗殆尽，而该贸易商在元气大伤后也逐渐淡出铁矿石贸易市场。

九、如何分析与利用铁矿石价格波动特点？

本章大致介绍了影响铁矿石期货市场及价格发展的主要因素，但实际市场中的情况是多个因素都在发生作用，最终导致价格根据各种市场分歧与理解的消化走出唯一的方向，因此，即使投资者掌握了一些影响因素的基本分析方法，也并不意味着就能够把握市场动向获得成功。能够对纷繁复杂的各种市场信息进行甄别，是从事期货行业交易前必要的准备工作。下面我们主要介绍一些成功经验。

铁矿石价格分析基本框架见图3－16。

图3－16将影响国内铁矿石价格的主要因素加以整理和划分，可以看出，各种外界环境的变化都是通过影响炼钢产业链内部主要因素而产生影响效果的，而炼钢产业内各主要原材料及成品间也存在利润传导关系。在未出现重大市场问题的情况下，庞大的产业链内部可形成动态平衡，从而维持产业链的正常运行。整体来看，重要政策性影响及大环境影响可以改变这种平衡的节点，而传统供需关系则更多表现为拉动的整体性，这就为我们对于铁

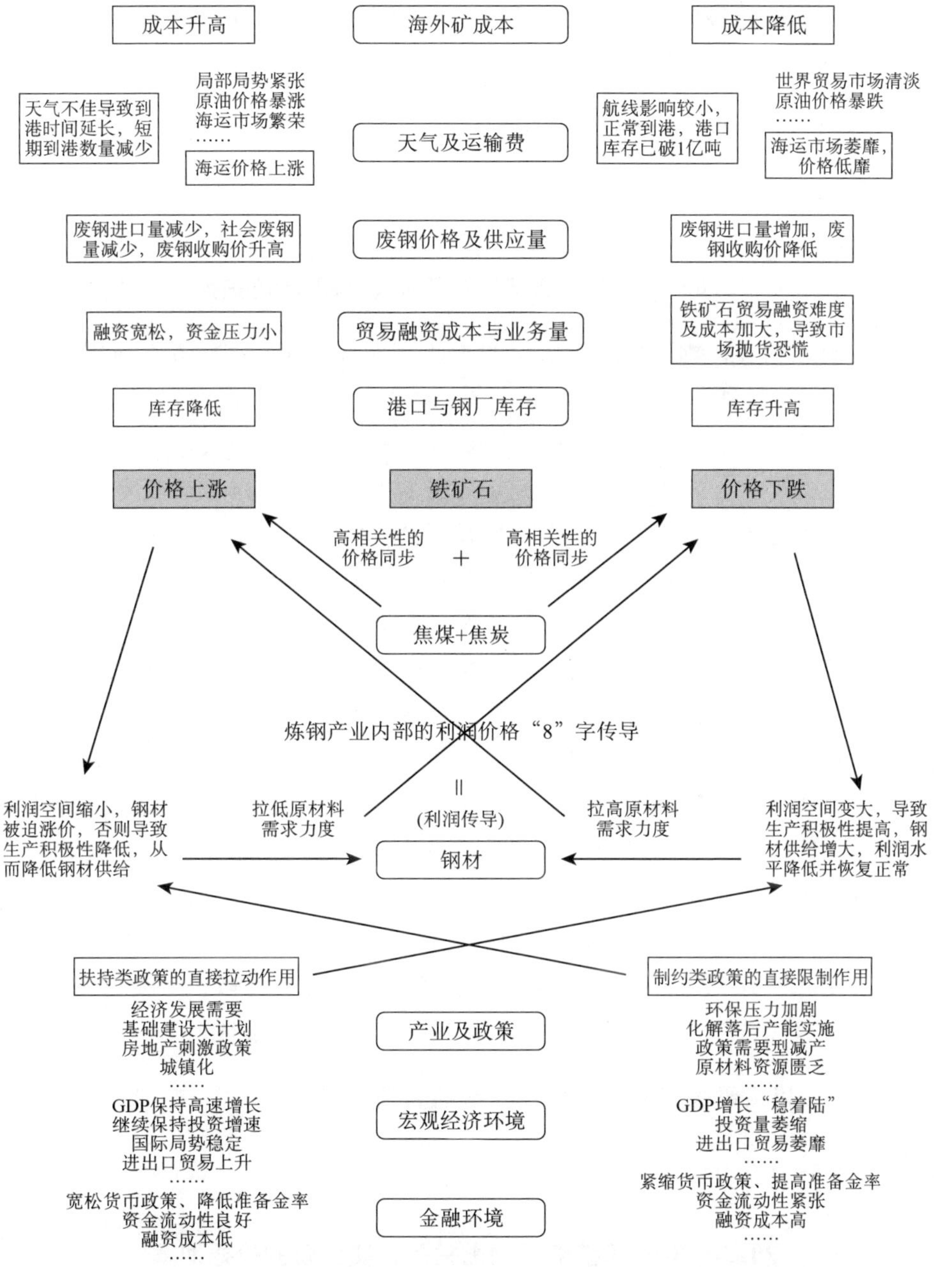

图 3－16　铁矿石价格分析基本框架

矿石价格趋势研究提供了基本方针，即大环境分析产业价格平衡偏移，供需关系分析利润传导效果，下面以案例具体说明。

（一）以产业大环境分析铁矿石的价格趋势

案例 3－2

2008～2011 年的扶持政策酿造的 3 年黄金期

2010 年国务院办公厅发布了《关于进一步加大节能减排力度加快钢铁工业结构调整的若干意见》。该意见表示，将大力推进国内铁矿资源的勘探开发，增加资源储量，研究降低国内铁矿石生产和开采企业负担、提高国内铁矿石资源保障能力的政策措施。加强对共伴生矿、难选冶矿的技术和科研开发力度，推进尾矿回收等综合利用项目，完善有关税收优惠政策。推动国内矿山的有序建设和开发，加快推进铁矿资源的开发整合，将铁矿矿业权依法优先配置给符合钢铁产业政策的钢铁企业和大型矿山企业。用好现有扶持政策，支持大型铁矿山技术改造和资源综合利用。该政策已表明政府仍旧对钢铁行业提供大力支持，其结果必然会继续拉动中国铁矿石的需求量。另一方面，铁矿石国际价格受 2008 年金融危机影响下跌明显，最低已打破 80 美元/吨的历史低价，直至 2009 年铁矿石价格已比经济危机前下跌了 40%，新政策出台无疑为铁矿石市场的进一步回暖提供了强力保障。果不其然，我国铁矿石月度进口量从 2008 年 1 月的 3 680.79 万吨迅速增长至 2011 年 1 月的 6 897.01 万吨，平均交易价格从 2009 年的不足 80 美元/吨增长到 2011 年的 157.73 美元/吨。在此过程中，造就了天津港部分贸易商的“黄金时期”，资产迅速增长的同时也赢得了银行等金融单位优质的资金支持。

（二）以供需关系分析黑色产业链的利润传导性

案例 3－3

2013～2014 年铁矿石供需关系转变引起的价格地震

2013 年各主要投资机构的研究报告表明：2013 年铁矿石供给过剩已凸

显，主要来自于持续膨胀的铁矿石产量。随着2012年底及2013年一些海外新兴矿山的逐渐投产，铁矿石供给也迎来了历史性的反转时刻。2013年上半年，四大矿山铁矿石产量共增2 257万吨；淡水河谷生产14 100万吨，同比减少6.5%，减少980万吨；力拓生产10 005万吨，同比增加6.13%，增加578万吨；必和必拓生产8 789万吨，同比增加11.5%，增加906万吨；FMG生产5 030万吨，同比增加53.5%，增加1 753万吨。2013年力拓的潜在产能在年底或2014年年初达产，实际产量只能增加1 500万吨，以Atlas为代表的澳大利亚中小矿山以及中信泰富、鞍钢的卡拉拉磁铁矿产能即将释放，全球中小矿山总计增加1 000万吨产能；FMG的扩产至1.55亿吨产能，2013年产量将达1.05亿吨。新增产能使得2014年铁矿石供给的富裕程度继续加深，150美元/吨以上的铁矿石价格将在一段时期内成为历史。

全球主要铁矿石在建项目及新增产能见表3－2。

表3－2　　全球主要铁矿石在建项目及新增产能　　单位：百万吨

序号	项目	公司	地点	产能扩张	时间	潜在扩张量
1	Marampa	London Mining	塞拉利昂	5	正在上线	
2	Tonkololi	African Minerals	塞拉利昂	20	2012年底	
3	Lyberia Phase 1 and 2	Arcelor Mittal	利比里亚	4	正在上线	11
4	Karara	Gindalbie/Ansteel	澳大利亚	10	2012年第三、第四季度	22
5	Sino Tron	CITIC Pacific	澳大利亚	24	2012年底	12
6	Geulb EI Rhein	SNIM	毛里塔尼亚	4	2012年底	
7	Iron Ore Company of Cananda	力拓	加拿大	5	2012年底	3
8	Serra－Azul projects	MMX	巴西	20	2013年上半年	50
9	Chichester and Solomon	Fortescue	澳大利亚	100	2013年中	200
10	Casa de Pedra	CNS	巴西	29	2013年	
11	Arcelor Mittal Mines Canada	Arcelor Mittal	加拿大	9	2013年	

续表

序号	项目	公司	地点	产能扩张	时间	潜在扩张量
12	Paul - de - Vinho	MMX	巴西	8	2013 年	
13	WA expansion to 283Mtpa	力拓	澳大利亚	53	2013 年底	
14	Harizon1，2 and 3	Atlas Iron	澳大利亚	12	2013 年底	35
15	Bloom Lake	Cliffs	加拿大	7	2013 年底	8
16	Samarco	淡水河谷/BHP	巴西	8	2014 年上半年	8
17	Serra - Azul projects	Usiminas/J Mendes	巴西	20	2014 年	
18	Minas - Rio	Anglo American	巴西	27	2014 年下半年	27
19	Simandou and Zogota	淡水河谷	几内亚	15	2014 年	35
20	Roy Hill	Hancock	澳大利亚	55	2014 年年底	
21	S. SE System and Other Brazil	淡水河谷	巴西	45	2014 ~ 2016 年	
22	WA expansion to 353Mtpa	力拓	澳大利亚	70	2015 年上半年	200
23	Carajas	淡水河谷	巴西	40	2015 年	
24	Rapid Growth Projects to 240Mtpa	必和必拓	澳大利亚	60	2016 年上半年	
25	NAMISA	CSN and Asian consortium	巴西	26	2015 ~ 2016 年	
26	Serra Sul	淡水河谷	巴西	90	2017 年上半年	

数据来源：中国冶金矿山工业协会。

目前，铁矿石期现货的价格走势已验证上述推论的正确性，国际铁矿石价格于 2014 年上半年成功打破 100 美元/吨的重要关卡，并继续下攻 80 美元/吨的价格支持，国产铁矿石利润空间基本荡然无存。可以说，2014 年的铁矿石价格暴跌是可以预期的，而 2013 ~2014 年的供需关系转变则必然成为商品供需关系研究发展史上一个著名的经典案例。

上述案例中，通过基本面分析可知 2014 年下跌的最主要动力就来自于铁矿石供需面的改变，因此，利润的缩减必然首先来自铁矿石开采及贸易过程，也就是上游利润率开始下滑，从而会导致下游的利润水平相对提高。而实际上，在铁矿石下跌初期，由于钢材价格下调的传导性相对迟缓和衰减，作为主要中间体的钢厂利润出现了明显的提高。可以说，此轮铁矿价格的主动下调使得钢厂得到了实实在在的利润，一改 2012 ~2013 年部分时间段 1 吨钢材的利润“只能买半根冰棍”的尴尬局面，而钢材价格的下跌使得钢厂对于上游价格更具有谈判主动性，从而也导致炼焦行业的利润率也出现下滑，从前期的 10% ~15% 迅速降低至 5% 的水平（当然，炼焦行业的利润水平下跌同样受到廉价进口焦炭的打压作用）。随着煤炭及炼焦行业开始出现“抱团取暖”和行业政策的照顾，行业利润率出现了一定的回升，当然，这也是由于钢厂愿意出让些许利润空间的结果。不难发现，利润传导是隐藏在黑色产业链中一种无形的调控之手，控制着物质流通过程中的价格变动。

自测题

一、填空题

1. 在传统微观经济学理论中，________是最基本的理论之一。

2. 国际铁矿石贸易格局中，澳大利亚占有______以上的铁矿石出口贸易量，而中国则成为最大的市场吸纳方，进口份额占世界总贸易量的______左右。

3. 世界铁矿石贸易航道基本集中在________及________海域。

4. 国际航运价格的运行趋势在一定程度上反映了世界经济数据的好坏，一般与__________、__________、__________、____________等因素息息相关。

5. 世界最大的露天开采矿基本都在________。

二、选择题

1. 下面分析方法中，正确的是（　　）。
   A. 港口铁矿石库存与铁矿石价格呈稳定的负相关关系
   B. 海运费的价格直接影响到岸铁矿石的升贴水幅度
   C. 澳大利亚铁矿石成本是中国进口矿到岸价的有力支撑
   D. 目前，世界铁矿石贸易定价机制非常统一
2. 天气因素对铁矿石价格的影响机理基本体现在（　　）。
   A. 航运航线的季节性影响
   B. 对铁矿石品质的影响
   C. 钢铁行业下游需求周期性影响
   D. 铁矿石矿区的天气变化影响
3. 造成中国铁矿石价格体系相对混乱的原因主要有（　　）。
   A. 全球钢铁产业格局的变迁
   B. 全球铁矿石市场供求不均
   C. 金融资本的影响
   D. 大宗商品及现货市场的发展规律
4. 关于汇率对铁矿石国际贸易影响的说法，正确的有（　　）。
   A. 澳元兑美元汇率的上升会鼓励澳大利亚铁矿石的出口积极性
   B. 人民币兑美元汇率的上升会鼓励中国铁矿石的进口积极性
   C. 美元指数上升，铁矿石价格一般也随之上升
   D. 汇率对于铁矿石贸易影响不大
5. 在下列情况中，能够促进铁矿石价格上涨的原因有（　　）。
   A. 澳大利亚新增了两家月产 400 万吨的铁矿山
   B. 太平洋海域进入了热带风暴爆发时期
   C. 中央银行决定进一步降低银行存款准备金率，增加货币的流动性
   D. APEC 会议准备使得北京周边地区部分钢厂强制停产

三、判断题

1. 中国在铁矿石贸易量中的绝对主力地位使得中国铁矿石的成交价格直接影响全球铁矿石市场的成交水平。（　　）

2. 海运费的波动甚至直接影响铁矿石贸易商的盈亏。（　　）

3. 中国铁矿石资源劣势非常明显，在开采难度、加工成本、成品质量等方面与进口优质矿相比没有任何优势。（　　）

4. 中国的铁矿石消费构成中，约有30%仍需要进口支撑。（　　）

5. 我国人均钢材消费量已基本接近世界平均水平。（　　）

6. 短流程炼钢是我国钢铁冶金中的主要工艺流程。（　　）

7. 废钢价格与铁矿石价格呈负相关关系。（　　）

8. 在基本经济规律中，宽松的货币政策及流动性的释放将促使经济的上行及商品价格的上涨。（　　）

9. 中国的铁矿石贸易过程中的贸易融资、抵押融资非常普遍。（　　）

10. 我国铁矿石生产的边际成本是支撑铁矿石价格的最主要因素。（　　）

参考答案

一、填空题

1. 供需理论

2. 50%　60%

3. 太平洋　印度洋

4. 国际贸易量　原油价格　地缘政治　港口停歇货运船只比例

5. 澳洲北部

二、选择题

1. AB　　2. ACD　　3. ABCD　　4. B　　5. BC

三、判断题

1. √ 2. √ 3. √ 4. × 5. ×
6. × 7. × 8. √ 9. √ 10. √

第四章

铁矿石期货合约设计及交易规则

本章要点

“工要善其事，必先利其器。”本章主要向广大投资者详细介绍大连商品交易所铁矿石期货合约的具体设计及规定，使投资者能够全面掌握交易规定的具体内容，从而减小交易失败的几率。另外，本章将对合约设计的实用性进行解读，以方便投资者将期货交易与现货贸易形成统一认识，从而更好地发挥期货市场对现货市场的支撑作用。关于合约涉及的交割细节本书将在第九章有详细介绍。

一、大商所铁矿石期货合约的基本情况是怎样的？

2013 年 9 月 12 日，中国证监会批复通过大连商品交易所（简称大商所）开展铁矿石合约上市交易；同年10月18日，中国第一个铁矿石期货合约正式上市运行（见表4－1）。目前，铁矿石期货运行状况良好，相应的合约规则和制度设计也已正式进入实际运作阶段，合约交易系统的有效性、稳定性也在经受着市场的考验。铁矿石期货是我国期货市场又一重量级交易品种，必然对我国钢铁上游市场产生深远影响，随着交易规模的扩大和资金的集中参与，将对我国铁矿石市场化定价产生强大推动作用，同时能大大提升我国在国际铁矿石市场中的话语权及铁矿石定价过程的参与程度。

表4－1　　　　大商所铁矿石期货合约基本情况

交易品种	铁　矿　石
交易单位	100吨/手
报价单位	元（人民币）/吨
最小变动价位	1元/吨
每日价格波动限制	上一交易日结算价±4%
最低交易保证金	合约价值的5%
合约交割月份	1、2、3、4、5、6、7、8、9、10、11、12月
交易时间	每周一至周五（北京时间法定节假日除外） 9：00～11：30；13：30～15：00
最后交易日	合约交割月份的第10个交易日
最后交割日	最后交易日后第3个交易日
交割品级	大连商品交易所铁矿石交割质量标准
交割地点	大连商品交易所铁矿石指定交割仓库及指定交割地点
交割方式	实物交割
最小交割单位	10 000吨
交易代码	I
上市交易所	大连商品交易所

数据来源：大连商品交易所。

中国铁矿石期货合约由大连商品交易所制定并上市交易，是一种规定在将来特定的时间和地点进行交割一定数量和质量铁矿石现货的标准化合约。

合约中具体规定了交易铁矿石的数量和单位、质量和等级、交割地点、最小价格变动单位、涨跌停板、保证金等内容。其相较于传统铁矿石交易具有交易灵活、交易对象规定严格、交易担保可靠等优势，特别是具有期货保证金杠杆交易、双向交易的特殊优势，是现代现货贸易基础上一种更高级的交易方式。

合约设计的具体细节如下：

（一）合约标的品种

大连商品交易所铁矿石期货合约标的的标准品为62%品位的铁矿石粉矿，其基本质量标准如表4－2所示。

表4－2　　　　大连商品交易所铁矿石标准版质量标准

指标	标准品范围
铁（Fe）	=62.0%
二氧化硅（SiO_2）	≤4.0%
氧化铝（Al_2O_3）	≤2.5%
磷（P）	≤0.07%
硫（S）	≤0.05%
微量元素	铅（Pb）≤0.10% 锌（Zn）≤0.10% 铜（Cu）≤0.20% 砷（As）≤0.07% 二氧化钛（TiO_2）≤0.80% 氟＋氯≤0.20% 氧化钾（K_2O）＋氧化钠（Na_2O）≤0.30%
粒度	至少90%在10毫米以下，且最多40%在0.15毫米以下

数据来源：大连商品交易所。

粉矿作为铁矿石期货交易标的，主要考虑以下几个方面：第一，粉矿是我国消费、进口的主要铁矿石品种。2012年，我国进口的7.4亿吨铁矿石中粉矿量达到5亿吨，粉矿占进口量的67%，占供给总量的42%。第二，粉矿是我国企业敞口风险中最大的品种。粉矿在进口铁矿石中占主流，而进口铁矿石价格、库存风险体现在两个方面：一是长途海运，我国主流铁矿石进口来源国到我国的海运时间短则半个月，长则40天；二是庞大库存，我国港口铁矿石平均库存量已从2007年的4 460万吨增长到2012年9 400万吨。第三，粉矿的价格代表性好。目前，在全球铁矿石指数定价体系下，指数机构采集并公布的都是我国北方港口到岸进口粉矿的价格；国际市场铁矿石相关衍生品也都是采用粉矿作为基准进行产品设计的。第四，指标体系简单，品质依赖度低。相对于炉料形态的烧结矿、球团矿和块矿而言，无论精粉还是粉矿，质量评价体系都较为简单，由于两者都需要混合之后才能生产烧结矿或者球团矿，钢厂对单种粉矿或精矿的品质依赖性不强，这也便于进行期货合约和制度设计。

合约标准品选定为62%主要是考虑代表性。品位62%的粉矿代表了铁矿石供应的主流品质。据海关统计，2010年我国进口铁矿石平均品位为61.7%，都与62%较为接近。同时，该品位与进口品种中澳大利亚、巴西、印度和南非的品位分布特点最为契合。

（二）合约规模及最小变动价位

铁矿石期货合约规模为100吨/手，最小变动价位为1元/吨。这主要从合约规模和合约的活跃度考虑，同时参考现货贸易过程中的传统设定。合约规模为100吨/手，也是借鉴外国市场主要的铁矿石期货、掉期合约设计的规模，同时方便设计交易数量。合约设计的价值规模在10万元以内（以10%保证金率计算），对交易者的资金门槛要求不高。最小变动价位主要考虑合约运行期的价格变动频率不宜过于频繁，且与现货报价的方式保持一致，同时也兼顾了投资者的价格记忆习惯。

（三）合约交易月份

合约交易月份充分考虑了其与目前市场上已运行的螺纹钢、焦煤、焦炭等高相关度品种的合约匹配，从而设定交易/交割月份为1～12个月。从目前市场表现来看，铁矿石合约与其他品种合约的匹配度达到了预期的一致性，且主力合约的换月也有着高度的一致性。

（四）涨跌停板与保证金比例

涨跌停板为±4%，交易所的保证金比例为5%。交易风险设置也基本参照相关品种设定，以保证市场风险也在同步可控的范围之内，避免由于涨跌停板差异带来的市场不平衡，另外，相应资金的风险防范也已经成功通过了市场的考验。

（五）交易时间

正常交易时间为每周一至周五（北京时间法定节假日除外），上午是9：00～10：15、10：30～11：30，下午是1：30～3：00。这与所有中国上市的商品期货交易时间一致。铁矿石由于国际贸易的特点有可能在未来推出夜盘交易时段。

（六）交割设定

铁矿石交割设定基本借鉴了大连商品交易所焦煤、焦炭两个品种的交割设定。同时，在原有的厂库和仓库交割模式之上发展出了提货单交割方式，对交割流程进行简化，更贴近实际贸易需要。

（七）每日无负债结算制度

每日无负债结算制度又称每日盯市制度，是指每日交易结束后，交易所按当日各合约结算价结算所有合约的盈亏、交易保证金及手续费、税金等，对应收应付的款项实行净额一次划转，相应增加或减少会员的结算准备金。经纪会员负责按同样的方法对客户进行结算。

该制度实际上是对持仓合约实施的一种保证金管理方式。按正常的交易程序，交易所在每个交易日结束后，由结算部门先计算出当日各种商品期货合约的结算价格。当日结算价一般是指交易所某一期货合约当日成交价格按成交量计算的加权平均价；当日无成交的，以上一交易日结算价作为当日结算价。结算价确定后，以此为依据计算各会员的当日盈亏（包括平仓盈亏和持仓盈亏）、当日结算时的交易保证金、当日应交的手续费、税金等相关费用。最后，对各会员应收应付的款项实行净额一次划转，相应调整增加或减少会员的结算准备金。

对于期货合约的具体结算指标公式如下：

1. 平仓盈亏：

平仓盈亏 = 平历史仓盈亏 + 平当日仓盈亏

平历史仓盈亏 = Σ[（卖出平仓价 - 上一交易日结算价）× 卖出平仓量] + Σ[（上一交易日结算价 - 买入平仓价）× 买入平仓量]

平当日仓盈亏 = Σ[（当日卖出平仓价 - 当日买入开仓量）× 卖出平仓量] + Σ[（当日卖出开仓价 - 当日买入平仓价）× 买入平仓量]

2. 持仓盈亏：

持仓盈亏 = 历史持仓盈亏 + 当日开仓持仓盈亏

历史持仓盈亏 =（当日结算价 - 上一日结算价）× 持仓量

当日开仓持仓盈亏 = Σ[（当日卖出开仓价 - 当日结算价）× 卖出开仓量] + Σ[（当日结算价 - 当日买入开仓价）× 买入开仓量]

3. 当日盈亏计算总公式：

当日盈亏 = Σ[（卖出成交价 - 当日结算价）× 卖出量] + Σ[（当日结算价 - 买入成交价）× 买入量] +（上移交易日结算价 - 当日结算价）×（上一交易日卖出持仓量 - 上一交易日买入持仓量）

4. 期货当日结算准备金余额计算公式：

结算准备金余额 = 上一交易日结算准备金 + 入金 - 出金 + 上一交易日交易保证金 - 当日交易保证金 + 当日盈亏 - 手续费等

案例 4 - 1

铁矿石结算准备金计算

某投资者期货账户原有权益为 100 000 元，某日开仓买进铁矿石期货合约 2 手，成交价位 750 元/吨。交易所加上期货公司的保证金比例为 10%，则投资者的持仓保证金占用为 750（元/吨）× 100（吨/手）× 2（手）× 10% = 15 000（元）。如当日该铁矿石期货合约结算价为 780 元/吨，则该投资者当日开仓持仓盈亏为（780 - 750）（元/吨）× 100（吨/手）× 2（手）= 6 000（元）。

假设开/平仓手续费为 20 元/手，则缴纳的手续费为 20(元/手) ×2(手) =40 (元)。因此，当日权益为 100 000(元) +6 000 (元) -40 (元) =105 960 (元)；保证金占用资金为 780(元/吨) ×100(吨/手) ×2(手) ×10% =15 600 (元)；结算准备金余额为 105 960(元) -15 600(元) =90 360(元)。

实际上的期货结算准备金计算由于反复开平仓、历史仓积累等要相对复杂一些，读者可按上述基本计算方法尝试计算，也可利用 Excel 等工具软件辅助计算。

二、中国铁矿石期货与其他国家铁矿石衍生品合约有何不同?

印度、美国和新加坡铁矿石期货（期权）合约具体细节见表 4 -3、表 4 -4、表 4 -5 和表 4 -6。

表 4 -3　　印度铁矿石期货合约

期货交易所	印度商品交易所	印度多种商品交易所
交易标的	中国港口 62% 品位铁矿粉	钦奈港 62% 品位铁矿粉
合约规模	100 吨	
参考报价	中国天津港 62% 粉矿到岸价	钦奈港口离岸价（FOB）
最小变动单位	0.5 卢比/干吨	1 卢比/干吨
涨跌停板幅度	上一交易日结算价的 ±4%	
最后交易日	合约到期月份的最后交易日	
最小交割单位	5 000 吨	20 000 吨
交割地点	Ennore Port、Vizag、Haldia、Paradip	钦奈港口
交割方式	实物或现金	实物或现金

续表

期货交易所	印度商品交易所	印度多种商品交易所
交割质量标准	化学成分	
	铁含量：不低于62%	铁含量：不低于62%
	二氧化硅：不高于4%	二氧化硅：不高于6%
	氧化铝：不高于3.5%	氧化铝：不高于5%
	硫磺：不高于0.05%	硫磺：不高于0.125%
	磷：不高于0.07%	磷：不高于0.1%
	湿度：不高于8%	湿度：不高于10%
	物理特性（粒度）	
	10mm 以下：不低于90%	10mm 以下：不低于90%
	0.15mm 以下：不高于40%	0.15mm 以下：不高于40%

数据来源：大连商品交易所。

表4－4　　美国和新加坡铁矿石期货合约

	CME 铁矿石期货	新交所铁矿石期货
商品代码	TIO	FEF
交易标的	TSI 指数	
合约规模	500 干吨	100 干吨
报价单位	美元	
最小变动单位	0.01 美元/干吨	
涨跌幅限制	无	
最小交易单位	无	5 手
交易时间	周日至周五，每日下午6：00～次日下午5：15，下午5：15后开始休市45分钟	周一至周六 第一时段上午8：00～下午8：00 第二时段下午9：00～次日凌晨2：00 最后一个交易日只交易第一时段
最后交易日	合约月份最后一个交易日	合约月份 TSI 指数最后公布日

数据来源：大连商品交易所。

表 4－5　　　　美国和新加坡铁矿石掉期合约

	CME 铁矿石掉期		新交所铁矿石掉期
商品代码	PIO	TIO	FE
交易标的	普氏铁矿石指数	TSI 指数	
合约规模	1 000 千吨	500 千吨	500 千吨
报价单位	美元		
最小变动单位	0.01 美元/千吨		
交割结算价	Platts 指数平均值	TSI 指数平均值	
最后交易日	合约月份最后一个交易日		合约月份 TSI 指数最后公布日
交易期限	当前年度及下两个日历年度		当前月份起最多 48 个月
交割方式	现金		

数据来源：大连商品交易所。

表 4－6　　　　美国和新加坡铁矿石掉期期权合约

	CME 铁矿石掉期期权		新交所铁矿石掉期期权
商品代码	ICP	ICT	看涨期权：CFE 看跌期权：PFE
交易标的	HO 合约	TIO 合约	FE 合约
合约规模	1 000 千吨	500 千吨	500 千吨
报价单位	美元		
最小变动单位	0.01 美元/千吨		
期权类型	欧式期权		
执行价格	在平值期权上下以 50 美分的价格间距各设置 3 个执行价格		在平值期权上下各设置 3 个执行价格，此后可酌情创建
最后交易日	合约月份最后一个交易日		合约月份 TSI 指数最后公布日
结算方式	现金		

数据来源：大连商品交易所。

从国外已经成熟运行的铁矿石合约设计来看，我国铁矿石期货合约的设计广泛参考了国际主要铁矿石期货市场的合约，做到了既与国际接轨又符合中国国情。相比于美国和新加坡的铁矿石期货合约，印度的铁矿石期货合约与我国的铁矿石期货合约最为接近，只是在最小交割单位上存在差距。而CME和新交所铁矿石期货的设计比我国更为灵活：两者均未有涨跌幅的限制；最小交割单位更大；CME铁矿石合约并未设置最小交易单位。这些设置一方面说明上述两个交易市场的活跃程度较高，另一方面也说明上述交易市场的风险管理能力突出。这些都是我国期货交易所设置新品种合约的努力方向。此外，合约设计的相似性为投资者利用国内外铁矿石期货市场发展差异所导致的价差进行跨市场套利创造了条件。

笔者认为，美中不足的是，相较于国外铁矿石期货的最小变动单位，我国的铁矿石合约设计明显偏大。印度商品交易所与多品种交易所的铁矿石期货的最小变动单位为0.5卢比/干吨及1卢比/干吨，折算成人民币仅为约0.05元人民币/干吨和0.1元人民币/干吨，美国CME和新加坡SGX的铁矿石期货、掉期和期权标价的最小变动价位为0.01美元/干吨，折算约为0.06~0.07元人民币/干吨，这与国内铁矿石1元/吨的最小变动价位相差18~20倍，从而使得国内交易者在同时参与国内和国际铁矿石衍生品交易时难以准确地平衡，滑点非常显著。较小的合约变动价位同时带来了市场活跃度的提高，相关交易者更容易在市场中找到自己的精准价位进行交易。国内铁矿石过大的最小变动价位问题在铁矿石经历大幅度下跌后更加凸显，以600元/吨的铁矿石价位计算，每一点价位变动意味着0.16%~0.17%的价格波动，振幅明显过大，而24点的价位变动值就可以打到涨跌停板。这将带来几方面的问题：

1. 铁矿石期货合约波动风险增大。

2. 铁矿石合约价位变动不活跃，难以反映市场细节变化。

3. 投资者交易过程滑点的损失过大。

4. 铁矿石期货合约对现货价格的价格发现作用显得粗糙（以普氏指数为例，普氏指数精确到0.01美元/干吨，很明显，铁矿石期货精确度较差）。

在铁矿石合约交易日益活跃及市场需求的共同作用下，大连商品交易所将可能对此进行调整，届时将更能促进铁矿石期货交易的活跃，提高市场实用性。

小贴士

期货、期权、掉期的区别

期货和期权均是期货市场运行的远期交易的具体形式，它们具有非常紧密的联系。大致来说，期权更表现为一种市场定价权利的交易，可以看成是期货市场更深一层的发展产物。具体内容和差异如下：

期货特点：主要在于集中竞价、集中清算、标准化程度高，交易双方权利对等。

期权特点：其是在期货基础上产生的金融工具，本质是将权利和义务分开，即买方向卖方支付一定的权利金，从而拥有在未来某段时间内（美式期权）或某一时间节点（欧式期权），按约定好的价格购买（看涨期权）或卖出（看跌期权）一定数量的特定标的物的权利。期权的突出特点是买方和卖方的权利不对等。买方负有不必须买进或卖出的权利，如买方要求行权，则卖方必须执行。新交所的铁矿石掉期期权属于欧式期权，以场外交易方式进行。

掉期特点：其英文名称为“swap”，即互换的意思，俗称交易互换。其是指交易双方约定在未来某一时间互换他们认为相等价格的资产或现金的形式，外汇市场是其发源地。因此，铁矿石掉期具有外汇特征。

整体来看，铁矿石期货的交易量是最大的，也是最常使用的场外交易方式。期权在衍生品交易日益发达的今天发展迅猛，大有赶超期货市场的趋势。而铁矿石掉期由于天然具有的交易对手一对一的关系，导致交易过程相对僵化，交易量较小，流动性不足，风险相对较大。新加坡商品交易所（SGX）是目前国际铁矿石美元结算的交易中心，而大商所铁矿石期货已经成为世界最大的铁矿石衍生品交易品种。

注：期权分美式期权和欧式期权，其主要差异在权利的行使时间上，美式期权可随时行使权利，而欧式期权则必须在到期日行使权利。

延伸阅读

大商所铁矿石期货的迅速成长

截至2014年6月上旬，铁矿石上市已运行近8个月，合约总成交量超3 000万手（单边）、折合现货超30亿吨，总成交额达2.24万亿元；日均成交19.6万手（单边），日均持仓14.4万手（单边），总持仓超87.2万手，短期日均成交量突破50万手，成长非常迅速，已经成为世界上第二大的铁矿石电子交易市场。

大商所铁矿石期货的成长情况见图4－1、图4－2。

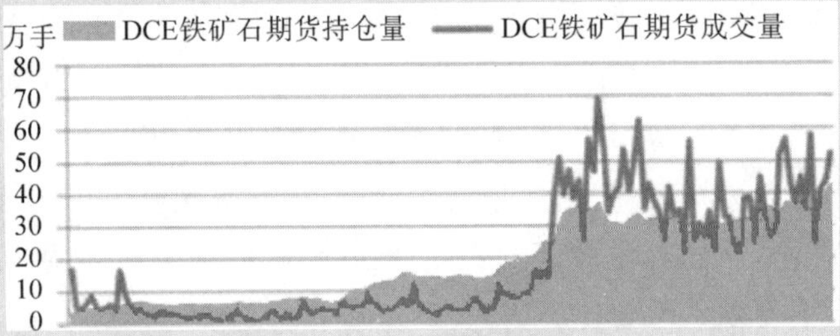

图4－1　大商所铁矿石期货的成长情况（一）

数据来源：大连商品交易所。

从大商所铁矿石的客户投资结构上看，法人客户的成交热情日益高涨，法人客户成交占比一度突破50%。法人客户的主要组成为金融机构、贸易商和矿山，钢厂的参与程度略低，持仓占比约为7%。

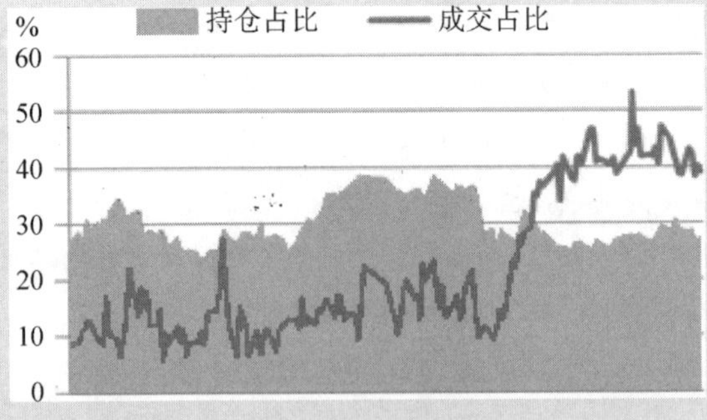

图4－2　大商所铁矿石期货的成长情况（二）

数据来源：大连商品交易所。

铁矿石期货上市后，在第一个交割合约上即出现了交割尝试，I1401合约交割量为1万吨，卖方为沙钢集团，而I1405的交割量迅速猛增至17万吨。

截至2014年6月铁矿石的交割情况见图4-3。

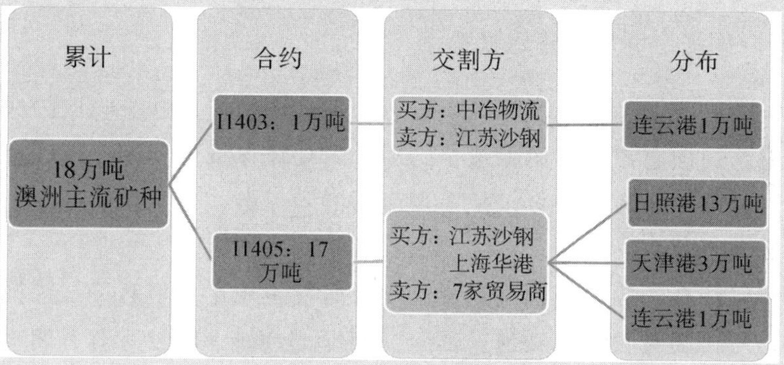

图4-3　铁矿石的交割情况（截至2014年6月）

数据来源：大连商品交易所。

铁矿石期货的迅速发展是建立在庞大的现货需求背景之上的，而中国铁矿石期货市场的发展壮大，也吸引了大量外资机构参与。可以预见，中国铁矿石期货必然成为全球最大的铁矿石交易平台，而中国在铁矿石定价中的话语权将随之提升。

三、如何理解期货保证金交易制度及资金杠杆原理？

在期货交易中，任何一个投资者必须按照其所买卖期货合约价值的一定比例（通常为5%～10%，由交易所保证金和期货公司保证金确定）缴纳少量资金，作为其履行期货合约的财力担保，然后才能参与期货合约的买卖，同时，投资者必须视价格变动情况确定是否追加资金。这种制度就是保证金制度，所缴的资金就是保证金。期货市场最显著的特点之一就是保证金交易制度，正是这一特点体现了期货市场运行的高效率，但同时也注定了期货交易的高风险。保证金交易本身的存在就是一个两难命题的产物，所以保证金制度的制定就需要在市场效率和市场风险管理之间进行平衡，保证金制度也就成为期货公司进行市场风险管理的核心内容。

保证金制度的设定和标准是要不断满足市场运行要求的，基本内容如下：

（一）保证金制度的普遍性特点

保证金的收取是分级进行的，可分为期货交易所向会员收取的保证金和期货经纪公司向客户收取的保证金，即分为会员保证金和客户保证金。保证金应当以货币资金缴纳，可以是上市流通的国库券，也可以将标准仓单折抵期货保证金。

客户保证金的收取比例由期货经纪公司自主规定，但有关法规规定不得低于交易所对会员收取的交易保证金。该保证金属于客户所有，期货经纪公司除按照中国证监会的规定为客户向期货交易所缴存保证金，进行交易结算外，严禁挪作他用。

当每日结算后客户保证金低于期货交易所规定或双方约定的保证金水平时，期货经纪公司应当按规定向客户发出保证金追加通知。客户于规定时间内补齐保证金缺口。

（二）大连商品交易所铁矿石期货的保证金制度

大连商品交易所铁矿石期货的保证金制度具体构成如下：一般月份保证金、临近交割期梯度增加保证金、根据合约持仓量变化调整保证金等。根据多年来保证金制度的运行经验，该保证金管理体系基本能够抵御来自市场的各种风险。

1. 一般月份的交易保证金设为5%。保证金标准与涨跌停板幅度密切相关，即保证金标准必须高于涨跌停板幅度才可能防范价格波动风险。目前，大商所各品种最低交易保证金标准均为其涨跌停板幅度的1.25倍。根据期货市场经验，期货公司会员一般向客户收取的保证金比例是在交易所收取的基础上增加3%左右。如果交易所设置铁矿石的保证金为5%，那么会员将向客户收取8%的保证金，足以抵御4%的每日价格波动。因此，我们将铁矿石期货合约的最低交易保证金标准确定为5%。

2. 临近交割的梯度交易保证金。为了提高投资者进行实物交割的履约能力，避免交割月份合约出现较大风险，国内各交易所通常按照该合约上市交易的“一般月份”（交割月前一个月以前的月份）、“交割月前一个月份”、“交割月份”三个期间依次管理，对临近交割期的合约梯度增加交易保证金。大商所对临近交割的铁矿石期货合约保证金的梯度设计是：铁矿石期货合约进入交割月份前一个月的第10个交易日起，合约交易保证金提高至合约价值的10%；铁矿石期货合约进入交割月份后，合约交易保证金提高至合约价值的20%，用以抵偿投资者或会员因交割违约而需要支付的违约金和征购、竞卖中可能发生的溢、折价损失（见表4-7）。

表4-7　铁矿石期货合约临近交割期时交易保证金收取标准

交易时间段	合约交易保证金
交割月前一个月第10个交易日	合约价值的10%
交割月份第1个交易日	合约价值的20%

数据来源：大连商品交易所。

3. 出现连续涨跌停板单边无连续报价时的保证金调整。涨（跌）停板单边无连续报价是指某一期货合约在某一交易日收市前5分钟内出现只有停板价位的买入（卖出）申报、没有停板价位的卖出（买入）申报，或者一有卖出（买入）申报就成交但未打开停板价位的情况。

当铁矿石期货合约出现连续停板时，交易所将提高涨跌停板幅度，提高幅度与大商所其他品种相同，见表4-8。

表4-8　铁矿石期货合约连续停板时保证金收取标准

交易状况	涨跌停板幅度	交易保证金标准
第1个停板	4%	5%
第2个停板	6%	8%
第3个停板	8%	10%

数据来源：大连商品交易所。

当铁矿石期货合约出现第1个停板时，当日结算时起该合约的交易保证金按合约价值的8%收取，下一交易日该合约的涨跌停板幅度为6%。若出现第2个停板，则其后第2个交易日的停板幅度调整至8%，保证金按照合约价值的10%收取。根据已有品种运行经验，这一设置能够在市场剧烈波动时有效释放风险，同时保证市场安全运行。

期货合约的保证金额度设定还与市场上的总持仓规模有关，具体内容在保证金梯度调整制度部分有详细介绍。

期货保证金交易制度具有一定的杠杆性，投资者不需要支付合约价值的全额资金，只需要支付一定比例的保证金就可以交易。保证金制度的杠杆效应在放大收益的同时也成倍地放大风险，在发生极端行情时，投资者的亏损额甚至有可能超过投入的本金。

例如：交易所规定铁矿石最低交易保证金为合约价值的5%，就说明在仅考虑交易所保证金比例的情况下，客户只需要支付合约价值的5%作为保证金就可以交易，此时的杠杆即为1/0.05=20。

小贴士

期货保证金制度的收益和亏损的放大效应

杠杆机制和保证金制度是期货市场与股票市场最明显的区别之一。通俗地讲，杠杆机制就是以小博大，其对应的就是期货交易制度中的保证金制度。

保证金制度是由芝加哥期货交易所于1865年推出标准化合约时所确定的，即向合约的签约双方收取不超过合约价值10%的保证金作为履约的保证。

保证金制度是保障市场安全的基础之一。所有的买方和卖方均须交存保证金方能进入期货市场。保证金是一项履约担保金，证明买方或卖方的诚意，有助于防止违约并确保合约的完整性。保证金可以是现金、交易所允许的国库券、标准仓单等。每一个客户都必须向期货经纪公司缴存一定数量的交易保证金，经纪公司把客户的保证金存入专门的账户，与公司的自有资金区分开来，然后由经纪公司统一将保证金存入交易所。

买卖期货合约所要求的保证金不尽相同，但通常只占合约价值很小的比例，一般在合约价值的5%～15%。一般而言，期货合约的价格波动越大，所要求的保证金就越多。交易者在交易时无须支付全部的合约价值，只需要准备规定的保证金即可进行交易。

保证金制度充分体现了期货市场的便利性，套期保值者能够用少量资金规避较大的现货市场风险，极大地提高了资金的使用效率。投资者在进行期货交易时，无须支付期货合约的全额价值，只需支付合约价值一定比例的保证金，一般为合约价值的10%左右。这相当于把投资资金放大了10倍，一方面扩大了可能的利润空间，但另一方面也将风险放大了。

举例来说，某投资者以10万元进行投资。如果投资股票市场，10万元资金按100%的足额保证金制只能买10万元的现货股票，如果投资的股价上涨10%，则盈利10%，如果股价下跌10%，则亏损10%，最多只是亏掉本金。

如果这位投资者改为投资期货市场，按10%的保证金制度，他可以买100万元的期货合约。假定此投资者做多，如果期货合约价格朝有利方向（上涨）变动10%，也就是100万元增加10%至110万元，则他获利10万元，盈利率为100%；相反，如果期货合约价格朝不利方向（下跌）变动，也就是100万元减少10%至90万元，则他亏损10万元，亏损率为100%。值得注意的是，如果期货合约价格下跌超过10%，则他除了将初始的10万元全部亏掉之外，还要再出资补亏。

四、铁矿石期货合约保证金梯度调整制度的具体内容有哪些？

在保证金体系设计上，大连商品交易所对临近交割的铁矿石期货合约的保证金进行梯度收取，即铁矿石期货合约进入交割月份前一个月的第10个交易日起，合约交易保证金提高至合约价值的10%；铁矿石期货合约进入交割月份后，合约交易保证金提高至合约价值的20%。一般月份为5%。越临近交割月，面临的交割风险就越来越大，因此，交易所提高临近交割月月份的保证金比例，促使不需要交割的投资者进行平仓对冲，了解头寸，从而为真正需要平仓的机构投资者营造了良好的交割环境。

铁矿石期货合约随时间变化的梯度保证金制度见图4-4。

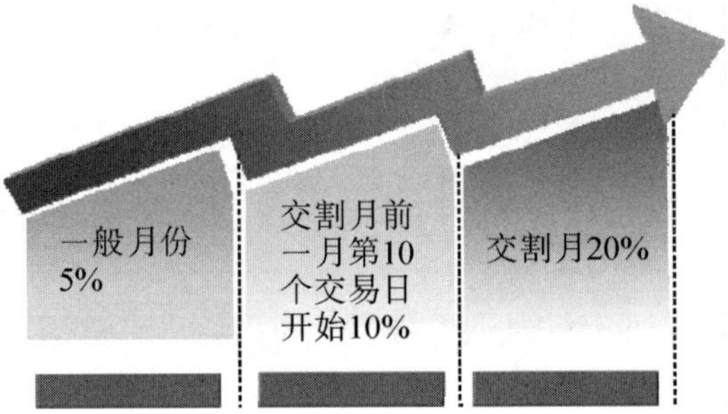

图4-4 铁矿石期货合约随时间变化的梯度保证金制度

数据来源：大连商品交易所。

在持仓管理上，合约月份双边持仓总量小于等于80万手时，铁矿石合约每手交易保证金为合约价值的5%，大于80万手时为7%；在持仓限额方面，当铁矿石合约单边持仓小于等于20万手时，期货公司会员不限仓，大于20万手时，则该合约持仓限额不得大于单边持仓的25%。交易所这样设计的出发点在于防范期货市场的风险，多交的保证金用以抵偿投资者或会员因交割违约而需要支付的违约金和征购、竞卖中可能发生的溢、折价损失。

这对我国期货市场发展具有积极的意义。但是，不可否认，该规定在防范风险的同时，提高了市场运行成本，导致品种活跃月份向远月转移，不利于产业客户进行套期保值。

铁矿石期货合约持仓量变化时交易保证金收取标准见表4-9。

表4-9　铁矿石期货合约持仓量变化时交易保证金收取标准

合约月份双边持仓总量（N）	交易保证金
N ≤80万手	合约价值的5%
N >80万手	合约价值的7%

数据来源：大连商品交易所。

五、如何理解铁矿石期货合约的涨跌停板？

（一）关于涨跌停板制度的基本认识

涨跌停板制度，是指期货合约在一个交易日中的成交价格不能高于或低于以该合约上一交易日结算价为基准的某一涨跌幅度，超过该范围的报价将视为无效，不能成交。

在涨跌停板制度下，前一交易日结算价加上允许的最大涨幅构成当日价格上涨的上限，称为涨停板；前一交易日结算价减去允许的最大跌幅构成价格下跌的下限，称为跌停板。

因此，涨跌停板又叫每日价格最大波动幅度限制。

涨跌停板的确定：当某一期货合约在某一交易日收盘前5分钟内出现只有停板价位的买入（卖出）申报、没有停板价位的卖出（买入）申报，或者一有卖出（买入）申报就成交但未打开停板价位的情况时，即只有单边报价或是不足以打开单边报价的情况，称为涨（跌）停板（简称单边市）。

涨跌停板制度与保证金制度相结合，对于保障期货市场的运转，稳定期货市场的秩序以及发挥期货币场的功能具有十分重要的作用。

1. 涨跌停板制度为交易所、会员单位及客户的日常风险控制创造了必要的条件，涨跌停板锁定了客户及会员单位每一交易日可能新增的最大浮动盈亏和平仓盈亏，这就为交易所及会员单位设置初始保证金水平和维持保证金水平提供了客观准确的依据，从而使期货交易的保证金制度得以有效地实施。一般情况下，期货交易所向会员收取的保证金要大于在涨跌幅度内可能发生的亏损金额，从而保证当日在期货价格达到涨跌停板时不会出现透支的情况。

2. 涨跌停板制度的实施，可以有效地减缓和抑制突发事件和过度投机行为对期货价格的冲击，给市场一定的时间来充分化解这些因素对市场所造成的影响，防止价格的狂涨暴跌，维护正常的市场秩序。

3. 涨跌停板制度使期货价格在更为理性的轨道上运行，从而使期货市场更好地发挥价格发现的功能。市场供求关系与价格间的相互作用应该是一个渐进的过程，但期货价格对市场信号和消息的反应有时却过于灵敏。通过实施涨跌停板制度，可以延缓期货价格波幅的实现时间，从而更好地发挥期货市场价格发现的功能，在实际交易过程中，当某一交易日以涨跌停板收盘后，下一交易日价格的波幅往往会缩小，甚至出现反转，这种现象恰恰充分说明了涨跌停板制度的上述作用。

4. 在出现过度投机和操纵市场等异常现象时，调整涨跌停板幅度往往成为交易所控制风险的一个重要手段。例如，当交割月出现连续无成交量而价格在跌停板的单边市场行情时，通过适度缩小跌停板幅度，可以减小价格下跌的速度和幅度，把交易所、会员单位及投资者的损失控制在相对较小的范围之内。

（二）铁矿石期货涨跌停板制度分析

1. 铁矿石期货价格每日价格最大波动不超过上一交易日结算价的±4%。大商所选取了2008～2012年环渤海地区63.5%品位铁矿石现货日价格连续数据进行分析，样本数为1 350个。在样本区间内，铁矿石现货价格日涨跌幅度超过4%的仅占1.33%，涨跌幅度低于4%的约占98.67%。从国际三大铁矿石价格指数之一的 MB 指数来看，其同期数据波动小于 4% 的比例约为 98.5%。综合考虑铁矿石现货市场价格的波动特点，并借鉴相关市场涨跌停板设置情况，大商所将铁矿石合约的涨跌停板确定为 4%，完全可以覆盖现货市场价格波动的正常需求。

2. 出现连续涨跌停板单边无连续报价时，交易所将提高涨跌停板幅度（见表 4-10）。

表 4-10　　铁矿石期货合约连续停板时保证金收取标准

交易状况	涨跌停板幅度	交易保证金标准
第 1 个停板	4%	5%
第 2 个停板	6%	8%
第 3 个停板	8%	10%

数据来源：大连商品交易所。

3. 连续同方向三个涨跌停板时，风险控制手段沿用焦炭、焦煤期货的处理办法，具体如表 4-11。

表 4-11　　铁矿石期货合约连续三个涨跌停板时的处理方式

步骤	分配条件	分配数	分配比例	分配对象	结果
1	单位净持仓盈利 6% 以上的投机持仓≥申报平仓数量	申报平仓数量	申报平仓数量/单位净持仓盈利 6% 以上的投机持仓	单位净持仓盈利 6% 的投机客户	分配完毕
2	单位净持仓盈利 6% 以上的投机持仓<申报平仓数量	单位净持仓盈利 6% 以上的投机持仓数量	单位净持仓盈利 6% 以上的投机持仓/申报平仓数量	申报平仓客户	有剩余再按步骤 3、4 分配
3	单位净持仓盈利 3% 以上的投机持仓≥剩余申报平仓数量①	剩余申报平仓数量①	剩余申报平仓数量①/单位净持仓盈利 3% 以上的投机持仓	单位净持仓盈利 3% 的投机客户	分配完毕

续表

步骤	分配条件	分配数	分配比例	分配对象	结果
4	单位净持仓盈利3%以上的投机持仓<剩余申报平仓数量①	单位净持仓盈利3%以上的投机持仓数量	单位净持仓盈利3%以上的投机持仓/剩余申报平仓数量①	剩余申报平仓客户	有剩余再按步骤5、6分配
5	单位净持仓盈利大于零的投机持仓≥剩余申报平仓数量②	剩余申报平仓数量②	剩余申报平仓数量②/单位净持仓盈利大于零的投机持仓	单位净持仓盈利的投机客户	分配完毕
6	单位净持仓盈利大于零的投机持仓<剩余申报平仓数量②	单位净持仓盈利大于零的投机持仓数量	单位净持仓盈利大于零的投机持仓/剩余申报平仓数量②	剩余申报平仓客户	有剩余再按步骤7、8分配
7	单位净持仓盈利7%的保值持仓数量≥剩余申报平仓数量③	剩余申报平仓数量③	剩余申报平仓数量③/单位净持仓盈利7%的保值持仓数量	净持仓盈利7%的保值客户	分配完毕
8	单位净持仓盈利7%的保值持仓数量<剩余申报平仓数量③	单位净持仓盈利7%的保值持仓数量	单位净持仓盈利7%的保值持仓数量/剩余申报平仓数量③	剩余申报平仓客户	有剩余不再分配

数据来源：大连商品交易所。

注：1. 剩余申报平仓数量①=申报平仓数量-单位净持仓盈利6%以上的投机持仓数量；

2. 剩余申报平仓数量②=剩余申报平仓数量①-单位净持仓盈利3%以上的投机持仓数量；

3. 剩余申报平仓数量③=剩余申报平仓数量②-单位净持仓盈利大于零的投机持仓数量；

4. 投机持仓数量和保值持仓数量是指在平仓范围内盈利客户的持仓数量。

六、如何合理管理铁矿石期货持仓保证金与追加保证金?

在国际期货市场上，一般将保证金分为初始保证金和维持保证金。初始保证金是建立一个头寸所必须的最低资金需求，在中国香港也被称为基本保证金或基本按金。维持保证金是一个资金水平：一个账户的资金必须维持在这个水平之上，如果账户资金降到了维持保证金水平之下，经纪公司就会通知交易者追加保证金，该账户的资金必须追加到初始保证金的水平。维持保证金要比初始保证金低，或者相等。接到追加保证金通知时，交易者可以存入额外的资金，或者将这个头寸平仓。

我国香港地区、美国、日本、英国均采取初始保证金和维持保证金两种水平，只不过维持保证金占初始保证金比例有所不同。以英皇期货有限公司（Emperor Futures Limited）与客户代理合同的条款为例进行说明，中国香港期货市场的维持保证金为初始保证金的80%，日本和美国的维持保证金水平为初始保证金的70%，英国期货市场的维持保证金则为初始保证金的100%。

我国内地期货市场没有明确的初始保证金和维持保证金的说法，不过在具体操作过程中的做法有一些相似。比如，期货公司向客户收取的“公司保证金”可等同于初始保证金，期货公司一般规定当账户的资金达到“公司保证金”的一定比例（低于或等于）时就要求该账户追加保证金至“公司保证金”水平。也就是说，期货公司的“公司保证金”就相当于初始保证金，“公司保证金”的一定比例相当于维持保证金，不同期货公司采取的比例不同。一般期货公司采取100%的比例，也有些期货公司在合同中标明为100%，但在操作过程中会有所放宽，比如有一些期货公司借鉴国际惯例，采用80%的比例。

保证金水平的确定包括保证金水平的确定方法、计算方法和调整频率等方面。我国期货市场保证金的确定与国际期货市场的差距较大，也是被业内广泛讨论和研究的重点。

首先，虽然交易所向期货公司收取的保证金水平是一致的，但国内期货公司向客户收取的保证金水平一般是由各期货公司自行规定的，所以水平高低参差不齐，甚至有较大差距。因此，期货公司的保证金水平也成为影响公司竞争力的因素之一。在香港地区，结算所除了制定交易所参与者的保证金水平之外，还要制定交易所参与者向其客户收取的保证金水平供参考（包括基本保证金和维持保证金），而各家期货公司（交易所参与者）一般都按照结算所制定的标准向客户收取保证金。

其次，国内期货保证金的计算方法与国际市场存在较大差距。国内期货市场的保证金水平为相对水平，即结算价格的一定百分比；国际市场一般采用绝对水平，即直接以货币单位计价的水平。

不管是国内的期货交易所还是期货公司，保证金水平的确定一般都是以涨跌停板幅度为基准，而不是根据期货价格的波动情况来确定的。比如，铁矿石期货合约的涨跌停板幅度为4%，交易所保证金水平一般定为5%，第二个涨跌停板为6%，则交易所保证金水平调整为8%，期货公司制定公司保证金水平时要在交易所保证金水平基础上加几个百分点，或者采取公式“N×涨跌停板幅度±M%”制定，国内期货公司一般采取第一种方式。由于保证金水平与期货价格的联系不紧密，调整的频率也比较低。除了假期，交易所保证金水平一般一年或更久才会调整，而期货公司保证金的调整时间也不固定，调整的频率因不同期货而有所差异，各期货公司保证金比例的调整也与其风控政策的松紧度及风控能力有关。

目前，国内期货公司的保证金比例一般是在交易所保证金的基础上增加3%~6%，个别公司甚至可以做到1%~2%。对于投资者而言，期货公司附加的保证金比例直接影响其资金在交易所的安全程度，较低的保证金附加当然会使客户资金使用率更高一些，也使得期货交易的杠杆率更大一些，但对于资金管理及市场操作能力要求也相应严格，并不是越低的保证金占用就越有利于投资者的交易。一般而言，对于日内操作和抄单操作的投资者而言，较低的保证金比例会有所优势，但对于大的投资机构、趋势投资者和市场初入者而言，较高的保证金比例反而会对其资金形成更好保护，为资金管理增加一道保险。以期货市场的绝大多数投资来看，因为持仓准备金的要求，保证金的占用比例大多不会占满资金容量，仍会留有较大余地，所以，投资者不要一味地追求保证金比例的低水平，而是要根据自身实际的投资需要进行权衡和考虑。

小贴士

重仓、爆仓和穿仓

期货交易中，总权益被持仓所需保证金的占用水平，被称作仓位，其是衡量投资者持仓规模的一个重要指标。不难理解，仓位的高低直接影响着权益增减的数额，也直接影响着持仓收益水平。仓位越重，期货资金增减随市场同样行情的影响就越大，10%的仓位与50%的仓位收益与亏损就是简单的5倍关系。重仓是指持仓规模已经达到较高的资金占用水平的一种说法，市场对重仓的界定没有统一说法，有些投资者认为50%以上的保证金占用即为重仓，这样大致只能抵挡两次反向的涨跌停冲击；也有投资者认为80%以上的仓位才算重仓。当然，这与个人的投资方式有着直接联系，对于短线投资者而言，其交易频繁，每次出入的收益水平较低，因此必须靠重仓来提高资金使用水平。而中长线投资者则由于较长期持仓的需要，必须预留足够的准备金保证持仓安全，他们对于仓位的要求就要小一些。因此，不可以单纯说重仓是好是坏，而是要结合实际投资方式来权衡。

大家都知道期货资金要划分为交易保证金和准备金两部分，当行情向持仓反方向运行时，账户就会亏损，保证金部分会随着最新价格而变动，准备金则补充亏损部分，这样就有可能导致准备金不断减少甚至为负数。当准备金为零或趋近于零的时候，客户就会收到风险提示的通知，如果客户没有在规定时间内补充保证金或自行平仓，那么准备金就有可能归零或为负数，那么就出现了爆仓的局面。如果行情依旧继续，那么资金将继续向负方向缩减，直至造成账户即使平仓也倒欠期货公司的情况，这样就形成了穿仓。值得一提的是，并不是盘中准备金归零就形成了爆仓，而是要通过结算价来判断，因此，期货公司在处理此类情况的时候会留有一定余地，但如果一旦认定形成爆仓和穿仓，期货公司会毫不犹豫地采取强平措施确保资金安全。

爆仓和穿仓产生的原因大致有以下两种情况：一是亏损持仓仍然顽固地持有不做处理；二是由于重仓导致的准备金相对较少，抵御行情的能力被迅速削弱。

七、如何理解铁矿石期货合约的限仓制度与大户报告制度？

（一）限仓制度

限仓制度（Position Limit System）是期货交易所为了防止市场风险过度集中于少数交易者，防范操纵市场行为，对会员和客户的持仓数量进行限制的制度。它规定了会员或客户可以持有的，按单边计算的某一合约持仓的最大数额，不允许会员或客户超量持仓。

大连商品交易所限仓制度的基本内容如表 4－12。限仓基数为 20 万手，期货公司持仓限额比例设定为 25%。

表 4－12　大连商品交易所铁矿石限仓基数设定　单位：手

品种	合约单边持仓规模	期货公司会员
铁矿石	单边持仓≤200 000	不限仓
	单边持仓＞200 000	单边持仓×25%

数据来源：大连商品交易所。

一般月份（合约上市至交割月份前一个月第 9 个交易日）非期货公司会员和客户持仓限额见表 4－13。

表 4-13　　大连商品交易所铁矿石非期货公司客户限仓设定　　单位：手

品种	合约单边持仓规模	非期货公司会员	客户
铁矿石	单边持仓≤200 000	20 000	20 000
	单边持仓 >200 000	单边持仓 ×10%	单边持仓 ×10%

数据来源：大连商品交易所。

大连商品交易所对非期货公司会员和客户持仓采取分阶段阶梯式限仓。自交割月份前一个月第 10 个交易日至交割月期间非期货公司会员和客户持仓限额见表 4-14。

表 4-14　　大连商品交易所铁矿石临近交割月客户限仓设定　　单位：手

品种	时间段	非期货公司会员	客户
铁矿石	交割月前一个月第 10 个交易日起	6 000	6 000
	交割月份	2 000	2 000

数据来源：大连商品交易所。

值得投资者特别注意的是，对于法人客户的套期保值交易头寸则单独实行审批制，其持仓不受上述限仓制度限制。同时，由于期货市场规模的发展，当市场扩大到一定程度后原有的限仓制度可能不再适用于市场发展要求，届时交易所将有权对限仓制度的具体内容进行修改，特别是交易量较大的投资者务必要关注交易所相关规定的最新变化。

（二）大户报告制度

大户报告制度（Major Reporting System）是与限仓制度紧密相关的另外一个控制交易风险、防止大户操纵市场行为的制度。期货交易所建立限仓制度后，当会员或客户某品种持仓合约的投机头寸达到交易所对其规定的投机头寸持仓限量一定比例 80% 以上时，必须向交易所申报。申报的内容包括客户的开户情况、交易情况、资金来源、交易动机等，便于交易所审查大户是否有过度投机和操纵市场行为以及大户的交易风险情况。可以说，大户报告是一个高效的工具，可以让监管机构及时了解可能造成市场价格操纵的所有大户的头寸。

大户报告制度还有另一个优点，那就是它也可以帮助交易所了解市场运行状况，预判价格剧烈波动或者价格被操纵的表象。当市场监管可以准确实施的时候，公共政策就会改进，力求更大范围地发现市场问题。当没有证据表明市场存在这种问题的时候，力求使监管对市场的阻碍作用最小化。

另外，这一制度还可以向监管及监督机构提供关于市场构成的有用信息，比如市场参与者中的商业与非商业投资者，特定种类的投资者持有的头寸等。

八、何谓强制减/平仓制度？如何正确认识该制度风险与责任？

强行减平仓制度是指当会员或客户的交易保证金不足，并未在规定时间内补足，或者当会员或客户的持仓数量超出规定的限额时，交易所或期货经纪公司为了防止风险进一步扩大，强制减少/平掉会员或客户相应的持仓。

当会员、客户出现下列情况之一时，交易所对其持仓实行强行平仓：

1. 会员交易保证金不足，并未能在规定时间内补足的；
2. 持仓量超出其限仓规定标准；
3. 因违规受到交易所强行平仓处罚的；
4. 根据交易所的紧急措施应予强行平仓的；
5. 其他需要强行平仓的。

交易所在强行平仓处理过程中也拥有一套完整的方法与流程。

（一）当会员结算准备金余额小于零，并未在规定时间内补足的强行平仓的情况

1. 当只有自营账户违约时，对自营账户的持仓按合约总持仓量大小顺序进行强行平仓。如果强行平仓后，结算准备金仍小于零，对其代理账户中的投资者进行移仓；

2. 当只有经纪账户违约时，首先动用自营账户的结算准备金余额和平仓金额进行补足，再对经纪账户中的持仓按一定原则进行强行平仓；

3. 当自营账户和经纪账户都违约时，强行平仓顺序是先自营账户后经纪账户。如果经纪账户头寸强行平仓后，结算准备金大于零，对投资者进行移仓。

（二）持仓超过限仓规定的强行平仓

当只有一个会员出现此种情况时，先平自营账户持仓，再平经纪账户持仓，经纪账户持仓按会员超仓数量与会员持仓数量的比例确定有关投资者的平仓数量；当有多个会员出现此种情况时，优先选择超仓数量大的会员作为强行平仓的对象。投资者超仓的，对该投资者的超仓头寸进行强行平仓；投资者在多个会员处持仓的，按持仓数量由大到小的顺序选择会员强行平仓。会员和投资者同时超仓的，先对超仓的投资者进行平仓，再按会员超仓的方法平仓。

值得投资者重点关注的一点是，由于资金风险引起的强行平仓造成的资金损失，由投资者自行承担，交易所和期货公司对在满足强行平仓规定条件下的该类行为不负有任何经济责任！

小贴士

强行平仓是好是坏？

许多投资者特别是投机交易者为了能充分利用资金，持仓保证金占用水平一般保持较高，这就使得交易的杠杆率较高，容易在行情不利时出现爆仓情况，面临强行平仓风险。因此，此类投资者常常抱怨强行平仓制度，认为该制度仅仅出于保护交易所和期货公司的经营安全，从而“束缚”了其投资。

实际上，强行平仓制度的设计初衷正是为了保证投资者资金的安全，因为即使没有强行平仓制度，在投资者账户穿仓后“倒欠”期货公司和交易所的部分仍旧要由投资者承担，可以说，只要是市场行情引起的资金亏损均要由投资者全权负责。各类投资者的资金额度和管理能力存在差异，所有投资者不可能都能有效管理自己的资金，因此，特设强平制度用以有效保证投资者的持仓风险能够控制在一定范围内。此外，强行平仓制度也有助于限制投资者的“过度投机”心理，使得交易市场不失理性化约束与管理。

当然，强行平仓对于交易所和期货公司的风险管理岗位具有较高要求，需要相关人员能够综合判断平仓执行的条件，从而不会因为贸然强行平仓造成客户的损失或不满。不可否认的是，由于市场价格波动的特点，有些强行平仓的操作会在超涨或超跌时给投资者带来系统性风险，投资者的持仓在趋势上判断正确但已超出资金承受能力的情况下也可能因为强行平仓而造成不必要的损失。因此，投资者在做出交易决策前，必须理性地对自身资金的承受能力和止损设置做出理性认识和规划。

自测题

一、填空题

1. 大连商品交易所铁矿石期货合约标准品为______（品位）的铁矿石______（物理形状）。

2 大连商品交易所铁矿石期货的具体规模是________吨/手，最小变动价位是______元/吨。

3. 大连商品交易所铁矿石期货的交易所保证金比例为________、合约涨跌停板为______。

4. 大连商品交易所铁矿石期货的交割方式设计有__________、__________、__________三种形式。

5. 大连商品交易所铁矿石期货的交易时间为____。

二、选择题

1. 下面说法正确的是（　　）。

   A. 粉矿是我国企业敞口风险中最大的品种

   B. 大连商品交易所铁矿石期货合约的交易/交割月份为1、3、5、7、9、11月份

   C. 大连商品交易所铁矿石期货合约首次采用提货单交割方式

   D. 大连商品交易所铁矿石期货合约采取美元计价方式

2. 关于期货保证金制度的说法，错误的是（　　）。

   A. 期货市场保证金制度注定了期货市场的高风险特点

   B. 铁矿石期货的保证金水平为固定比例

   C. 期货保证金制度最早出现在芝加哥期货交易所

   D. 随着交割月的临近，铁矿石期货的保证金将随之提高

   E. 期货保证金标准与涨跌停板幅度的设定无关

   F. 实际市场中的期货保证金比例是直接由交易所规定的，无其他附加项

3. 关于大商所铁矿石期货的梯度保证金制度，正确的是（　　）。

   A. 一般月份的铁矿石期货合约的交易所保证金水平为4%

   B. 进入交割月份前一个月的第10个交易日起，合约交易保证金提高至合约价值的10%

   C. 进入交割月份后，合约交易保证金提高至合约价值的20%

   D. 单边持仓规模大于80万手时保证金水平为7%

4. 关于大商所铁矿石期货限仓制度，正确的是（　　）。

   A. 单边限仓基数为20万手

   B. 非期货公司会员和客户持仓采取固定限仓制度，限仓数量为6 000手

   C. 套期保值交易头寸同样要符合限仓制度数量要求

   D. 限仓制度是始终保持不变的

5. 下列情况中，将要执行强行平仓措施的有（　　）。

   A. 会员交易保证金不足并未能在规定时间内补足的

   B. 持仓量超出其限仓规定标准

C. 因违规受到交易所强行平仓处罚的

D. 根据交易所的紧急措施应予强行平仓的

E. 其他交易所规定需要强行平仓的

三、判断题

1. 国际市场铁矿石相关衍生品大都是采用粉矿作为基准进行产品设计。（　　）

2. 铁矿石期货合约与其他相关品种合约的匹配度达到了预期的一致性，且主力合约的换月也有着高度的一致性。（　　）

3. 每日无负债结算制度的执行方是期货公司。（　　）

4. 每日无负债结算的计算过程中采用每日收盘价计算相应指标。（　　）

5. 我国铁矿石期货的合约设计与国际铁矿石期货、掉期、期权等设计差异巨大。（　　）

6. 期货保证金比例设定越高，资金的杠杆率越小。（　　）

7. 期货市场同股票市场类似，可以连续出现三个以上的单方向涨跌停板。（　　）

8. 期货资金由于保证金制度的存在，有可能出现准备金为负的局面，称为爆仓。（　　）

9. 只要在行情运行过程中出现爆仓，客户持仓就会被立刻强行平仓。（　　）

10. 由于强行平仓所造成的账户亏损由期货公司承担。（　　）

参考答案

一、填空题

1. 62%　粉矿

2. 100　1

3. 5%　±4%

4. 仓库交割　厂库交割　提货单交割

5. 每周一至周五（北京时间法定节假日除外），上午 9：00～10：15、10：30～11：30　下午 1：30～3：00

二、选择题

1. AC　2. BEF　3. BC　4. A　5. ABCDE

三、判断题

1. √　2. √　3. ×　4. ×　5. ×

6. √　7. ×　8. √　9. ×　10. ×

第五章

铁矿石期货投资分析方法与设计

本章要点

期货市场一直存在基本面分析与技术面分析之争。参与期货交易的各类投资者，根据自身投资的特点，首先要建立一套比较完整的价格判断依据和交易方法。本章主要向投资者介绍一些基础、常用的投资分析方法，以实际分析过程为例，帮助投资者逐渐形成理性和规范的投资习惯。

一、何谓期货基本面分析？

基本面分析重视“因”和“果”的关系，类似于“蝴蝶效应”的研究。其认为商品价格的运行必然有其原因在起作用，因此，基本面分析即可简单定义为对价格运行的影响因素分析，从而推出价格运行的方向甚至具体数值。

商品价格的波动主要是受市场供应和需求等基本因素影响，即任何减少供应或增加消费的经济因素，都将导致价格上涨的变化；反之，任何增加供应或减少商品消费的因素，都将导致库存增加、价格下跌。然而，随着现代经济的发展，一些非供求因素也对期货价格的变化起到越来越大的作用，这就使投资市场变得更加复杂，更加难以预料。期货基本面分析即是剖析和解读这些影响价格变化的基本因素，概括起来主要有以下八大方面：

（一）供求关系

期货交易是市场经济的产物，因此，它的价格变化受市场供求关系的影响。当供大于求时，期货价格下跌；反之，期货价格就上升。

（二）经济周期

在期货市场上，价格变动还受经济周期的影响，在经济周期的各个阶段，都会出现随之波动的价格上涨和下降现象。

（三）政府政策

各国政府制定的某些政策和措施会给期货市场带来不同程度的影响。

（四）政治因素

期货市场对政治气候的变化非常敏感，各种政治性事件的发生常常对价格造成不同程度的影响。

（五）社会因素

社会因素指公众的观念、社会心理趋势、传播媒介的信息影响。

（六）季节性因素

许多期货商品，尤其是农产品有明显的季节性，价格亦随季节变化而波动。铁矿石的季节性因素则更多地体现在航运线路的季节性飓风上。

（七）心理因素

所谓心理因素，就是交易者对市场的信心程度，俗称“人气”。如对某商品看好时，即使无任何利好因素，该商品价格也会上涨；而当看淡某商品时，无任何利淡消息，其价格也会下跌。又如，一些大投机商们还经常利用人们的心理因素，散布某些消息，并人为地进行投机性的大量抛售或补进，谋取投机利润。

（八）金融货币变动因素

在世界经济发展过程中，各国的通货膨胀、货币汇价以及利率的上下波动，已成为经济生活中的普遍现象，这给期货市场带来了日益明显的影响。

二、如何对铁矿石期货进行基本面的研判？

因为铁矿石涉及面相当宽广，所以对铁矿石期货进行基本面分析就必须具有一定条理性，基本原则为：先宏观后微观，先产业后分支，强调内外并重，侧重供需关系。实际上就是“大环境决定大方向，小细节决定波动强度”。

（一）宏观分析

宏观分析主要是侧重中国国内的经济情况分析，因为中国国内的进口及消费情况已然成为影响铁矿石长期走势的第一大因素，国际大型投资机构的铁矿石研究报告的侧重点也正在逐步向中国市场偏移。

能够反映国内经济发展状况的主要指标有 GDP 增长速度、PMI 指数、进出口、投资增速、货币运行状况、房地产指数等几大重点监测数据。这些重要指标即能够勾勒出中国目前的经济运行状况，并能够从运行趋势上预判中国经济的短期走向。这样才能够确定铁矿石期货基本面分析的大环境。

1. 国内生产总值（GDP）。中国的国内生产总值一直是中国政府用来衡量经济发展状况的最重要指标，也是考核执政效果的最大权重指标，中国近几年 GDP 统计数据见图 5－1。GDP 的数据不仅能够整体反映中国经济水平，并且对政府可能做出的后续发展方向也能产生启发。这种启发性基本适用于所有品种的基本面分析。在 GDP 发展速度过高时，政府会考虑经济过热可能引起的各类问题，会逐步采取经济“软着路”的政策指引；而在 GDP 指标达到甚至跌破政府“红线”时，可能会实施经济刺激政策。特别是最近几年政府的 GDP 发展红线基本确定在 7.5% 后，便给我们进行此项研究提供了一个标准。GDP 对中国股市的指导作用更加直接和强烈。2005 年的 6000 点股市及其后续的下滑与 GDP 增长速度的变化可谓保持高度同步。值得注意的是，研究 GDP 的变化从而推测未来市场的大趋势，其周期甚至可以达到 5～10 年，因此，GDP 的启示是长周期分析的基础，而 GDP 的运行现状则是短期经济运行方向的写照。在进行不同周期、不同投资策略的分析的时候，所分析的侧重点也应有所差异。

图 5－1　中国近几年 GDP 统计数据

数据来源：国家统计局。

2012 年后的中国 GDP 始终在 7.5% 的“红线”附近运行，而进入 2014 年后时刻有跌破 7.5% 水平的可能，这就预示着中国在经历了十几年的高速发展后正在走向低谷期，这是经济规律作用的必然结果。在此大环境中，产能过剩、消费下滑、出口萎缩等情况将会陆续暴露出来，而在此类现象的拉动下必然会导致生产企业经营压力增大，在未出现重大经济危机及货币调整的情况下，工业品价格将会进入长期的下跌势中，而生活资料的价格会逐步提升。

因此，在基本确定了经济大潮正处于消退期的情况下，即可基本判断出整体工业品价格下跌、农产品价格将相对坚挺的大概情形，从而确定了在一个较长时间内的基本操作思路，为后续具体设计交易策略提供了基础。

2. 汇率及货币流通。随着中国经济总量的迅速提升，人民币国际购买力也逐年上升，致使美元兑人民币比例逐年下降（见图5－2）。汇率的变化对于铁矿石价格具有直接影响，特别是对于进口高度依赖的中国。汇率的持续上升会在一定程度促进中国铁矿石的进口继续保持火热，但同时会为铁矿石贸易制造新的风险点。以2014年3月的铁矿石贸易为例：某贸易商以100美元/吨的价格签署了澳矿进口合同，合同规模为20万吨，以美元结算，贸易周期为30天。待30天后货物到港开始付款时，由于此过程中美元兑人民币的汇率由6.10涨至6.25，这就意味着贸易商要多付出100×200 000×（6.25－6.15）＝200万元的人民币。由于国内贸易商基本用人民币做财务处理，这不得不算作是额外的贸易成本，加之铁矿石当时处于下跌期，到港价格还要低于100美元/吨，可以说，贸易商遭受了贸易中价格风险与汇率风险的双重打击。实际上，在长期的铁矿石贸易中，不少贸易商都吃过汇率变化的亏，使得原有的计划收益出现明显缩水。当然，汇率变化也有可能使贸易商在人民币结算时获得比原有更大的收益或抵消价格变动的损失，也可在实际贸易中加以研究和利用，目前已有较大规模的中国投资者出于避险目的参与国际外汇市场交易。

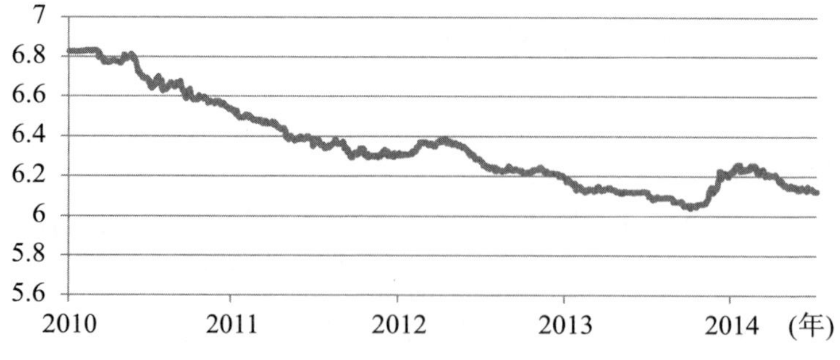

图5－2　美元兑人民币汇率近年持续走低

数据来源：中国人民银行。

人民币汇率变化及其趋势判断直接影响铁矿石的进口积极性，一般而言，人民币升值时促进铁矿石的进口量增加，而人民币贬值则可能减少铁矿石的进口量，这种变化将通过供需关系传导到市场价格层面。

案例5－1

2013年国际铁矿石价格坚挺的汇率原因分析

2013年前三个季度，人民币跨境贸易结算规模均突破了1万亿美元。人民币跨境贸易结算占中国跨境贸易结算的比重约为17%。截至2013年8月，人民币已经成长为全球第八大交易货币以及全球第十二大结算货币。2013年下半年，中国香港人民币存款规模终于突破了7 000亿元大关，中国中央银行与巴西中央银行、英格兰银行以及欧洲中央银行签署了总额达到7 400亿元人民币的双边本币互换。而伦敦、新加坡与我国台湾的离岸人民币市场在2013年内也取得了长足进展。运行于我国香港和内地之间的国际套利集团在2013年人民币升值过程中获利颇丰。在此过程中，人民币的坚挺地位被进一步加强，且持续时间较长。这就促使中国进口铁矿石具有前所未有的汇率优势，铁矿石进口量基本保持在5 000万吨/月的高水平。另一方面，以FMG为代表的铁矿石供应商的新矿也开始生产，成本甚至低至30美元/吨，供应量增长约1.3亿吨/年。然而，铁矿石价格并未因为此供需变化出现明显回调，相反，2013年大部分时间均运行于150美元/吨之上，少数时间甚至突破了160美元/吨，这也使得一批想利用基本面变化进行内外市场套利的投资者反而承受着巨大的资金压力。这种情况持续到2013年中国点名要化解钢铁产业过剩产能之后才有所松动，重新使国际市场的铁矿石价格恢复至正常的供需水平上来。

货币是另一影响大宗商品价格的重要因素。反映国内货币流通性和流通规模的指标主要看中国货币M0、M1及M2的增长状况。从图5－3可以看出，进入2012年后，中国的银根即处于缩紧状态，货币的流通和发行均显谨慎态度，这也是在货币层面防备中国经济泡沫破灭的一种举措，同时通过资金的压力将多余“水分”排出，使实际经济面目显露出来。果不其然，2013 年各行各业的潜在危机陆续爆发，银行业受到前所未有的资金紧张压力，中国股市出现了大幅度的调整动作。这种上层层面的不稳定必然会给基层产业带来冲击，银行对于钢铁行业贷款的缩紧一方面是受到此行业投资风险的陡增，另一方面也受制于可支配的贷款资金的大量缩减。随之而来的就是 2014 年 4 月份中国证监会、银行对铁矿石融资贸易的“大摸底”，这更使行业的风险进一步暴露，同时也掀起了铁矿石价格 2014 年内的第二波下跌浪潮。

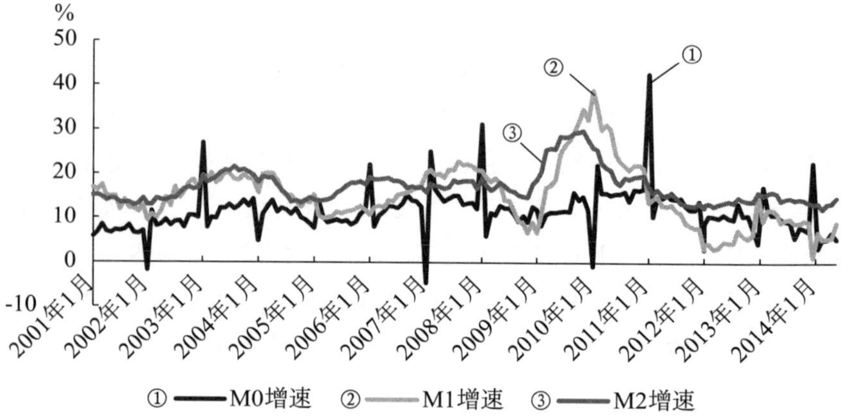

图 5－3 2001 年以来中国货币发行及流通情况

数据来源：国家统计局。

预计我国的货币政策依旧是“摸着石头过河”，针对性地进行动态预调和微调，在外汇占款和汇率等因素的制约下，致力于实现稳增长和控通货膨胀兼顾的货币环境，首选工具还是公开市场操作、SLO 和央票，准备金率和利率工具有可能会试探性使用，定向降低准备金率将成为新的货币微调的实用手段。这些货币政策的变化和实时作用对于投资者进行基本面分析的重要性显而易见。

3. 中国制造业 PMI 指数。PMI 是一套月度发布的、综合性的经济监测指标体系，分为制造业 PMI、服务业 PMI，也有一些国家建立了建筑业 PMI。中国制造业 PMI 历史数据变动见图 5－4。PMI 指数是以 50 为强弱中心的数据形式，每月当指数持续保持在50以上时，表明目前制造业发展处于持续增长期，整体社会发展正在向正向市场倾斜，而PMI指数到达60左右则表明正处于高速发展期，一般预示着相关各种生活、生产资料的价格将维持高位运行。相反，当PMI指数下穿50线时，通常意味着经济的停滞或下行，同时也预示商品价格的走弱。铁矿石由于其所处的工业地位，中国制造业PMI指数对其价格运行趋势有明显的指导作用。

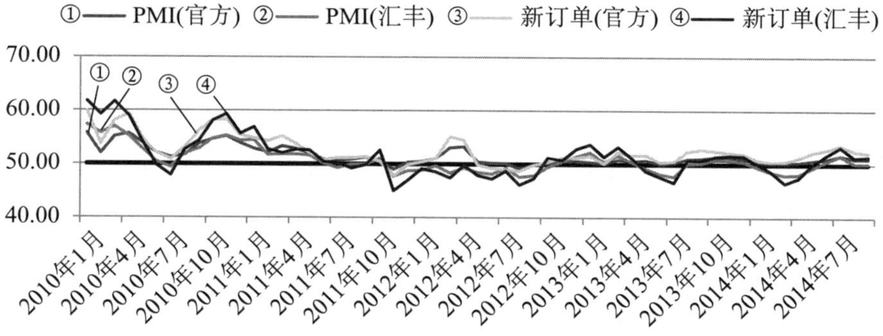

图5－4 中国制造业PMI历史数据变动

数据来源：中国统计局。

2011年以来，中国制造业发展一直不温不火，而2013年过后这种下滑趋势更加明显。2013年前半年受整体市场货币缩紧影响，下跌加速运行，直到8月后才出现少量回暖。2014年上半年基本维持在50线附近，连续数月新订单持续萎缩，预示经济前景仍不乐观，数据走势显示中国制造业在短期内难有起色，因此，中国工业品价格难以持续性上涨，弱势运行也成为了2013～2014年中国期货市场绝大多数工业品价格的统一形态。中国制造业PMI历史数据与螺纹钢历史走势关系见图5－5。

中国制造业PMI指数与钢材品种的典型代表——螺纹钢具有较高的趋同性，当然，这种趋同性也将传导至铁矿石市场中。制造业的兴衰对投资者心理的影响很大，每次PMI指数发生的重大转变都能在螺纹钢期货中找到对应的转折点，其也反映了投资者对钢材市场的冷热判断，这点在我们做铁矿石期货的走势分析时一定要加以利用。

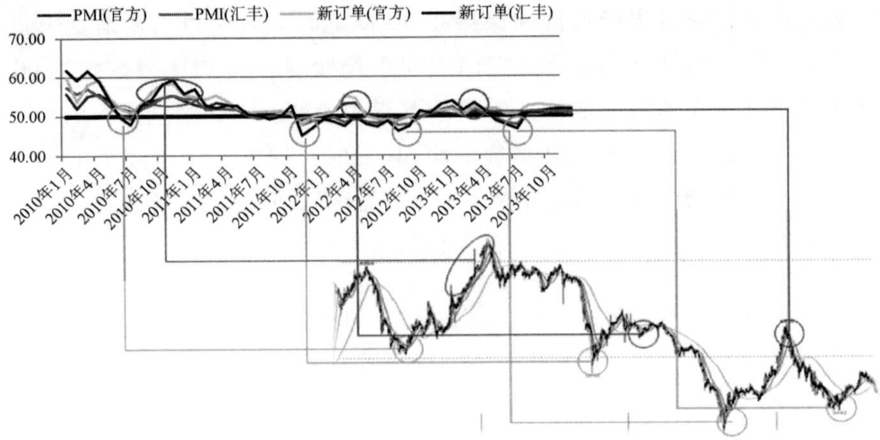

图 5－5　中国制造业 PMI 历史数据与螺纹钢历史走势关系

数据来源：中国统计局、Wind 数据。

4. 工业资产投入与发电量。铁矿石本身作为钢铁工业的主要原料，同时又为工业建设提供基础建设钢材，因此，工业整体发展状况对其需求市场的影响非常显著。基础建设期的大量工业投入也成为我国近十几年钢铁行业长足发展的最大推动力，因此，在研究铁矿石价格趋势时，必然要考虑这一巨大市场动力的发展状况，而能够反映工业发展前景的最直接因素即为工业投资增速。中国工业增速与发电量增速见图 5－6。

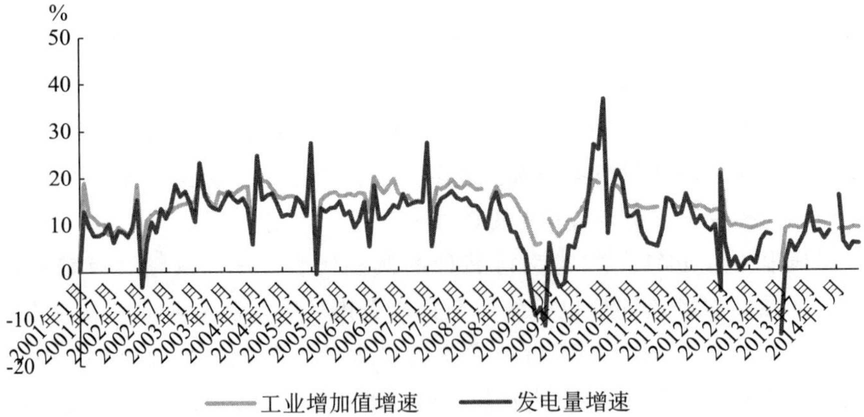

图 5－6　中国工业增速与发电量增速

数据来源：国家统计局。

简单来说，工业增加值的加快发展对于钢铁行业是极大的利好。其能够直观反映出政府及社会投资对工业发展的青睐程度，也反映出社会对工业发展的需求程度。工业增加值仍旧是以供需关系为基础的间接性因素。一般分析认为，10%以上的工业增加值增速代表工业投资处于良性发展中，而高于20%的投资增速则表明投资过快发展；低于5%的投资增速在剔除CPI、PPI增速的部分后所剩无几，代表工业进入发展停滞期；而过低甚至为负值的投资增速则表明工业正在萎缩。上述三种区间划分为判断当前趋势提供了基本的参考，再对比历史数据的发展规律，即可得出未来工业品价格的走势规律。

与工业增加值具有高相关性的是发电量，这主要是因为我国近65%的电力消耗均为工业消耗。而这一特点具有非常客观和公正的优势，因为无论何种工业，在其工业水平一定的情况下，其产出与消耗必然与其耗电量成高度相关性。对于投资的统计，由于各种条件和统计手段的制约，会存在一定偏差，而发电量/耗电量的统计则更容易精确，因此，在对工业发展进行评估时，社会发电量及耗电量是个非常好的修正指标。

案例5-2

以发电量为基础的基本面判断

电力行业的特点是按需发电，因此，发电量的高低很大程度上取决于耗电量的水平。2013年，全国总发电量整体呈增速下降趋势，这在一定程度上暗示了经济增速的下滑。从发电组成分析，全国火力发电量同比增速有所回落，但环比增长5.5%；水电、核电设备累计利用小时均比2012年同期有所回落，风电发电量快速增长、设备利用小时同比增长明显。电网投资同比增长较快，电源投资微增，但核电投资下降幅度较大。基建新增发电装机容量较2012年同期增长超过两成，西南水电集中投产带动水电新增规模创同期新高；电源项目在建规模同比有所减小。全国跨省区送电量保持平稳增长，四川水电外送、东北送华北电量增加带动全国跨区送电量同比快速增长，从上网装机规模上分析，后期仍将继续保持增长；溪洛渡—广东直流工程投产，南方电网“西电东送”电量增速超过40%。另一方面，从用电组成分析，2013年前11月全国全社会用电量48 310亿千瓦时，同比增长7.5%，增速比2012年同期提高2.4个百分点。其中，第一产业用电量935亿千瓦时，同比增长0.1%，占全社会用电量的比重为1.9%；第二产业用电量35 391亿千瓦时，同比增长6.8%，占全社会用电量的比重为73.3%，对全社会用电量增长的贡献率为67.4%，重点用电产业铜、铝及钢铁行业仍为第二产业用电大户，占有相关产业用电量的1/3强，预示相关产业开工率保持较高水平。进入2014年后，社会耗电量出现明显下滑，显示整体生产积极性下滑，预示经济拐点可能来临，各主要工业品均不同程度呈现库存高涨、滞销、产能利用率减弱的趋向，间接揭示了铜、铝等主要工业品必然进入微利时代，同时，发电量的萎缩也直接导致了动力煤需求量的缩减，使艰难的煤炭行业雪上加霜。

5. 中国房地产。中国房地产的兴衰不仅直接影响钢材下游市场，并且在一定程度上影响着中国整体经济状况。以近几年房地产变化为例，随着各地纷纷出现房地产降价趋势，所谓房地产崩盘论就在各地媒体出现。2014年第一季度房地产投资增速由2013年第四季度19.9%大幅降至16.8%，其中3月单月增速降至14.2%。更值得关注的是房地产投资的先行指标，3月房屋销售面积大幅下行，单月增速已降至-7.5%，新开工面积单月增速仅为-21.9%。同时，房地产库存状况也明显恶化。在这样的局势下，结合房地产行业走势来分析钢价走势更具有实际意义。2013年房地产投资较2012年增加1.42万亿元，对2013年固定资产投资增速的贡献为3.89%。然而，由于2014年房地产投资增速降至15.1%，房地产投资额较2013年仅增加1.3万亿元，对2014年固定资产投资增速的贡献为2.98%。因此，2014年房地产投资下行将直接拖累固定资产投资增速0.9个百分点。中国房地产业景气指数与发展数量见图5-7。

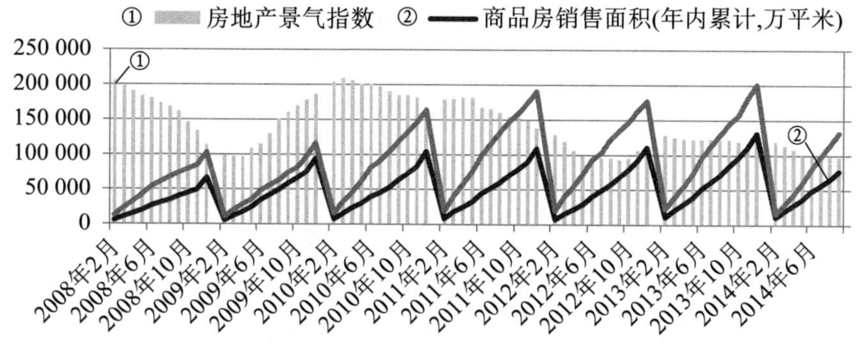

图 5－7 中国房地产业景气指数与发展数量

数据来源：国家统计局。

房地产投资对 GDP 的拉动效应的计算稍显复杂。我们剔除房地产投资中的土地购置费，并假设 2014 年投资乘数为 0.6 进行计算。2013 年房地产投资对 GDP 增速的贡献为 1.45%，如果 2014 年房地产投资增速降至 15.1%，它对 GDP 增速的贡献为 1.15%。因此，2014 年房地产投资下行将直接拖累 GDP 增速 0.3 个百分点，意味着仅是房地产，就能将经济增速从 2013 年 7.7% 下拉至 2014 年的 7.4% 左右，最新的 GDP 增速下降到 7.3% 就是上述推论的直接证明。

2013 年中国商品房的销售额已经超过 8 万亿元，房地产已成为中国经济的支柱行业，占 GDP 的 16%，占新增贷款的 26%，占政府收入的 39%。但是中央银行近期公布的数据显示，一季度金融机构房地产贷款增加 7 971 亿元，同比多增 868 亿元，占一季度整体贷款新增规模的 26.5%。但整体增速有所放缓，市场分析认为信贷政策收紧将加大房地产下行风险，房地产市场仍看不出保持继续高涨的苗头。在此大环境下，与之息息相关的钢铁行业基本不存在明显回暖的可能。

（二）钢铁行业具体环境分析

1. 行业利润水平。钢铁行业的主体是钢铁企业，企业的利润水平直接决定了其生产积极性和发展基础，同时也决定了上游原材料和下游钢材价格变化的相对强弱。在目前中国钢铁行业供需量在 7.3 亿 ~7.8 亿吨区间形成相对平衡的平台区后，钢铁企业的平均利润波动愈加频繁。从近几年看，盈利期的持续性愈来愈短，钢铁行业整体进入微利期将是长期性的。

从一般性的研究方法来看，钢铁利润水平（见图 5－8）的提高将必然带来开工率的上升，从而拉动原材料需求加大，致使原材料价格相对坚挺；而另一方面也会导致钢材的让利空间增大，钢材价格受供给增长的影响价格必然容易走弱，从而从两方面压缩钢铁企业的利润。当利润率降低甚至为负值时，必然导致开工率下降，而原料和钢材方面的利润率却有所回升，这就可以很好地解释了为什么 2014 年行业经历大的弱势行情而大部分钢铁企业仍旧保持高开工率、低库存的生产情况，主要初衷就是原材料的下跌幅度更加明显使钢厂有利可图，而行业的弱势注定钢厂更多采用即时销售模式避免库存贬值。

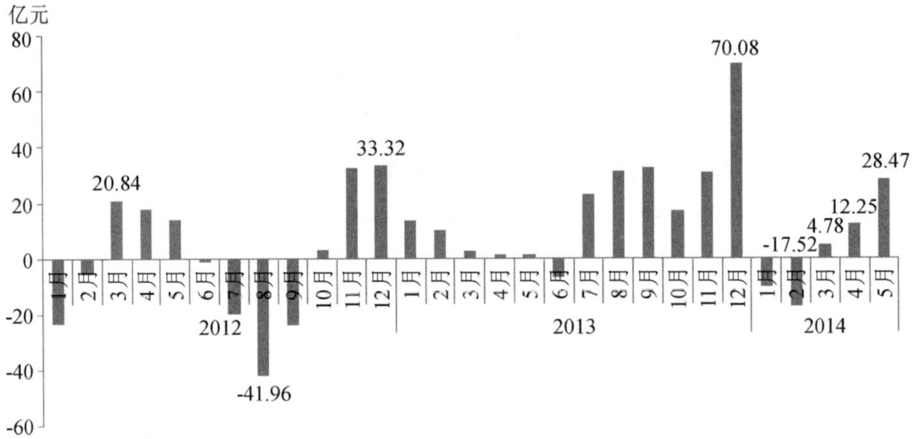

图 5－8　中国主要钢企利润水平

数据来源：中国钢铁工业协会。

这种利润模式一般会促使行业大行情的进一步发展，促进市场化的优胜劣汰机制的效用发挥。

2. 钢材库存。钢材库存直接表现了国内钢材市场的供需强弱情况。值得一提的是，钢材库存分为两种，一种为钢材社会库存，即表示已经进入流通和消费市场的钢材总量；另一种是钢铁企业库存（见图 5－9），为钢铁企业已生成出来的、即将进入流通市场的钢材总量。

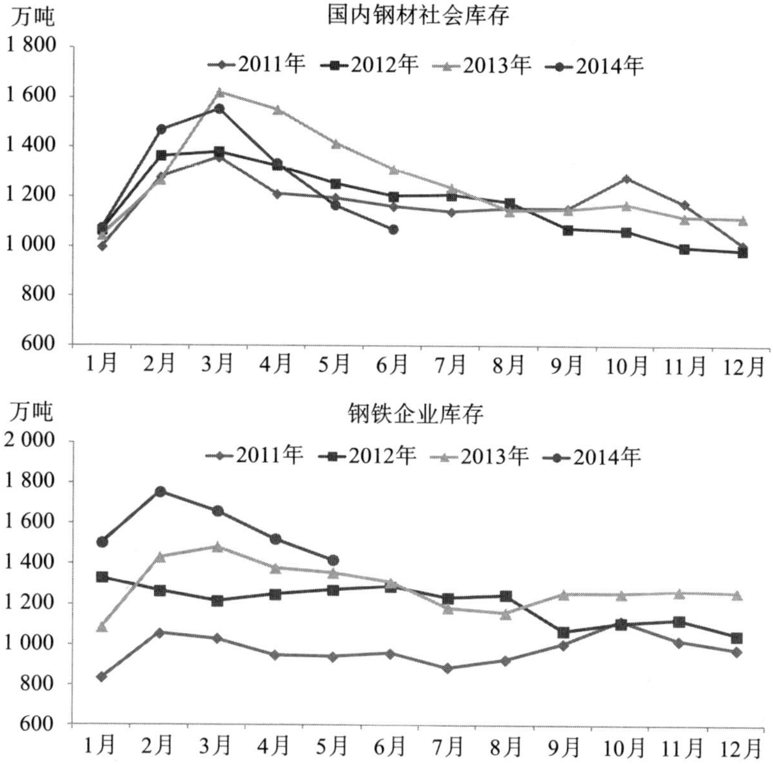

图 5－9　中国国内钢材社会库存与企业库存

数据来源：中国钢铁工业协会。

两种库存的意义既有协同又有分歧。一般分析方法认为：社会库存量降低的同时钢铁企业库存量升高的情况分析比较复杂，一方面可能表明钢材的滞销加剧，会导致价格的进一步下跌；另一方面可能表明下游消费市场的回暖可能带来未来市场价格的走高。例如，2014 年的库存量双降低就主要是由于第一种情况的影响。社会库存量降低的同时钢铁企业库存量也降低表明下游消费市场良好，钢材价格可能出现上涨；社会库存量升高的同时钢铁企业库存量降低表明钢材贸易市场及需求市场有囤货可能，价格可能出现上涨；社会库存量升高的同时钢铁企业库存量也随之升高一般表明整体市场供大于求，价格有进一步下跌的可能。

对于库存的研究，不同的投资者可以多关注与自身相关的库存类型。例如，钢铁企业可以多关注钢铁企业库存方面的变化；贸易商可以兼顾钢铁企业库存和社会库存的平衡；而下游消费者或投资资金可多关注社会库存变化带来的更大的消费市场的影响。

3. 中国钢材的进出口。从中国钢材的进出口总量来看（见图 5－10），相较于整体钢铁市场总量而言比例仍然较小，但其量值的相对变化可以反映出国内钢铁企业对未来价格判断的基本观念。一般认为，钢材出口量的增长意味着钢铁企业并不看好国内钢材价格会向好的方向运行，而价格水平则表现为出口利润明显要高一些。

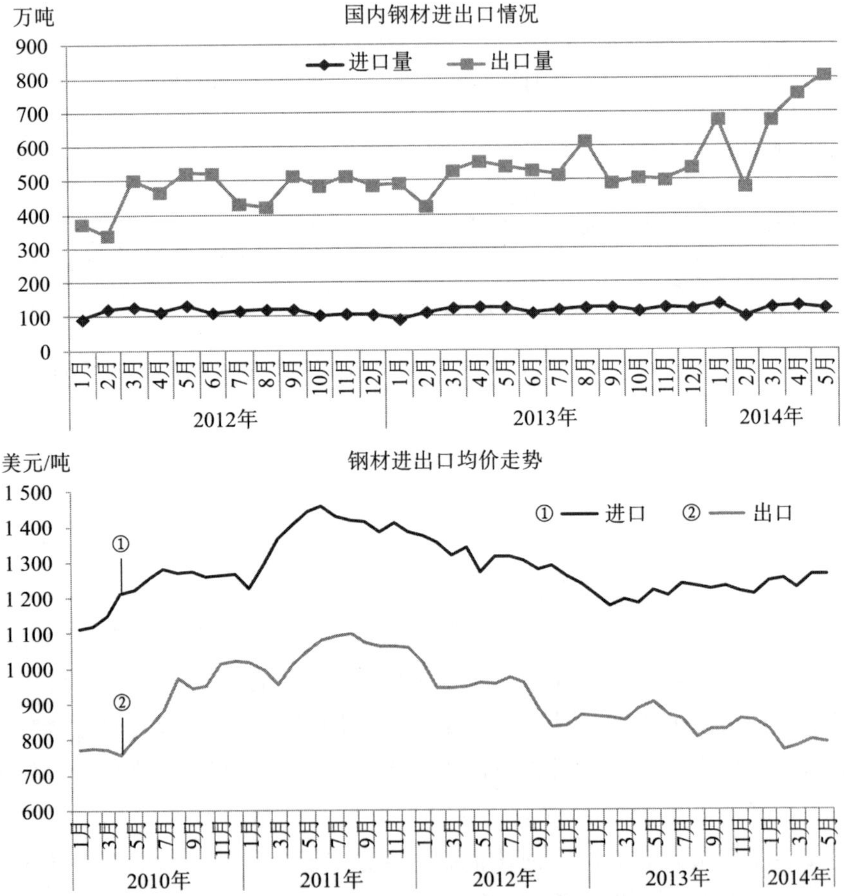

图 5－10　中国钢材进出口数量与价格

数据来源：中国钢铁工业协会。

这种市场价格结构导致一些具有出口能力的钢厂具有更好的价格谈判资格，抵御国内弱势市场风险的能力稍强，但整体受制于出口量的限制，这种市场作用不具有普遍性。因此，对整体市场的向上作用相对有限，出口量的增长更多时候意味着当前市场趋势的继续运行。例如，2014 年我国钢材出口出现明显增长，部分企业甚至将出口作为扭亏为盈的重要手段，而国外价格相较于国内价格具有明显的出口利润空间。这就导致国内弱势运行的钢材价格逐渐扩散到整个国际市场中，使得出口价和国际钢材价格水平都出现了下滑，从而更加刺激了国内价格的一蹶不振。

（三）铁矿石期货价格的趋势分析

在进行了上述宏观环境分析和钢铁行业分析后，即可展开针对铁矿石期货的具体价格趋势分析。在以量价关系为主要分析手段的基础上，再加上第三章介绍的铁矿石各主要影响因素的分析基础之上，就可以通过指标的分类排序法得出基本面分析的大致结论。分类排序法的基本分析见表 5－1。

表 5－1　　铁矿石价格走势的分类排序分析列表（示意）

指标	指标状况	指标权重	指标性质
中国 GDP	走高/回落	10	先行/正向
钢铁 PMI 指数	走高/回落	10	同步/正向
M0、M1、M2	走高/回落	9	先行/正向
房地产指数景气指数	走高/回落	9	同步/正向
工业增速与发电量	走高/回落	8	先行/正向
钢铁行业利润率	走高/回落	7	先行/正向
钢材库存	走高/回落	7	先行/反向
钢材进出口	走高/回落	5	先行/正向
铁矿石国际产量	走高/回落	8	先行/反向
铁矿石港口库存	走高/回落	8	同步/反向
国际海运价格	走高/回落	6	同步/正向
国产矿成本价格	走高/回落	7	同步/正向

续表

指标	指标状况	指标权重	指标性质
环太平洋可能天气	走高/回落	2	先行/正向
其他	走高/回落	4	—
总计		100	
总结果			

注：总结果以 $P = Ax + bY + cZ + dW + \cdots\cdots + \beta$ 的函数方式得出，正负代表价格强弱，数值代表价格趋势的有效性。

三、期货中的技术分析方法主要有哪些？如何对待不同分析方法的优缺点？

如果说基本面分析是期货投资分析的基本功，那么技术分析就是期货投资分析的招式。

（一）技术分析概述

简单来说，技术分析就是对市场交易过程中产生的数据以及市场参与者的行为进行分析的预测方法。这些数据包括：价格在历史运行过程中出现的拐点（阻力位与支撑位）、每个周期内买卖双方成交的数量（成交）、价格在特定的一段时间内变化的速度（动能）等。

技术分析的对象是群体行为而不是个体行为，是基于“群体心理”以及人类总是处于贪婪与恐惧两种情绪循环中的理论来分析的。一般来说，当市场参与者对市场的看法完全一致的时候，市场往往会走出相反的走势。例如，2009 年 3 月，当时的市场情绪恐怕是最为消极的，但是道琼斯指数等主要金融市场确实是在那段时期构筑了重大底部。

其实，笔者认为，技术分析这个名字取得有些不够恰当，因为这种分析方法的技术含量不高。尽管有些技术分析方法运用了高等数学显得高深莫测，技术指标也显得纷繁复杂，难以运用，但就其核心来说，技术分析更注重对市场表现的直观感受，对市场参与者心理的把握，以及对每笔交易的风险与盈利比的分析，以帮助投资者出具体的交易决策。

（二）技术分析与基本面分析的不同

一说到技术分析，人们就会自然而然地将其与基本面分析对立起来，讨论优劣。其实大可不必如此，市场上并不只有这两种分析方法，而这两种分析方法其实也是有着相同的道理，只是分析的对象不同而已。期货中的基本面分析是针对现货供给和需求数据的分析和预测的，用供需平衡表预测价格未来的走势。

同样，技术分析也是针对数据的分析，不同的只是数据对象是市场直接给出的价格、成交量等。相比之下，技术分析的好处就在于这些数据是及时更新的，直观明了、公开公平。而由于技术限制，很多现货供求数据和财务数据的发布并不是及时的，某些商品的官方产量预测报告也要事后修正。而且，由于某些原因制约，我们也无法公平地在第一时间知道某个公司的最新财务数据或者某个商品的供需数据。可能目前的价格反映的是新的财务状况或者供求关系，而我们还在分析过时的数据，进行过时的预测。这种时滞性会给交易者带来错误的导向，容易跟在市场的后面走。

我们不否定基本面分析方法的正确性，毕竟有巴菲特这样的价值投资者能够通过财务数据分析出公司的长期价值，并赚了不少钱。但对大多数人来说，基本面分析的有效性会因为各种原因大打折扣。首先，我们能够拿到的用来进行基本面分析的数据无法保证是最新市场所反映的，毕竟我们交易的是市场，市场的表现才是我们利润的直接来源；其次，我们的交易周期往往与基本面的分析周期不一致，这也是很多投资者交易与行情判断脱节的原因。

然而，虽然技术分析数据的时效性确实强于基本面数据，但依靠技术分析数据到底能否进行正确的行情判断仍被很多人质疑。有人认为，依据价格过去的历史走势来判断未来走势就如同古代通过龟甲的裂纹解读命理一样玄虚而没有科学根据。很多推崇基本面分析的大师直接下结论断定技术分析是金融世界的“炼金术”，意指通过技术分析预测市场是不可能实现的一厢情愿的幻想。

的确，技术分析者通过观察价格走势图表，并不一定会比任何其他人预测得更准，但他们可以作出比很多人更明智的交易决策，根据特定情况下市场的表现决定该买、该卖还是持有。也就是说，通过对市场价格、成交情况的变化等，把握市场背后多空双方的心理和能量变化，并据此迅速作出相应的交易决策。

当然，技术分析不是万灵药，它无法帮我们作出优于任何人的预测，很多所谓的技术形态也不一定总能成功，要么是我们的分析漏掉了什么，要么就是市场“改变主意”。但此时，观察市场数据能够让我们很快了解市场情况已经发生了变化，从而及时根据市场最新的变化调整交易决策。就像前面所说的，市场的表现是我们利润的直接来源，是我们决策的最终依据，我们决不能忽略它。

实际上，笔者更倾向于基本面分析与技术分析的联系，其共同点可总结如下：

1. 两者都试图解决同样的问题，即预测价格变化的方向，只是着重点不同。

2. 技术分析主要研究市场行为，即后果。基本面分析研究市场运动的前因，即导致价格涨跌或持平的供求关系。

3. 在很多场合，技术分析的预测和基本面的分析南辕北辙，往往在重要的市场运动早期，两者分歧最大，但最终都能解释清楚。

4. 市场价格变化常常超前于最新获得的经济情报。经济基础的新发展在被统计报告等资料揭示之前早已在市场上实际发生作用，已经被市场消化吸收了，因此，技术面捕捉价格变化的信号更加快捷一些。

5. 基本面在捕捉大的趋势时具有长远优势，而对于长周期分析，技术面略显薄弱。

在进行期货分析的时候，投资者都会不断认识新的分析方法并改善自身的分析方法，因此，关于基本面和技术面的孰优孰劣，笔者不再做过多评论，借用伟人的一句话可概括为：“不管黑猫白猫，抓住老鼠就是好猫”。

（三）如何运用技术分析进行交易

1. 技术分析的重点。学习和运用技术分析，其实并没有大多数人想像的那么复杂和玄妙。对市场气氛最直观的感受是非常关键的，各种数据、指标和图表都只是我们用来量化这种感受的工具。工具可以有成千上万，每个人都可以有自己的不同选择，但千万不要形而上学，盲从于表面的指标和图表形式，看不到背后的市场表现和心理。因此，我们需要选取一些最为直观、容易掌握的工具来帮助我们进行技术分析。总体来说，我们主要需要掌握的就是两个方面的工具：

（1）了解目前该品种价格所处的位置及其近期历史走势。这方面要用到的工具主要是趋势线（Trend Lines）、阻力位（Resistance）或支撑位（Support）。这些工具帮助我们了解市场近期对该品种合理价位的共同看法，什么点位会引发大量卖盘，什么点位会出现大量买盘，以及未来走势的预期是看多还是看空。

（2）把握趋势的能量强弱。这方面简单而有效的工具主要是成交量（Volume）和动能指标（Momentum）。它们帮助我们发现趋势起始和终止的信号。

试想，如果我们了解了一个品种近期的走势强弱，确定了阻力位或支撑位，了解推动其价格变化背后的能量强弱后，我们的交易决策是不是能清晰很多呢？实际上，如何交易就是解决“一进一出”的问题，因此，行情判断及信号确定是交易决策的重中之重。

2. 技术分析手段。技术分析手段就是上述内容所说的“工具”，这些工具可以看做是我们所需要的“剑法”。目前，技术分析指标的繁多正如武侠小说中描述的那样纷繁复杂，各有长短。工具的选择很重要，它决定了你未来判断的风格。当然，投资者也可以根据自身操作的特点去选择相应的工具，从而达到“剑随人走”的境地。当然，并非获得了“剑法”就能够击败市场上的对手，因为对手的“剑法”有可能比自己的精妙，或者对手的“剑法”正好克制你的“剑法”。

表 5-2 中是一些技术分析常用指标，本书不再对其进行详细描述，读者可以在学习过程中自己去发现各种指标的使用诀窍，其实剑法都是一样

的，不同的人使用起来境界会相差很多，技术分析也是如此，这也是技术分析的水平千差万别的主要原因。值得一提的是虽然期货技术分析与股票技术分析都建立在以K线为基础的分析，但使用起来具有非常大的差异性，切勿将股票技术分析的方法生搬硬套至期货技术分析中。

当然，还有一些特有的技术分析方法，像K线形态分析、反转/突破形态分析、划线分析、黄金分割分析、均值分析等，在此不再一一例举。下面我们就以两个技术分析应用的案例来展现技术分析的特点。

表5-2　一些常用的技术分析指标

指标类型	具体指标
基本指标	K线、BAR、TWR、CLOSE、HIGH、LOW
成交量指标	VOL、AMOUNT、OI
趋向指标	BBI、DDI、DMA、DMI、EXPMA、MA、MACD、MTM、TRIX、PBX、SAR
反趋向指标	BIAS、DBCD、DPD、KD、KDJ、LWR、ROL、RSI、SRDM、CCI
能量指标	ARBR、CR、VR
量价指标	ASI、PVT、WVAD、OBV、SSL
压力支撑指标	CDP、ENV、MIKE、RAIL、BOLL
超买超卖指标	ADTM
摆动指标	AD、ATR、MI、MICD、RC、RCCD、SRMI
其他指标	DKX（多空指标）、LON\HORT（长线/短线指标）、QHLSR（阻力指标）

数据来源：澎博。

案例5-2

简单的MA均线分析也可以指导交易

MA均线的基本算法是一种最普通的均值算法，利用不同周期的统计均值来表现不同周期价格运行的强弱。由于长期趋势是由短期趋势累积而成的，在各周期均线穿插过程中就会体现出趋势的判断性。一般是以短周期上穿或下穿长周期作为多头及空头的开仓信号，而以相反信号作为平仓信号。从价格运行具有趋势线这一基础特点来看，MA 技术分析法确实具有统计学上的道理。图 5－11 是仅仅依靠三个不同周期的 MA 均线系统做出的交易操作，可以发现 MA 系统在处理单边行情时的效果非常好，开平仓信号也相对准确。但美中不足的是在处理震荡信号之时就显得操作过于频繁，没有方向性，容易造成多空反复亏损的尴尬局面。

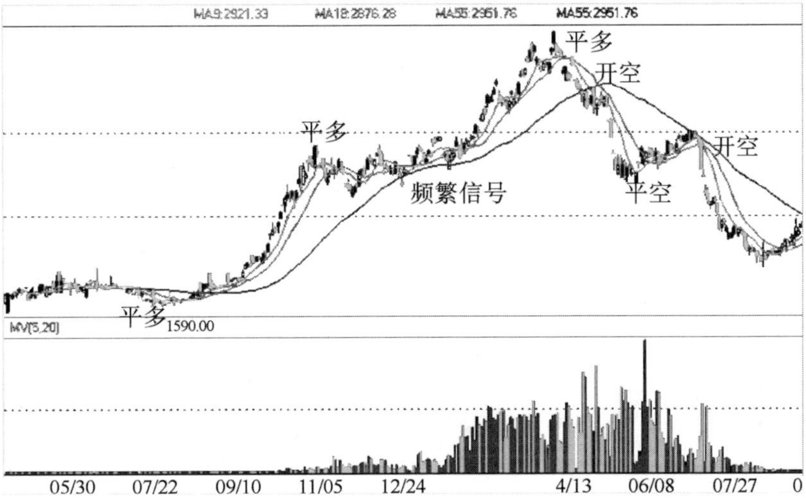

图 5－11 MA 技术分析示意

数据来源：博弈大师。

案例 5－3

组合信号能够更加准确把握未来行情

每个指标都有每个指标的优势与劣势，因此，当几个指标发出同样信号的时候，这个信号正确的概率就被大大放大了。这种放大是叠加式的放大（当然，正确的概率永远小于 1），但一旦出现此种情况是值得把握的。从经验上看，即使信号是虚假信号，但基本都能够将亏损控制在非常微小的范围内，非常值得尝试。

图 5－12 中是 MA、KDJ、MACD 指标三者同时发出了趋势反转的信号，而从 K 线形态上也表现为 W 底的态势，因此，后续上涨的可能性非常高，而历史上的走势也是印证了这种多信号的正确性。

当然，各种指标在解释历史走势时基本都能够保持较高的正确率，也各有说辞，但实际应用难度主要在于信号刚刚发出后的验证与实施。对于运用技术分析的投资者而言，多多实践、多多琢磨是找到适合自己的技术分析方法的最有效手段。

图 5－12 多指标协同分析示意

数据来源：博弈大师。

（四）技术分析与交易决策的基本步骤

技术分析的特点就是反应速度快，因此，在步骤设计方面要力求精简，以求分析与交易执行的有效性。经过反复地总结经验，可以把技术分析和交易决策的过程最大简化为以下几步：

1. 趋势判断。选定基本分析周期（超短、短线、中线、长线），利用分析指标或方法判断趋势是向上还是向下，处于基本趋势的哪个形态（上升、下跌还是震荡）。

2. 阻力/支撑位寻找。寻找近期价格面临的重要阻力/支撑位。一般来说，上涨趋势中的支撑位对于多头的入场机会至关重要，下跌趋势中的阻力位对于空头的入场机会至关重要。

3. 能量动态跟踪。根据市场价格、成交量、动能指标等数据的表现衡量趋势主力能量是否完好，留意趋势结束信号，及时止盈/止损出场。

四、如何处理不同分析方法得到的行情研判结论？

基本面分析和技术面分析在有些时候会产生相悖的分析结论。不仅如此，各种技术分析指标之间也会产生对行情完全相反的判断结论，即使是应用同一个类型指标，但不同周期的分析方法也会得到偶尔相反的分析结果，这就要求投资者不仅要学会指标的正确使用，还要对纷繁复杂的指标信号进行筛选。

一般的筛选方式是首先确定交易习惯（交易周期、交易类型等），根据交易习惯对各个指标划分级别，按照级别高低确定优先级。确定各个指标的信号发出条件（上穿、下穿或是达到某值）。当高优先级发出信号后，在低优先级信号发出时确定操作；当高优先级信号与低优先级信号发生矛盾时，以高优先级信号为准。信号级别一般按照宏观指标、长周期分析指标、趋势分析指标等作为高优先级别指标，次要因素指标、短周期分析指标、摆动分析指标、反转分析指标等作为次要优先级别指标。当然，对于不同的期货品种，其选择方式也具有差异性。

关于指标级别的设定也取决于投资者所选择的投资周期和持仓周期。当选择大周期或日线级别趋势时，长周期的分析参数及大宏观参数必然级别较高，能够过滤掉信号杂音；而短周期甚至是秒周期的交易类型则更应突出短周期参数的优先级别，这样才能够保证信号发出的有效性和及时性。

表 5-3 是部分对长周期铁矿石期货价格影响因素的简单划分，以方便投资者理解。

表 5－3　铁矿石期货分析中部分指标的简单级别划分

指标级别	指标类型	具体指标	指标判定标准	当前值
高	基本面	GDP 最新值	同比增长：上涨 同比缩减：下跌	
		钢铁 PMI 最新值	>50：上涨 <50：下跌	
		……	……	
	技术面	MA 40 日均线与 60 日均线	上穿：上涨 下穿：下跌	
		MACD	DEA 大于零＋红柱：上涨 DEA 小于零＋绿柱：下跌	
		……	……	
中	基本面	航运价格指数	升高：上涨 降低：下跌	
		铁矿石港口库存	升高：上涨 降低：下跌	
		……	……	
	技术面	KDJ	K 值大于 50：上涨 K 值小于 50：下跌	
		MA 10 日均线与 20 日均线	上穿：上涨 下穿：下跌	
		……	……	
低	基本面	钢铁企业库存	降低：上涨 升高：下跌	
		废钢价格		
		……	……	
	技术面	BOLL 通道	上穿中线：上涨 下穿中线：下跌	
		MA 1h 均线与 5 日均线	上穿：上涨 下穿：下跌	
		……	……	

数据来源：英大期货。

注：表中内容并不能做实际的投资参考标准。

在确定了交易习惯、指标级别划分、信号触发条件等准备工作后，投资者就对自己的投资行为有了具体化了解，从而才能够在不断波动的市场行情中把握自己的交易特点，不会被纷繁复杂的行情冲昏了头脑，造成随波逐流的危险局面。

五、如何设计个性化的交易系统?

何谓交易系统?实际上答案比较简单，交易系统，是指在交易市场中能实现稳定盈利的一套规则。它包括科学的资金管理、有效的分析技术、良好的风险控制。它的最终目的是实现交易员的稳定盈利。它可分为主观交易系统、客观交易系统和两者相结合的交易系统。一个交易系统就是一个交易员的心血结晶，它体现了交易员的交易哲学。因此，它不具有普适性，即一个交易系统只有在它的创造者手中才能发挥出最大效果。所以，对交易员来讲，只有打造出自己的交易系统才能走上稳定盈利的道路。期货市场中的成功交易者，必然有一个或数个适合自己的交易系统，而市场上成功的交易系统中，几乎不存在相同的交易系统。下面我们将介绍一些成功的市场交易系统的建立方法。值得一提的是，交易系统的建立更多的是一种理解和体会，笔者仅能够通过成功思路的介绍对广大读者进行启发，希望读者能够举一反三，从而成功建立起自身的交易系统。

交易系统一般可归为五大类型。

（一）趋势跟随交易系统（Trending Systems）

趋势跟随交易系统是在高频交易曝光前最流行也是最热门的交易系统类型。最早的趋势跟随交易策略成形于20世纪早期，主要利用移动平均线进行买入、持有、卖出。之后，由于有了计算机生成的开仓以及平仓信号，当今的趋势跟随系统更为完善和成熟。但是，无论怎样现代化，趋势跟随系统都会在某些市场情况下失效。

趋势跟随系统盈利的假设是期货市场正在形成一个较强的上升或者下降趋势。通常意义下，我们认为较强的上升或者下降趋势是指价格沿着大于35度角的上升或者下降通道运行，并且回撤较小。比如，在上升趋势中，调整幅度较小并且获利平仓盘不明显。

趋势系统主要有摆动系统、当日交易系统、动能系统或者其他较快节奏的交易系统。止损往往伴随着各种趋势交易系统，因为趋势交易系统的理念就是不断亏小钱以捕捉几次赢大钱的机会。因此，作为趋势交易投资者，你必须具有承受这些风险的能力，并且有足够多的资金去抵消这些交易损耗。

如上所述，趋势交易系统的最大制约因素就是它只能应用于市场出现趋势时，尽管目前来看市场大概只有30%的时间处于趋势状态。如果交易者尝试将趋势系统应用于快速振荡行情中，那么他们一定会连续亏损直至退出。假设交易者不能认识到市场是否适合趋势交易，那么他们将会损失大量的金钱和时间。

（二）反趋势交易系统（Countertrending Systems）

反趋势交易系统是与市场的主流趋势、长期趋势相反的交易系统。通常认为，最佳判定主流趋势的方法是利用周K线而不是利用日K线。反趋势，顾名思义就是相反方向的策略，是在较短的时间周期或者中级时间周期做与主流趋势相反的交易。本质上，是在市场进入超卖或者超买状况下持有相反的头寸，简单来说就是抓行情的反转。

作为一个反趋势交易者，通常需要有长期丰富的市场交易经验。一般来说，振荡交易者、日内交易者、短线交易者是反趋势交易的主体。反趋势交易成功的关键在于反趋势指标、特殊的K线图以及相当充足的交易经验。反趋势交易者通常在趋势转换前做出预判。

与趋势交易系统或者突破交易系统相比，反趋势交易系统是逆向交易，因此通常伴随更大的交易风险。所以，作为反趋势交易者，必须具备更好的止损素质或者止损策略。这是因为主流趋势往往是势不可挡的，而反趋势的交易机会瞬间即逝，并且带有更为严重的投机倾向，很有可能存在连续做错方向的情况。统计表明，反趋势交易系统在20%的情况下是奏效的。

（三）突破交易系统（Breakout Systems）

20世纪50年代，突破交易系统首次出现在市场中。突破交易系统适用于市场在建立调整平台之后并在没有任何先兆的情况下价格突然向上（或者向下，但是向上突破的交易系统使用得更为广泛）运行的情况。

在投机氛围并不浓厚的情况下，市场基于本身的内在价值往往会构筑一个平台或者箱体。之后，交易者尤其是大户根据基本面的突变会抢入很多筹码，这就使得价格突变上升并且加速上扬。

突破交易系统与趋势交易系统相比的优势在于，突破交易系统可以应用于无趋势或者剧烈振荡的市场中。作为突破交易系统的应用者，理解跳空缺口并且知道它的影响显得尤为关键。跳空缺口往往是突破交易系统巨额利润的开始。

那么，突破交易系统的缺陷是什么呢？该系统区别于趋势跟随系统，它在具有强烈趋势的市场中表现得并不尽如人意，因为在强烈的趋势市场中，并不存在很明显的箱体形态。

根据无趋势市场或者箱体市场的特性，一般我们把止损点设置在箱体的上方（如果向上突破的话）。与趋势跟随系统相比而言，这样的设置有较好的支撑位。趋势跟随系统很可能存在连续错误的情况，而突破系统较少存在这样的情况。根据统计，突破交易系统在40%～50%的时间中都是有效的。

（四）价格区间交易系统（Trading Range Systems）

价格区间交易系统是20世纪后半叶发展起来的交易系统，当时市场在一个大的区间内上下波动。该交易系统在1970～1980年是美国股票市场最为流行的系统之一。

适用于价格区间系统的市场通常发生在经济停滞的时间段中。从历史情况来看，一般市场出现崩盘后会进入一个价格区间，此时市场处于经济转型期。

价格区间市场有别于无趋势市场，处于该状态的市场振荡幅度较大并且有明显的最低值和最高值。因此，既不适用于趋势跟随系统，更不适用于突破系统，通常认为最小波动区间至少有 10% 才能称为价格区间市场。

价格区间系统是利用在价格区间内波段循环的特点，持有头寸直到最高价被触发，然后卖空头寸等待价格下跌。价格区间系统交易者在价格上升时买入，在价格下跌时卖出。在市场处于价格区间状态下，这是一种完美的盈利模型，并且能为有经验的投资者带来丰厚的利润。

价格区间系统的局限性在于：首先，市场通常不处于一个价格波动区间内，除非正处于一个特殊的经济时期；其次，价格波动区间不会总是精确的，可能本次的高点比上一次高，也可能比上一次低。价格区间交易者总是默认为价格的走势会重复之前波段的走势，因此，这种类型的交易者需要大量的市场经验。统计表明，价格区间系统在 20% ~25% 的时间内是有效的。

（五）对冲系统（Hedging Systems）

对冲系统的成熟和流行是因为 20 世纪末机构交易者的加入。机构交易者由于有巨额的资金量，单边投机存在较大风险，多个股票商品的组合成为他们规避风险的最佳手段之一。

对冲系统的交易者在买入某一个商品后会卖出另一个商品来规避单边持仓的风险。比如，在期货市场中，交易者会买入家畜卖出玉米；在外汇市场中，交易者会买入一种货币卖出另外一种货币。相对于上述 4 种交易系统，对冲系统更为复杂，并且需要更多的专业知识和技巧。交易者的背景知识不仅局限于金融知识，更需要了解相关的商品、货币走势以及期权情况，因此，对冲系统并不适用于初级交易者。

专业的交易者利用对冲系统去解决不同的周期持仓，比如短期和中期情况。而初级交易者则往往适得其反，只是利用对冲系统去控制他们的损失而已，甚至是扩大损失——这也是对冲系统所存在的缺陷。对于没有专业教育背景和市场知识的投资者，对冲系统只会加大他们的损失，给他们带来更大的伤害。

交易系统已经发展了将近一个世纪了，根据不同的市场状况，各个交易系统都曾兴衰没落过。在今后的市场发展中，不同的交易系统也会有不同的演变，甚至有诸如高频交易这样的新兴系统崛起。只有充分了解系统如何运作、如何发展、何时运用，我们才能明智地选择适合当前市场状况的交易系统。

当然，在上述基本交易系统之外，又有新的交易系统的诞生和发展，例如统计套利及高频交易等，其发展的一个共同特点是建立在科学、合理、有效的数学处理方法之上，这些方法可以统称为量化交易。可以说，随着电子交易市场的发展，量化交易已经成为投资界的热点词汇。此外，完整的交易系统不仅是方法上的完整，更有心理、性格、认识等层面上的完整。

六、如何做到合理的盈利与风险设置?

盈利与风险设置主要围绕止盈止损点、最大可承受亏损与预期盈利。

人们或许不明白，盈利就是盈利，怎么还有合理的盈利呢？难道还有盈利是不合理的？是的。亏损也有合理或不合理的亏损。这就是目前投资界新的思想理念：“盈亏都要合理!”

那么究竟什么才是合理的盈利呢？合理的盈利主要是指盈利是由规则操作得来的，不是主观分析预测而致。主观分析预测一定会有获利的机会。但是，用主观分析预测得来的盈利，由于操作上不具有一致性，绝大多数人很快把盈利又还给了市场，有时候是加倍还给市场。想必很多人都有这样的经历，这反映了盈利表象背后的不合理的交易指导思想和胡乱操作。然而，用规则操作，也会有把盈利还给市场的时候，但是，严格按照规则交易的人一定有这样的体会，规则交易是“进三退一”的盈利模式，即“大赚小赔”模式，操作前后具有高度的一致性。因此，长此以往，你的账户的总账就是“长期稳定盈利”六个字。而“长期稳定盈利”说明了什么呢？就是规则是一个大概率正收益交易系统。

风险设置有两种：一种是盘中的风险，另一种是盘后的风险。

盘中风险一般有以下几点：一是盘整区域导致系统反复失效；二是盘中出现突发的大事件；三是硬件出现问题。

盘整区域的风险表现为行情上上下下，难以把握。失败者反复被洗盘，成功者将等待几个主要指标信号达到一致时再动手。盘中出现突发的大事件，行情会突然之间上蹿下跳，绝大多数人的心绪会被突如其来的大波动行情所扰乱，因而出现错误的应对操作。成功者的方法是依据既定操作规则交易，该走则走，该留则留。遇到交易硬件出现问题会造成无法成交。这种情况的出现大多是由于期货交易所的交易系统技术故障所致，不影响多空双方对当下行情的判断，所以不必惊慌，消除技术故障后，行情还是按照原样走。预防此风险的发生可多选取几种交易系统和软件，避免通信的单一造成风险的集中。

盘后的风险才是真正的大风险！很多做期货的人，其中有一些是曾经叱咤风云的世界级的交易大师，都是被一夜之间的突发事件搞垮的。期货品种的杠杆效应就是风险扩大的主要来源。目前，大多数品种的交易所保证金加上期货公司保证金都在10%附近，做100万元的交易量，自有资金只有10万元。第二天行情只要向着持仓的反方向跳空高开（低开）几个百分点，再加上是重仓位，就会造成资金的巨大损失。市场上成功的避险方法是每天收盘时按照杠杆率高低不同计算出不同的留仓部位，第二天没有特殊情况，无论高开、低开、平开，只要在前一天留仓的区域，补足前一天的平掉的部位以达到80%的仓位，继续持有。这样虽然损失了部分手续费，但就像给资金买了保险一样安全有效。

由此，只要有完备的交易系统并不折不扣地执行交易系统，原则上所有的风险都可以应对。出现的一些小亏损都是合理的、必然的。需要注意的是选择一个流动性足够好的交易品种，这样万一遇到突发事件，在该反手或离场的时候能够顺利成交。

有了大的指导方向的指引，就明确了盈利是如何得到的、亏损是如何造成的，从而在各种情况下投资者都会选择对自己有利的方向去做，形成“未雨绸缪”的思考方式。

七、何谓资金管理？其在期货投资中的意义是什么？

大多数投资者在经过了一定时期的期货市场的考验和摸索后，基本建立了自己的交易系统，但发现实际操作中仍然不能获得收益，基本表现为“赚小钱，亏大钱”，即使行情判断正确由于建仓的原因也没有获得可观收益，行情判断的小错误则有可能因为仓位重而造成大亏损。这主要是因为还缺少资金管理这一味“调和剂”。

资金管理，顾名思义是管理自己的资金。实际上，所有投资者都在进行“管理”，只是管理水平的差异性过大导致投资水平千差万别。合理的资金管理应包括以下四个部分：

（一）经过考虑的建仓规模和步骤

投资者在交易系统发生作用前，就应该考虑到自身资金如何使用的问题。一般包括以下要素：资金投资的最大数量（最大可开数量）、自身预期收益水平、自身预设最大亏损水平、建仓步骤（一次、分批）等要素，从而在交易信号确认后按部就班地执行。

（二）止损意识

交易系统不可能100%正确，因此，必须对可能的错误进行及时修正，终止亏损的扩大，这就是止损的意义。止损的设定一般按照自身预设的最大亏损水平或者交易系统的平仓位置来设定，二者各有千秋。止损必然带来资金的亏损，但这正是出于保存资金、保存实力的需要。引用伟人的一句话：“我们今天之所以要放弃这个地方，就是为了长久地保存这个地方”，而对于期货的意义则更加深远：“暂时的放弃是为了将来拥有更多”。

（三）持仓资金的调整

这种需求一般出现在持仓盈利的情况下，当资金盈利时，资金总量的增加会导致保证金占用率的下降，会降低资金收益率，因此，在取胜的同时也要懂得乘胜追击，在保证风险在预期设置范围内时就要大胆加仓，而在盈利缩减的情况下也要懂得适可而止。一般采用等比例加仓的方式保证保证金占用维持在总资金的一个固定水平上，或者在持仓达到预期收益后果断平仓或减仓，或者是持仓达到一定时间后果断全部平仓。

（四）重视时机的有效性

《孙子兵法》中有句话："途有所不由，军有所不击，城有所不攻，地有所不争，君命有所不受。"期货交易中的空仓观望和等待，正是为了安全起见，为大的战略计划服务，而不是因为眼前的小利。华尔街著名的投资（投机）大师索罗斯曾经说过："休息其实是工作的一部分，只有远离市场，才能更加清晰地看透市场。那些每天都守在市场的人，最终会被市场中出现的每一个细微的波动所左右，失去自己的方向，被市场给愚弄了"。绝大部分的交易成功者都能够做到"不见兔子不撒鹰"，这也是对投资者心境的一种提升。

小贴士

简单资金管理中的盈亏比设置方法

期货投资中的盈亏比设置不仅考虑了建仓价位、平仓价位、建仓规模等基本内容，也考虑了止损、预期收益、最大亏损等资金管理内容，是一种"以小亏博取更大收益"的简单投资方法，例举如下。

某投资者有资金 500 000 元投资股指期货，其某日分析了股指走势的近期阻力和支撑位置（如图 5－13），其能够承受的最大亏损为总资金的 3%，因此他做出如下简单交易计划（见表 5－4）：

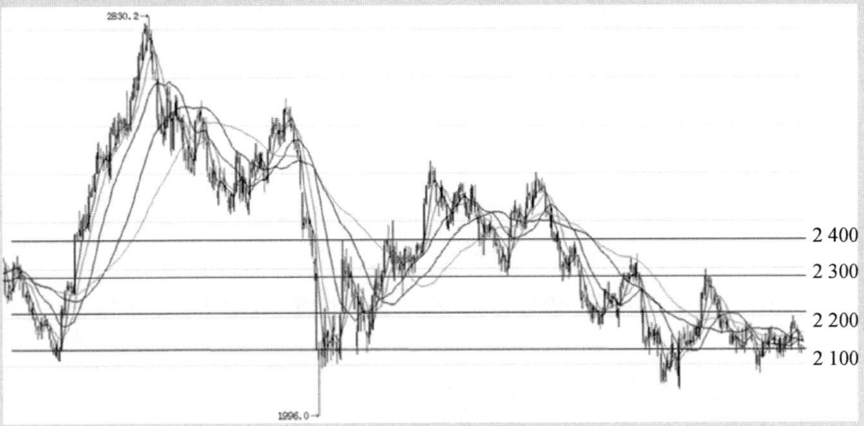

图 5－13 某日股指期货阻力支撑位划线分析

数据来源：博弈大师。

表 5－4 **盈亏比交易计划示意**

项目	具体内容
开仓方式	2120 位置买入 1 手 IF 多单
止损价位	2100 点
止盈价位	2200 点
盈亏比	（2200－2120）：（2120－2100）＝4：1
最大单手盈利	300×80＝24 000
最大单手亏损	300×20＝6 000
建仓数量	最大承受亏损/最大单手亏损＝ 500 000×3%/6 000≈2 手
最大盈利	300×80×2＝48 000 元
最大亏损	300×20×2＝12 000 元

这样，此投资者就有了一个比较完整的交易系统和资金管理方法，即可在市场达到建仓机会的时候果断建仓（由于手数较少，一次建仓即可），在市场运行到指定位置时进行止损或平仓获利操作，即可正常实现原有设计的交易结果。在某单次操作中可能不会盈利，但由于行情的对称性，在长期坚持较大盈亏比时（一般都在 3：1 水平之上），依靠统计学的对称分布即可获得长期稳定的利润。

自测题

一、填空题

1. 基本面分析过程中，一般本着__________的原则进行。

2. GDP 指标、钢铁 PMI 指数与铁矿石等大宗商品价格一般呈现__________相关关系。

3. 对于基本面的各项指标的分析统计，一般采用__________（方法）。

4. 技术分析方法同样是一种合理有效的分析方法，其主要是针对__________以及__________进行分析的预测方法。

二、选择题

1. 铁矿石的基本面分析因素中，宏观环境影响效果的主要有（　　）。

   A. 中国 GDP 数值　　B. 钢铁产业 PMI 指数

   C. 汇率与货币流通　　D. 铁矿石进口数据

2. 下列关于期货基本面和技术面分析的说法，错误的是（　　）。

   A. 基本面分析和技术面分析是完全对立的

   B. 基本面分析和技术面分析都试图解决同样的问题，即预测价格变化的方向，只是着重点不同

   C. 技术分析者通过观察价格走势图表，分析结果更准确

   D. 基本面在捕捉大的趋势时具有长远优势，而对于长周期分析技术面略显薄弱

3. 技术分析的基本工具有（　　）。

   A. 长期的数据搜集整理

   B. 了解目前该品种价格所处的位置及其近期历史走势

   C. 把握趋势的能量强弱

   D. 行业调研与分析报告解读

4. 技术分析与交易决策的基本步骤主要有（　　）。

A. 趋势判断　　　　　B. 阻力/支撑寻找

C. 能量动态跟踪　　　D. 现货价格的统计搜集

5. 盘中风险一般是指（　　）。

A. 盘整区域导致系统反复失效

B. 盘中出现突发的大事件

C. 因持仓风险受到交易所强行平仓处罚

D. 硬件出现问题

6. 合理的资金管理应包括（　　）。

A. 经过考虑的建仓规模和步骤　　B. 止损意识

C. 持仓资金的调整　　　　　　　D. 重视时机的有效性

三、判断题

1. 期货基本面分析的基本内容是剖析和解读影响价格变化的基本因素。（　　）

2. 汇率的持续下跌会在一定程度上促进中国铁矿石进口的火热。（　　）

3. 在对工业发展进行评估时，社会发电量及耗电量是个非常好的修正指标。（　　）

4. 房地产是中国经济的支柱型产业，其对中国 GDP 具有直接拉动作用。（　　）

5. 一般来说，钢铁利润水平的提高将必然带来开工率的上升，从而对原材料市场及钢材市场造成相同的拉动效果。（　　）

6. 中国钢材的进出口总量已占据整体钢铁市场总量较大比例。（　　）

7. 技术分析主要研究市场行为，即后果。基本面分析研究市场运动的前因，即导致价格涨跌或持平的供求关系。（　　）

8. 掌握了技术分析的方法就一定会战胜市场中的对手。（　　）

9. 现代技术分析不仅仅是简单的“算命”，其也有众多数学、统计学理论的支撑。（　　）

10. 技术分析指标中，每个指标都有每个指标的优势与劣势。（　　）

参考答案

一、填空题

1. 先宏观后微观、先产业后分支、强调内外并重、侧重供需关系
2. 正向
3. 分类排序法
4. 市场交易过程中产生的数据　市场参与者的行为

二、选择题

1. ABC　2. AC　3. BC　4. ABC　5. ABD　6. ABCD

三、判断题

1. √　2. ×　3. √　4. √　5. ×
6. ×　7. √　8. ×　9. √　10. √

第六章

铁矿石期货运用原理与策略

本章要点

期货作为重要的一种金融工具，其主要功能是套期保值与价格发现，伴随着期货市场交易品种的日益丰富，期货套期保值功能将在国民经济的诸多领域发挥重要作用。本章着重介绍钢铁产业相关企业和机构如何有效利用期货市场的基本问题。以期货市场套期保值功能为主体，细致讲解目前企业应用期货市场进行套期保值业务的方法、思路及设计，从而加强机构投资者对期货市场形成进一步认识，充分发掘期货市场为实体产业服务的功能，同时对期货市场价格发现与风险管理功理进行穿插介绍。

一、什么是套期保值？其原则和原理是什么？

简单地说，套期保值就是套用期货工具，保证企业现货生产经营应该产生的价值，是市场经济参与主体规避价格波动风险的有效手段。其基本方法是担心现货价格向哪个方向波动，就在期货市场上按哪个方向操作（担心现货价格上涨则在期货上做多，担心现货价格下跌则在期货上做空），这样就在期货和现货上形成了相反的价格有利波动结构，结果就是互相冲抵价格波动的盈亏，用期货市场的获利来弥补现货市场的损失（当然，期货市场的亏损也将现货市场的额外盈利抵掉），使现货价格锁定在固定的水平上，从而规避了企业由于价格风险敞口可能造成的巨大损失。套期保值的基本要求是遵循交易方向相反、商品种类相同、商品数量相等、交货月份相同或相近的原则，如图 6－1 所示。

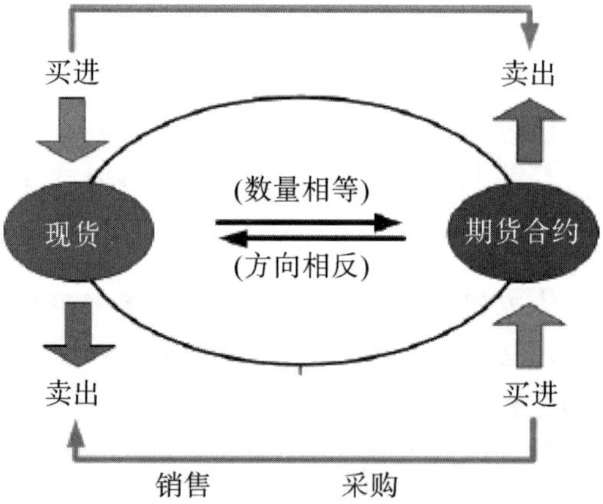

图 6－1　套期保值原则示意图

数据来源：英大期货。

期货市场之所以能够发挥套期保值的基本功能，其是建立在期货合约与现货合约的归一性基础上的。随着期货合约到期日的临近，期货合约和现货价格逐渐靠拢，这也是参与期货交易的交易者心理预期的时间价值逐渐趋于零的结果。当然，现货价格的多样性和期货价格的单一性会导致期货合约到期交割时产生升贴水问题，但并不影响期现货价格的统一性。这种统一性就导致套期保值持仓收益与现货风险形成完美的对冲，从而即可规避价格上涨的可能，也可规避价格下跌的可能，在实际中即表现为对采购价格的成本控制及对于销售价格的提前预定。

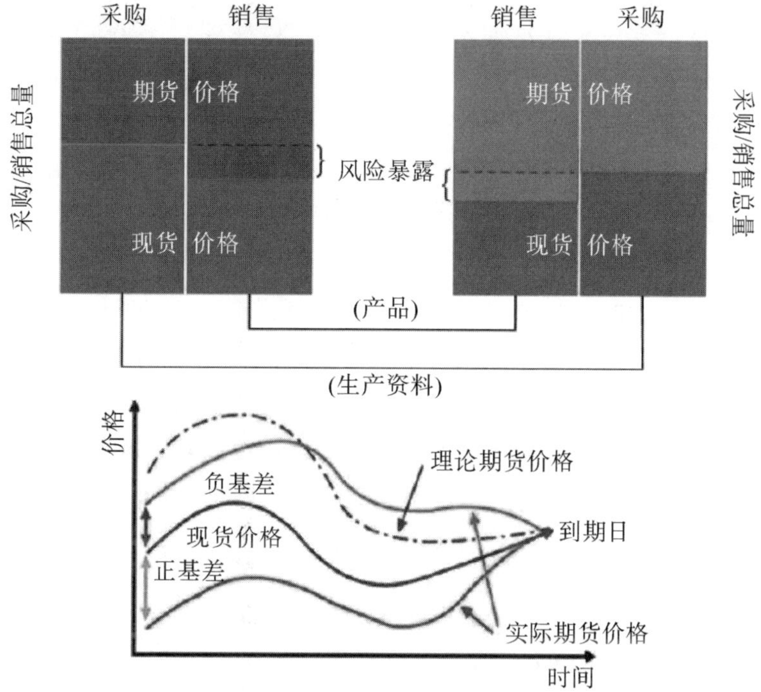

套期保值的原理：同种商品的期货价格走势与现货价格走势一致；现货市场与期货市场价格随期货合约到期日的临近，两者趋向一致

图 6－2　套期保值原理示意图

数据来源：英大期货。

二、为什么说企业需要进行套期保值的风险管理?

企业的经营过程中，无时无刻都在受到市场经济大环境影响，其中不可避免地存在着原材料、产成品等各种价格波动的风险，从而不仅使企业经营的难度增大，同时也会给处于正常经营状态中的企业引入大量不可控的强制性风险，直接导致企业原有的盈利订单变为亏损订单。而这种市场风险不可能通过一般经营和调控行为进行有效规避，因此，期货市场的套期保值功能的重要价值就体现出来了。

以铁矿石价格走势为例（见图6-3）。可以看出，铁矿石的价格变化是非常频繁且波动幅度较大的。据统计，铁矿石的日均价格变动率超1%，年平均最大波动接近80%，这就使得与其相关的产业及贸易商承受着巨大的价格风险敞口。有时风险敞口会带来巨大收益，但更多的是带来重大亏损。钢铁企业由于有下游钢材市场支撑，对于黑色产业单边市场的抵御能力较强，但作为铁矿石贸易商而言则无任何借力市场。因此，就铁矿石单品种的避险需求而言，贸易商的需求更加迫切；而钢铁产业对于铁矿石套期保值业务的需求，更加体现在预期利润的追求和管理风险的降低方面。

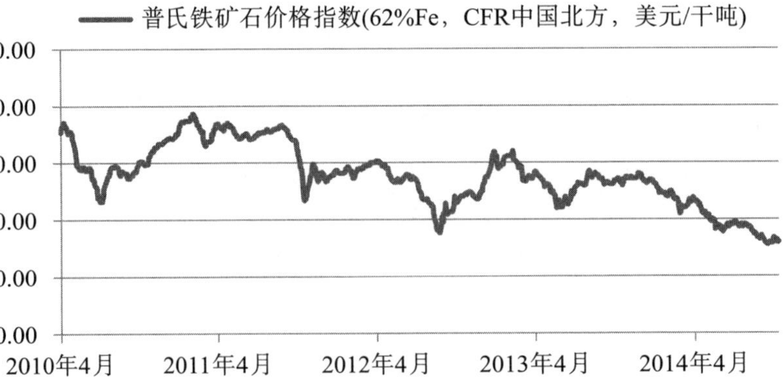

图6-3 普氏铁矿石价格指数的高波动性

数据来源：Wind数据。

图6－4是国内钢铁企业的基本物流结构图，不难发现，由于现货经营各环节并不是同步进行的，存在一个天然的时间序列，这就导致各个环节间的衔接都存在价格风险敞口，而这些分散的风险敞口的累积，将影响从原材料到成品的整流程的利润水平。以30～50天的流程周期来计算，铁矿石的价格波动可达到10%～15%，再乘以1.6倍的矿钢产出比计算，整个周期的钢材成本波动可达16%～24%。对于目前利润空间狭小的钢铁行业而言，这么大的波动范围足以将生产利润消耗殆尽，甚至成为目前钢铁企业的主要亏损来源。

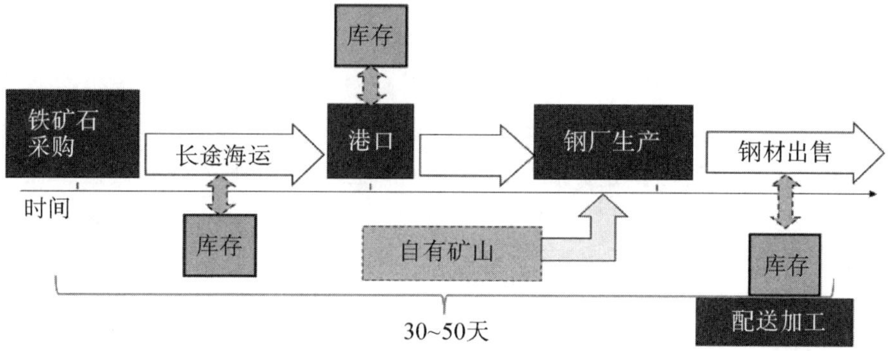

图6－4　钢铁企业物流层时间序列

数据来源：中国钢铁工业协会。

对于与黑色产业链相关的各个企业，均具有潜在的巨大套期保值需求，而这种需求是钢铁产业依靠自身所不能摆脱的。已经有相当数量的企业领导人认清了这一发展需求，但受制于各种因素，目前我国的钢铁企业尤其是大型国有企业参与期货套期保值的积极性并不高，这主要是企业对市场不了解和偏见造成的。在市场化越来越明显的今天，竞争日益激烈和频繁，如何尽快地接受并学习期货知识，利用套期保值业务武装自己，将在很大程度上决定着未来相关企业的命运。

小贴士

企业对期货市场的高度需求程度

在全球化快速发展和国际经济联动性、波动性大大增强的今天，风险管理必然成为企业稳定发展的重要生命线，套期保值是企业风险管理的重要路径。作为生产型企业尤其要树立经济工作的新视角，更应采纳套期保值管理模式，开展风险管理创新与应用，实现企业经营模式的变革，构建企业的核心竞争力。资料显示，世界500强中约80%的企业在做套期保值业务，95%左右的跨国公司都通过期货市场进行套期保值，美国约60%的农业生产和贸易企业利用了套期保值手段，套期保值必将是中国企业实施积极风险对冲管理的重要手段。我国经批准参与境外期货市场的30多家大型国有企业，通过套期保值有效规避了外部风险，促进了企业稳健发展，提升了企业国际竞争力。目前，90%左右的国内铜生产企业在做期货套期保值业务。可以说，企业参与套期保值业务是无数成功经验证明切实有效的风险管理方法。

三、企业运行过程中何时需要套期保值操作?

简单的财务处理方法中，企业利润等于销售收入减去成本，收入是企业利润的基础，让企业利润最大化的直接来源就是销售价格和成本的优化控制。利用期货市场可以帮助企业降低原料采购成本，提高商品销售价格，从而增加企业对于预期利润的可控性，极大地方便了企业的经营决策。一般来说，套期保值的需求主要体现在以下几个环节：

（一）降低采购成本

大宗商品价格波动虽然剧烈，但一定存在高价区和低价区，在低价区多采购，高价区少采购甚至不采购是传统的控制原料成本的方法，遇到冰点价位的原材料，各个需求企业都尽最大力量去囤积，但是实际操作中常遇到如下两个问题：一个是现有流动资金不足，最多超量采购短期库存（一两个月甚至更短），否则将出现流动资金链断裂；另一个是有价无市。受制于现实库存和流通条件等，现货市场中很容易出现采购困难的局面，这就导致即使下游企业提前发现机会却很难把握，从而造成机会白白流失。上述问题可以通过期货交易完美解决，利用期货交易中的杠杆效应，只动用现货所需资金的10%甚至更低比例（期货品种保证金要求），外加少量的风险准备金（一般与保证金持平）即可及时、快速、精确地完成商品采购任务。期货市场庞大的交易量和交易频率不仅可以满足企业的采购需求，并可根据市场动向随时调整采购价格及采购量，同时为企业节约大量的人力、物力成本并解放大量现有资金。

（二）销售提高收入

高价往往具有短暂性，虽然每年都有高价区出现，但是真正销售在高价位的产品只能达到年产量的1/10甚至更少，灵活运用期货工具则可以帮助企业提前预判价格走向、锁定预期利润甚至实现全年产量高点抛售。对于钢材价格而言，期货价格对现货价格的指导相关性可达70%～80%，非常适合期现操作。另外，可以在期货市场上建立卖出合约（做空）的方式将全年的产量在企业预期高价位进行预先销售，做到“先卖后产”，这是现货市场达不到的，而相较于远期交易又具有强大的灵活性，不仅可以实现高价位，并且能够及时调整高价位标准。目前，下游部分钢铁企业在此领域已有成功范例，以马钢、沙钢、抚顺新钢最为典型。抚顺新钢正是通过有效的套期保值，不但与港口、交割库、物流运输企业建立了良好的合作关系，而且按照上海期货交易所的合约标准提高了产品工艺水平，大大提升了新钢铁品牌的市场认可度，拓展了产品的销售渠道，快速有效地提高了自身在行业内部的竞争力。利润最大化期货库存与期货销售演示见图6－5。

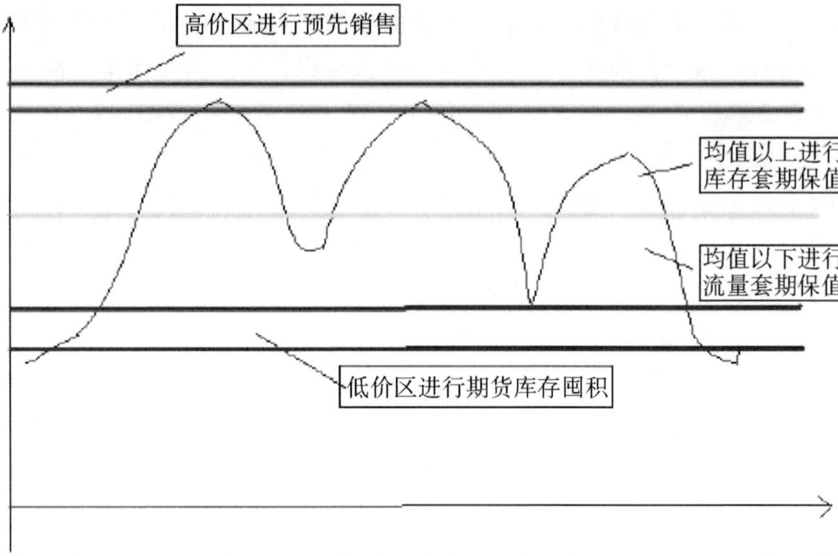

图 6－5 利润最大化期货库存与期货销售演示

小贴士

期货市场的基本功能

1. 价格发现

参与期货交易者众多，都按照各自认为最合适的价格成交，因此期货价格可以综合反映出供求双方对未来某个时间的供求关系和价格走势的预期。这种价格信息增加了市场的透明度，有助于提高资源配置的效率。

2. 风险管理（套期保值）

在实际的生产经营过程中，为避免商品价格的千变万化导致成本上升或利润下降，可利用期货交易进行套期保值，即在期货市场上买进或卖出与现货市场上数量相等但交易方向相反的商品，使两个市场交易的损益相互抵补。

3. 投资工具

期货也是一种投资工具。由于期货合约价格的波动起伏，投资者可以利用价差赚取风险利润。

四、套期保值相较于远期合同都有哪些优势?

从期货市场的发展史来看，期货市场的前身即是现货远期市场，其可以看做是远期市场的更佳表现形式。相较于传统的远期市场，其必然存在若干优势，基本概况如下：

（一）平稳经营

企业进行了套期保值操作之后，不再因为价格的不利波动影响到企业的生产经营计划，能够平稳经营。如果企业在其他企业赚大钱的时候赚得比其他企业少，但是它却可以在其他企业赔大钱的时候，少赔钱甚至不赔钱，这才是企业稳健经营之道。这种稳定性是建立在期货交易所信用基础和期货交易的强制性要求之上的。虽然现货远期也可以达到类似目的，但以实际市场来看，现货合同违约情况非常普遍，而履约的时间差异性也较大，难以产生精准有效的价格规避效果。

（二）增强竞争力

企业进行了套期保值操作之后，由于采购成本的降低可以将相对有竞争力的价格给客户，提高了产品的销售价格竞争力，当然也提高了企业的竞争力。而现货合同的时间大都不精确，对于规定的价格数量相对模糊，使得企业难以获得明确的价格竞争力。

（三）增加信誉度，降低风险传染性

进行了期货套期保值操作的企业，可以在不利的价格走势中稳定地给客户提供产品，增加企业的信誉，基本不会引入其他风险。当经营状况不佳或价格弱势时，现货远期合同的履行本身就带有很大的不确定性，从而会将其他企业的风险通过物流衔接传染开来，造成整体市场的恶化。

（四）违约风险损失小

由于期货市场的保证金制度带来的杠杆效应，企业参与套期保值可以用较少的资金达到远期合同保证金（有可能更多）的同等效果，这样，两者资金占用不分伯仲。但现货违约成本相对较低，仅仅损失部分或全部保证金，而期货违约的违规成本巨大，超过了两倍保证金，同时还要有行政处罚，因此，期货市场基本不存在违约情况。即使出现违约，对于履约方的补偿力度也大很多。

五、如何选择套期保值策略建立基础?

企业在参与套期保值之初，要形成几个基本的思维模型，不要跟着市场价格跑，而是先建立现货对期货需求的映射，再设计具体内容，基本的套期保值策略可以简单描述为以下三个模型。

（一）净头寸管理模型

这是一种针对现货净头寸的全程套期保值模型。该类模型由于全额对净头寸（现货绝对总量）实现了避险，属于风险组合收益中风险最小化的第一种类型。该类模型常被国际大型贸易集团所使用，因为行业地位以及长的产业链已经赋予这些企业的垄断利润，所以它们并不担心利润，只担心系统性风险：一个是价格趋势风险，另一个是现货规模风险，也就是经常提及的全额套期保值，不留价格风险敞口。

（二）半程套期保值模型

当风险规模相对比较小的时候，建议把价格一分为二，区分上涨和下跌，在上涨的过程中，主要关注买入套期保值，因为价格上涨会带来原材料采购风险，而在价格下跌过程中，可以卖出套期保值。做半程套期保值，必须在两个方面下功夫。第一是价格趋势的判定（趋势研究），第二要判断期货相对于现货价格是高是低（基差研究）。既要考虑价格趋势，又要考虑基差，半程套期保值模型一般都为中小型贸易企业所采用。

（三）动态库存管理模型

此模型是兼顾头寸规模、价格趋势和基差（现货价格 - 期货价格）的动态库存管理模型。传统的套期保值理论存在一个很大的盲点，即假设企业的经营成本为零，这显然违背事实。传统的套期保值的着眼点是对风险最小化而不考虑企业效益的最大化。通过期货上的相反对冲，把企业的净库存消减为零，就认为达到了套期保值的目的。但是，市场风险为零，并不意味着企业没有亏损，因为在日常的经营活动中，企业的运行成本也很高，无论市场怎么波动，我们必须保证一个最低的经营规模。因此，对于每一个企业来讲，在日常经营过程中，必须保持一个基准的库存。

六、套期保值如何正确应对基差的变化？如何防范基差风险？

基差是现货价格与期货价格的差。实际中，基差的变化对于套期保值的效果影响非常明显，同时也会带来一定风险。因此，在套期保值过程中必须考虑基差风险。通过长期经验积累，我们认为防范基差风险最有效的方法就是变被动为主动，在套期保值过程中动态地引入基差交易，从而使得风险转化为额外收益。

基差交易可以被简单地理解：在基差偏强的区域（图 6 - 6 上线①以下的区域）有利于进行买入期货的套期保值策略（由于现货价格过于偏强，买入期货有利），而在基差偏弱的区域（图 6 - 6 上线④以下的区域）则有利于进行卖出期货的套期保值策略（由于现货价格过于偏弱，卖出期货有利），这样就将基差变化引起的套期保值基差风险大大缩小了，并且极有可能创造额外收益（基差向有利方向恢复）。

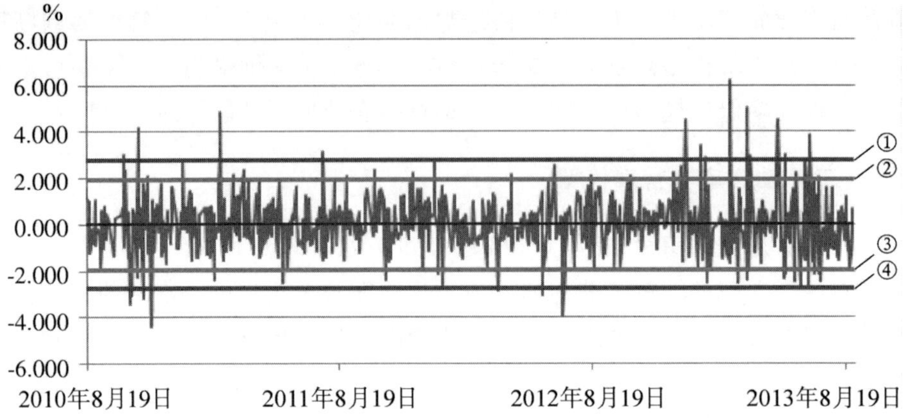

图 6-6 期货动态基差跟踪交易系统

数据来源：英大期货。

在套期保值交易中，如果现货价格的变化幅度与期货价格的变化幅度完全相同，那么无论是买期保值还是卖期保值都可以实现期货与现货两个市场完全相抵，实现完全的保值。但是在实际操作中，虽然现货和期货变化趋势是相同的，大多数的变化幅度却不完全相同。这样就可能是一个市场多亏一点，另一个市场多赚一点。二者相抵可能是净亏损，也可能是净盈利。如果知道在何种情况下出现净亏损和净盈利，那我们在实际操作中只要避免净亏损，争取净盈利就可以了。

值得一提的是，基差的产生是因为其包含了持有成本（时间成本）和运输费用（空间成本）。持有成本包括储藏费、利息、保险费和损耗费等。理论上，现货价格加上持有成本和运输费用等于期货价格。当时间和空间都接近时，基差的持有成本趋于零，现货价格与期货价格应该趋于一致。

基差值还能在一定程度上反映市场情况，其一般是负的，但如果现货供应紧张或者预期未来供应将会大幅增加，基差也可以是正数（也就是期货价格低于现货价格，投资者看空此现货的未来价格）。基差为负数的情况我们称为正常市场或正向市场，基差为正数的情况我们称为反向市场或反常市场。

我们把基差从正值变为负值，或者基差为正值但数值越来越小，或者基差为负值但绝对值越来越大，这三种情况叫做“基差走弱”。基差的变化对于套期保值效果的影响见表 6-1。

表 6-1　　　　基差变化与套期保值效果关系

基差变动情况	套期保值类型	套期保值效果
基差不变	卖出保值	两个市场完全相抵，得到完全保护
	买入保值	两个市场完全相抵，得到完全保护
基差走强	卖出保值	完全相抵，并且存在净盈利，净盈利等于基差走强的差额
	买入保值	不能完全相抵，存在净亏损，净亏损等于基差走强的差额
基差走弱	卖出保值	不能完全相抵，存在净亏损，净亏损等于基差走弱的差额
	买入保值	完全相抵，并且存在净盈利，净盈利等于基差走弱的差额

数据来源：英大期货。

表 6-1 告诉我们，要使卖出保值得到完全保护并且存在净盈利，就必须使基差走强。同样，要使买入保值得到完全保护并且存在净盈利，就必须让基差走弱。假如我们预先确定一个有利的基差，以这个基差为中心来实现现货的采购或销售，这种做法叫做“基差交易”。

正式的“基差交易”是指以某月份的期货价格为计价基础，以期货价格加上或减去双方协商同意的基差来确定双方买卖现货的商品价格的交易方式。这样，不管现货市场上的实际价格是多少，只要协商好基差，正好是做套期保值开始时的基差，就能实现完全的保值。如果套期保值者能够争取到一个更有利的基差，套期保值交易就能盈利。其可以看做是套期保值避险的一种演变形式。基差交易在国际上非常流行，由于期货价格具有权威性，各方都愿意以期货价格加减基差作为现货交易价格的依据。

小贴士

何谓套期保值效果　不完全、完全或超额

衡量套期保值效果大致有三种情况：一种是基差不变情况下期货市场的价格变动将现货市场的价格变动完全抵消，从而形成100%的风险规避，这称为完全套期保值；第二种情况是基差的变化导致的期货市场的盈利不足以弥补现货市场的亏损，从而使价格风险的规避率小于100%，这称为不完全套期保值；第三种情况是基差的变化导致的期货市场的盈利弥补了现货市场的亏损后仍有结余，从而使价格风险的规避率大于100%，这称为超额套期保值。当然，从表6－1可以清楚地看出，同样的基差变动情况对买入套期保值和卖出套期保值造成的影响恰恰相反，因此套期保值效果也自然存在差异，这也是期货市场零和交易性质的一种体现。而实际套期保值过程中，超额套期保值和完全套期保值则是投资者所热衷的。

七、如何贯彻基本原则与原理？如何进行套期保值调整？

套期保值的基本要求是遵循交易方向相反、商品种类相同、商品数量相等、交货月份相同或相近的原则，其中商品数量相等看似简单，但由于实际套期保值过程中涉及套期保值比例的问题（即需要规避的风险敞口具体有多大，价格波动性在期现货上是否有偏差等），使得商品数量相等的实现过程较为复杂。而这种相等也是相对的，随着行情的持续，原来建仓时的平等可能因为价格运行的强弱差异而改变，所以需要对仓位进行实时调整。这样就引入了动态套期保值的调整方法。

动态套期保值是相对于我们理论分析中常采用的静态套期保值而言的。

现阶段对于套期保值的研究中，怎样确定套期保值头寸一直以来都是核心问题。如果我们在任何情况下都采用静态套期保值，即 1∶1 的比例制定套期保值策略，就无法规避现货商品与期货合约之间的基差变动风险。为了获得更好的套期保值效果，我们需要建立动态套期保值模型估算最优的套期保值比率，这也是企业套期保值成败的关键。

实际操作中，我们可以应用最小方差（MV）模型与线性回归（OLS）模型对企业的最优套期保值比率进行动态估算，并基于模型的估计值测算企业参与套期保值交易的预期收益和风险，最终将动态套期保值的效果与无套期保值静态套期保值的效果进行比较观察。实证分析的结果说明，运用最小方差（MV）模型估算的最优套期保值比率可以最大限度地降低企业在生产和经营活动中的风险暴露程度，且运用线性回归（OLS）模型得到的套期保值效果与前者相差无几，也具备实际操作意义，是现货企业设计套期保值头寸的重要参考。企业还可以进一步根据自身的经营现状和对期货与现货市场走势的判断，采用基本分析与模型量化分析相结合的手段调整和确定套期保值头寸。

对于刚开始进行套期保值的投资者而言，建议首先采用静态套期保值进行尝试，即使出现了偏差，也存在一定的套期保值效果，如果擅自引入动态套期保值，一旦出现分析错误，则有可能造成较大损失。而对于套期保值认知水平高的投资者而言，可以与相关机构协同研究，建立动态套期保值策略。动态套期保值策略的内容也与企业具体的经营水平有关。

八、如何衡量套期保值的市场效果与意义？

（一）传统套期保值的市场效果及意义

静态套期保值属于传统型套期保值，又称简单套期保值，是指企业为了避免现货市场上的价格风险，在期货市场上采取与现货市场上方向相反的买卖行为，即对同一种商品在现货市场上卖出，同时在期货市场上买进，或者相反。它有两种形式：空头套期保值和多头套期保值。

传统套期保值的基本原理是基于在一定的社会经济系统内，商品的期货价格和现货价格受相同因素的影响而呈现基本一致的价格走势，而在期货合约到期时因市场投资者套利行为的存在，使得商品的期货价格和现货价格逐步收敛于一致（交割制度），这就意味着可以用一个市场的利润来弥补另一个市场的损失。

传统套期保值认为套期保值者参与期货交易的目的不在于从期货交易中获取高额利润，而是要用期货交易中的获利来补偿在现货市场上可能发生的损失，或者用现货市场的盈利来弥补期货市场的亏损，从而将整体盈亏平衡控制在既定范围内。这其中就包括品种相同、交易方向相反、数量相等和月份相同等四个原则。这四个原则也是当前用来判定是否为套期保值的普遍依据。

（二）现代套期保值的市场效果

传统套期保值在实际操作当中容易忽略期现货市场基差的存在和对行情判断的把握，导致企业在套期保值过程中对风险的把控能力不尽如人意，出现不少套期保值亏损额度较大的金融风险案例。

究其原因：第一，随着期货市场的不断开放，新的交易工具不断涌现，期现货价格大幅波动成为常态，期现货市场的基差及现货升贴水变化很大，基差的变化和难以预测导致套期保值产生额外的亏损开始增多；第二，以金属产业为代表的传统下游加工企业的加工费不断下滑，加工利润也不断缩水，甚至出现亏损，期货套期保值功能就显得力不从心，难以发挥；第三，商品市场的金融属性不断增加，现货产业金融化融资、资产管理等越来越普遍化以及金融全球化等，也使得传统套期保值面临冲击。

目前，期货市场不断发展创新，企业套期保值面临新的挑战，传统套期保值难以适应市场发展。在这样的背景和条件下，新的现代套期保值的发展成为一种必然趋势，动态套期保值就是现代套期保值的一种表现形式。

现代套期保值不同于传统套期保值对价格的规避和价差风险控制，而是基于对价格风险进行合理有效的管理，将现货市场和期货市场的交易作为一个组合投资，以保值的思路建立头寸，按套利的思路管理头寸，不一定完全按照期货、现货业务时间上一一对应的方式参与套期保值，而是按照净风险敞口的方式参与该业务，使企业在实施套期保值过程中更加宽松和灵活。

现代套期保值者根据组合投资的预期收益和预期收益的方差，确定现货市场和期货市场的交易头寸，以使收益风险最小化或者效用函数最大化。在风险和回报之间权衡，使得交易行为与其本身的风险及回报效用一致。套期保值者在既定的风险（收益的波动性）水平上使预期收益最大化，或者在既定的预期收益水平上使风险最小化。因此，现代套期保值强调的是风险管理，而不是风险转移，具体表现在以下两方面：

1. 从风险控制角度来看，现代套期保值理念认为，完全承担套期保值中期货的亏损是不必要的。期货市场上的亏损最终也会体现在企业的利润上。现代套期保值通过期货市场头寸的合理组合，可以在保证利润的前提下，将期货的亏损降到最小或者控制在可控范围内。

2. 从资产配置角度来看，现代套期保值通过期现组合投资的方式为企业赚取更多利润，将现货市场与期货市场的头寸都作为企业资产来看待，资金在现货、期货间灵活配置，实现最大效用。

不论是从风险控制角度，还是从资产配置角度，现代套期保值理论均能使企业经营的最终目标——追求利润，得以实现。

现代套期保值强调的是预期收益，而不仅是强调降低风险，是从基差的变动中获取额外的利润。其核心不在于能否消除价格风险，而在于能否通过寻找基差方面的变化或者预期基差的变化来谋取利润，或者通过发现期货市场与现货市场之间的价格变动来寻找套期保值机会。现代套期保值是一种图利行为，套期保值者只有在认为有获利机会时，才会进行套期保值。现代套期保值赋予风险转移全新的概念，形成一种新的交易方式，具体表现如下：

1. 数量不尽相等。现代套期保值组合投资理论认为，套期保值者在期货市场上的保值比例是可以选择的，最佳保值比例取决于期货套期保值交易的目的，以及现货市场和期货市场价格的相关性。因此，现代套期保值放松了“数量相等”这一要求，给套期保值企业以更大的自主性，也更符合实际需要。当市场处于牛市时，卖出套期保值的企业可以有部分敞口或不保值，而买入套期保值的企业则全保值；当市场处于熊市时，买入套期保值的企业可以有部分敞口或不保值，卖出套期保值的企业则要全保值。

2. 月份不尽相近。现代套期保值企业非常关注基差和储运成本两者之间的变动，选择市场流动性好的合约，有助于提高风险转移效果。尤其是在企业套期保值规模较大时，流动性较好的合约往往发挥“熨平”期货价格波动的作用，减少不必要的流动性风险。

3. 品种不尽相同。现代套期保值中，企业在套期保值品种的选择上，可以不遵照同一品种的原则。由于部分品种的交易活跃性、流动性等方面存在一定差异或者无对应品种，此时套期保值可以选择相似或者相近的品种作为替代。

（三）现代套期保值的市场意义

现代套期保值策略更注重行情走势对保值效果的影响，实际操作中可以考虑用一价值均线作为判断市场涨跌势的依据（具体参照企业订价周期，月均价可参照20日均线），即均线之上认为是涨势，均线之下认为是跌势。

1. 防止价格下跌策略。该策略适用于大量库存的企业，如矿企、冶炼厂等。在具体操作上，如果市场处于跌势，期货商品价格处于均线之下，保值策略为全额卖出保值；如果市场处于涨势，期货商品价格处于均线之上，保值策略为部分敞口或不保值。

例如铅锌矿生产企业的套期保值策略，企业是卖出套期保值，保值对象是企业阶段性库存。企业在已知现有库存、下月计划生产数量和销售数量的情况下，提前确定每月库存，而需要保值的就只是其每月阶段性库存。企业可以在实现销售后，在期货市场买入平仓，减少期货头寸。

2. 防止价格上涨的风险。该策略适用于已签订远期合约的销售商和将要购入原材料的加工企业，主要为规避价格上涨带来的成本增加。期货市场价格处于均线上方即认为市场处于涨势，套期保值策略为全额买入套期保值，跟踪基差变化；期货市场价格位于均线下方，则判断处于熊市，套期保值策略为预留部分敞口或不进行套期保值，以获得期货价格下跌、成本下降带来的额外盈利。

必须注意的是，当市场处于熊市时，销售和加工企业必须对其持有的现货库存和产成品库存进行全额保值。相反，处于市场处于涨势时，对库存套期保值的处理则是预留敞口或者不进行套期保值。

3. 综合性风险保值。该策略适用于加工贸易企业。这类企业既有买入套期保值，又有卖出套期保值，需要调整期货与现货市场的库存，来规避价格波动对企业经营的影响。相应的策略是，市场处于涨势时，提高其期货市场库存量，即加大买入套期保值头寸；市场处于跌势时，减少其期货市场库存量或者不建议保留期货库存，减少买入或增加卖出套期保值头寸。

（四）现代套期保值的发展方向

跨市场的国际贸易型企业，还应考虑汇率风险保值及不同市场因定价不同带来的风险。这也是未来套期保值策略发展的一大特点。随着金融衍生品市场的不断发展壮大以及国内、国际市场的不断联系，单一套期保值策略可能并不是很好的选择。现在越来越多的企业对结构性组合式的投资需求不断增大，特别是金融化工具——期权的应用，更是为期货套期保值提供了多样化选择，并衍生出更多的套期保值组合，供套期保值者选择的范围也大大扩展。

1. 期权。期权套期保值资金占用少，既能回避价格不利变动的风险，又可以保留价格有利变动时获得收益的能力，而且期权买方不会有追加保证金的风险。在日常套期保值中，常用的有保护性策略（买权）和抵补性策略（卖权）。

2. 期货加期权组合。在已经持有期货头寸的情况下，使用期权进行保护，保证套期保值的效果。期权可以达到保护期货头寸的效果。

3. 期权加期权组合。双期权保值策略可以将成本锁定在一定的区间内，又可以降低套保成本。该策略既能规避价格不利变化的风险，又能保留一定的获利潜能，但放弃了无限收益的权利。损失和盈利都是确定的。

综上可以看出，各种套期保值策略和组合都有其适用的条件和前提，都是在风险和收益之间寻求平衡，可以把各种保值策略和组合理解为企业的指导工具，在不同的价格区间、波动水平或根据企业不同阶段的风险偏好灵活选取。不过，任何策略都离不开对价格趋势的判断和对风险与利润的取舍。

进行相应的套期保值效果评估时，不能从现货或期货的单方面盈亏进行评估，而应该从两个市场进行综合评估。

九、铁矿石开采企业如何运用铁矿石期货？

案例 6－1

某铁矿石生产企业的情况大致如下：该企业拥有铁精粉年产量为 1 200 万吨，每月生产约为 100 万吨左右。近期，国产铁矿石现货平均价格从 2013 年 11 月初的 930 元/吨开始下滑，下降至当前的 915 元/吨左右。企业预计一段时间内铁矿石价格仍将继续走低，因此该企业决定对未来 5 月份的部分铁矿石在期货市场上进行卖出套期保值。

（1）保值比例首次预取 30%，保值量 = 1 000 000 × 30% = 300 000 吨，即首次保值头寸 3 000 手（100 吨/手）；

（2）保值方向为卖出保值；

（3）建仓合约为 I1405 合约（2014 年 5 月份到期的铁矿石合约）；

（4）资金需求及配置情况见表 6－2。

根据铁矿石行情趋势分析，预期此月份 I1405 合约建仓的合理价位为 920 元/吨。具体方案见表 6－3。

表 6－2　　铁矿石生产企业卖出套保静态分析

预期建仓价位（元/吨）	920
保值量（吨）	300 000
现货价值（元）	274 500 000
期货保证金比例（%）（交易所最低保证金比例 5% + 期货公司加收 5%）	10
持仓保证金（元）	27 600 000
总资金需求（元）	40 000 000

续表

<table>
<tr><th colspan="3">资金配置情况</th></tr>
<tr><td>现货价值（元）</td><td colspan="2">总资金需求（元）</td></tr>
<tr><td rowspan="3">24 750 000</td><td colspan="2">40 000 000</td></tr>
<tr><td>持仓占用保证金（元）</td><td>可用资金（元）</td></tr>
<tr><td>27 600 000</td><td>12 400 000</td></tr>
</table>

表 6-3　　　铁矿石生产企业卖出套保方案的具体实施

<table>
<tr><td>每月运行量</td><td colspan="3">1 000 000 吨</td></tr>
<tr><td>保值比例</td><td colspan="3">30%</td></tr>
<tr><td>保值量</td><td colspan="3">300 000 吨</td></tr>
<tr><td>情况 1</td><td colspan="3">价格处于相对较高位，市场出现销售不畅，价格有下行风险</td></tr>
<tr><td>操作 a</td><td colspan="3">先在期货上建仓，现货卖出后，期货同时进行平仓</td></tr>
<tr><td>情况 1.1</td><td colspan="3">基差同量波动</td></tr>
<tr><td>情况 1.1 的盈亏情况</td><td>建仓时价格（元/吨）</td><td colspan="2">卖出现货时价格（元/吨）</td></tr>
<tr><td>铁矿石现货</td><td>915</td><td colspan="2">900</td></tr>
<tr><td>期货</td><td>920</td><td colspan="2">905</td></tr>
<tr><td>卖出现货时收入减少（元/吨）</td><td>15</td><td>现货总盈亏（元）</td><td>-4 500 000</td></tr>
<tr><td>期货盈利（元/吨）</td><td>15</td><td>期货总盈亏（元）</td><td>4 500 000</td></tr>
<tr><td>总盈亏（元）</td><td colspan="3">0</td></tr>
<tr><td>情况 1.1 效果</td><td colspan="3">当基差同量波动，达到完全保值的目的</td></tr>
<tr><td>情况 1.2</td><td colspan="3">基差出现扩大</td></tr>
<tr><td>情况 1.2 的盈亏情况</td><td>建仓时价格（元/吨）</td><td colspan="2">卖出现货时价格（元/吨）</td></tr>
<tr><td>铁矿石现货</td><td>915</td><td colspan="2">900</td></tr>
<tr><td>期货</td><td>920</td><td colspan="2">890</td></tr>
<tr><td>卖出现货时收入减少（元/吨）</td><td>15</td><td>现货总盈亏（元）</td><td>-4 500 000</td></tr>
<tr><td>期货盈利（元/吨）</td><td>30</td><td>期货总盈亏（元）</td><td>9 000 000</td></tr>
<tr><td>总盈亏（元）</td><td colspan="3">4 500 000</td></tr>
</table>

续表

情况 1.2 效果	当基差出现扩大时，达到完全保值外，还出现了净盈利。在建仓时，预计基差扩大可能性较大时，可适当提高保值比例		
情况 1.3	基差出现缩小		
情况 1.3 的盈亏情况	建仓时价格（元/吨）	卖出现货时价格（元/吨）	
铁矿石现货	915	900	
期货	920	910	
卖出现货时收入减少（元/吨）	15	现货总盈亏（元）	-4 500 000
期货盈利（元/吨）	10	期货总盈利（元）	3 000 000
总盈亏（元）	-1 500 000		
情况 1.3 效果	基差缩小时，未能达到完全保值的目的，但期货的盈利减少了现货的亏损。在建仓时，预计基差缩小可能性较大时，可适当降低保值比例		
下一步策略	（1）下个月是否继续卖出套期保值需视行情而定；是否增加或者减少保值量，可以根据当时行情及企业库存量灵活调整 （2）如果市场价格出现反弹，且期货价格上涨趋势依然较强，转到操作 b		
操作 b	当价格出现反弹，期货价格上涨未达到止损位（按照资金预算设定），则继续持有；期货价格上涨至止损价，则在期货上考虑止损离场		
期货止损价差	10		
采取该策略，如果止损，期货亏损限制在	-3 000 000 元		

本案例中，期货市场中交易的手续费没有计算在内。在实际操作时，在确定开仓价格或选择平仓时机时应将交易手续费用计算在内，也可以在最后计算套期保值的效果时将交易费用计算在总盈亏里面。

十、铁矿石贸易商如何运用铁矿石期货?

案例6－2

某企业为铁矿石贸易型企业，在采购铁矿石时，担心铁矿石价格出现上涨，在卖出铁矿石时，又担心其价格下跌。虽然铁矿石价格的涨跌对企业利润有所影响，但为了保证供应，企业必须保证50 000吨左右的库存量。那么，该企业可通过对市场走势的研判，在期货上对现货库存进行管理，视市场情况做买进套期保值锁定铁矿石采购成本，或者做卖出套期保值锁定铁矿石销售值，或者在期货上对总库存规模进行控制。具体情况为：

1. 当贸易型企业铁矿石库存较低且铁矿石价格上涨时，尤其是现货升水，现货市场供应较为紧张时，贸易型企业感到进货困难，或者认为当前库存较低，未来铁矿石价格上涨的概率又较大，从而希望多补充现货，但该行为对现有资金以及库容形成压力。又或者下游的小型焦化厂急需铁矿石现货而上游煤企铁矿石出厂价格不定时，可能会出现成本风险。以上情况下，贸易商可以考虑通过买入铁矿石期货，有效控制价格并减少库存压力。

2. 当贸易型企业铁矿石库存较高，铁矿石价格有价无市，现货销售不畅时，价格下行风险加大，此时，企业可卖出铁矿石期货，规避现有库存贬值风险。

3. 当铁矿石现货市场处于弱市，价格疲软，需求量降低，贸易商为了维持正常经营库存水平应减少原计划的库容量。此时，尤其是期货较现货贴水时，贸易商可通过在现货上以略低于市场现货价格进行抛售减库，在期货市场买入一定的头寸进行操作。这样可以使得实际库存与虚拟库存之和保持在计划库存量上，同时大大降低资金占用比例，这样对贸易商现金流有很大帮助。等到市场回暖、现货需求量加大时再买回现货，并同时卖出期货平仓。

该贸易企业一般维持 50 000 吨的铁矿石库存规模。在当前现货市场低迷的情况下，实际正常经营库存维持在 40 000 吨的水平。现货市场价格为 915 元/吨，期货贴水 20 元/吨，I1405 为 895 元/吨，此时该贸易商考虑在期货市场上买进铁矿石期货 10 000 吨（24%，40 手）的多头头寸，同时以低于现货市场的价格抛售 10 000 吨的铁矿石现货，等市场好转时，再增加现货库存至往常水平，并平掉期货头寸。

（1）保值比例为 25%，保值量 =50 000×25% =12 500 吨，相当于 125 手合约；

（2）保值方向为买进保值；

（3）建仓合约为 I1405 合约（2014 年 5 月份到期的铁矿石期货合约）；

（4）资金需求及配置情况见表 6－4。

根据铁矿石行情趋势分析，预期 5 月份 I1405 合约建仓的合理价位为 895 元/吨，具体方案实施见表 6－5。

表 6－4　　中游贸易商买入套保静态分析

<table>
<tr><td>预期建仓价位（元/吨）</td><td colspan="2">895</td></tr>
<tr><td>保值量（吨）</td><td colspan="2">12 500</td></tr>
<tr><td>现货价值（元）</td><td colspan="2">11 437 500</td></tr>
<tr><td>期货保证金比例（%）（交易所最低保证金比例 5% +期货公司加收 5%）</td><td colspan="2">10</td></tr>
<tr><td>持仓保证金（元）</td><td colspan="2">1 118 750</td></tr>
<tr><td>总资金需求（元）</td><td colspan="2">3 000 000</td></tr>
<tr><td colspan="3">资金配置情况</td></tr>
<tr><td>现货价值（元）</td><td colspan="2">总资金需求（元）</td></tr>
<tr><td rowspan="3">2 640 000</td><td colspan="2">300 000</td></tr>
<tr><td>持仓占用保证金（元）</td><td>可用资金（元）</td></tr>
<tr><td>1 118 750</td><td>1 881 250</td></tr>
</table>

表 6 – 5　　中游贸易商库存保值方案的具体实施

计划库存总量（元）	40 000		
套保比例（%）	25		
套保量（吨）	10 000		
情况 3	市场处于弱市		
操作 a	以市场价格抛售现货，买入期货，保证计划库存量		
操作 a 的盈亏情况	贸易商准备抛售时市场的现货价格（元/吨）	贸易商抛售现货的价格（元/吨）	
铁矿石现货	915	900	
期货	建仓（买入）价格（元/吨）	890	
抛售现货亏损（元/吨）	15	现货总盈亏（元）	–150 000
操作 b	当市场回暖时，买回现货，卖出期货		
铁矿石现货	贸易商回购价(元/吨)	910	
期货	平仓（卖出）价格（元/吨）	920	
购买铁矿石现货成本增加（元/吨）	10	现货总盈亏（元）	–100 000
期货盈利（元/吨）	30	期货总盈亏（元）	300 000
操作 b 总盈亏（元）	300 000		
操作 a + 操作 b 总盈亏(元)	200 000		

当基差扩大时，类似表 6 – 7 的情况 2. 2，操作 b 的总亏损将有所扩大，同样，在建仓时，预计基差扩大可能性较大时，可适当降低保值比例。当基差缩小时，类似表 6 – 7 中的情况 2. 3，操作 b 的总亏损将有所减小，甚至出现净盈利情况，同样，在建仓时，预计基差缩小的可能性较大时，可适当增加保值比例

续表

下一步策略：	（1）下个月是否买入或卖出期货，视行情而定；是否增加或者减少保值量，可以根据行情及企业库存量灵活调整	
	（2）如果市场持续弱市，期货价格继续下跌，转到操作 c	
操作 c：当市场持续弱市，期货价格未达到止损位，则继续持有；期货价格下降至止损价，则期货上考虑止损离场		
	止损价（元/吨）	880
采取该策略，如果止损，期货亏损限制	－100 000（元）	
期货与现货总亏损限制为	－200 000（元）	
方案效果	当期现同比例波动时，操作 a＋操作 b＋操作 c 的总亏损为 200 000 元，但是此做法却保证了在市场弱市时，减小库存敞口的风险，并且在需求回暖时，保证了总体库存量达到计划库存总量	

本案例中，期货市场中交易的手续费没有计算在内。在实际操作时，在确定开仓价格或选择平仓时机时，应将交易手续费用计算在内，也可以在最后计算套期保值的效果时将交易费用计算在总盈亏里面。

案例 6－3

基本套期保值业务操作具体步骤

以铁矿石贸易商买进套期保值避险为例。假设某铁矿石进口商要在第二年 1 月买进 10 000 吨铁矿石。

第一步，从多个供应商处索取铁矿石现货报价：供应商 1 为 118 美元/吨，供应商 2 为 120 美元/吨，供应商 3 为 116 美元/吨。

第二步，观察 DCE 1 月铁矿期货价格，目前交易价格为 98.42 美元/吨（人民币折算）。

第三步，利用 4 月期货价格计算每一个报价的基差，供应商 1～3 分别为 19.58、21.58、17.58（美元/吨）。

第四步，回顾历史表明，1 月份的平均基差为 15，对 4 月合约，最强为 17，最弱为 13（目前，我国许多企业的问题是没有相关的基差历史数据）。最低报价供应商 3 的基差仍高于 2 月份历史最高水平。因此，进口商决定延迟签订 CNF 合约（基差的作用之一是告诉我们不可以不加思考地在任意时间购买现货；作用之二是减弱的基差有利于多头套期保值）。相反，贸易商决定利用 DCE 购买四月份铁矿石合约，价格为 98.42 美元/吨（人民币折算）锁定价格。

第五步，进口商购买相当于 10 000 吨的 DCE 铁矿石期货合约，为 100 手。

第六步，进口商从供应商 1～3 处取得 1 月中外盘 CNF 交割最新铁矿石报价：分别为 125、129、126 美元/吨，相比现货报价明显上涨。

第七步，观察 DCE 1 月铁矿石期货为 110.23 美元/吨（人民币折算），建仓日相比期货价格也上涨。

第八步，计算每一个最新报价的基差：供应商 1～3 分别为 14.77、18.77、15.77 美元/吨，相比 9 月 1 日基差下降，说明期货价格上涨的幅度高于现货。

第九步，进口商注意到供应商 1 的基差不但最弱，而且低于历史的年均水平，于是接受供应商 1 在二月交割 125 的 CNF 报价。

第十步，与供应商 1 签订现货合同后，铁矿石进口商就应该平仓其期货部位。原来买入的 4 月铁矿石期货合约，必须通过期货经纪商以目前价格 110.23 美元/吨全部卖出。

总结：基差处于历史高点，所以铁矿石进口商决定等待而不是马上签 CNF 现货合约。相反，贸易商购买了四月期货合约并等待基差减弱。临近到期日交割的基差对期货建仓时已降至 14.77 美元/吨，进口商当即选定供应商 1 签订现货合同，同时卖出全部期货合约平仓了结。此案例中，铁矿石进口商利用历史基差资料和期货市场有效保证了自己进口成本的合理性。

窍门总结：认识单一市场风险价格敞口，利用基差来判断期货和现货的价格优势，平仓了结方式按最大收益抉择。

小贴士

套期保值中的期转现交易

期货转现货交易，叫基差交易或点价交易，是指买卖双方约定在未来某个时间，双方以某期货市场相关品种的收盘价加减约定的基差值，作为履约价格，完成现货转让的交易。在期货转现货的交易中，为防止价格波动风险，买卖双方通常会进入期货市场各自建立一个多头和空头部位，临近履约日期时，一般由卖方点价，通过期转现，双方对冲期货多头和空头部位，结束各自的套期保值交易，继而根据达成的基差交易协议进行现货转让。在期转现交易中，两端避险者（买卖双方）不需要进入期货交易所内进行平仓操作，以避免不理想的交易价格以及现货交易与期货委托订单的时间差。

案例 6－4

套期保值中的换月避险套期保值操作

所谓换月避险，就是将避险由一个期货月份转移到另一个期货月份，即平仓一个目前期货部位，并在远月合约建立一个新的期货部位。换月的原因主要有两个：一是由于一些未完成的工作而被迫转换避险月份。例如，某个企业在远期签约卖出现货铁矿石，为此买进 1 月铁矿石期货合约，以免于价格上涨的风险。但到 1 月交割日前，仍未在现货市场上买到铁矿石，因此只能转月，将 1 月铁矿石合约卖出，再买进 5 月期货合约。二是通过换月来改善企业的利润状况。比如，某现货商本应在 8 月期货合约上避险，如果他发现 7 月和 8 月两月基差有较大差异，而 7 月合约将使他有利可图，他可以先在 7 月合约上建仓避险，到时平仓获利，再转至 8 月合约正常避险。

目前，市场上广泛应用的换月避险操作方式主要有两种：一种是随时跟踪合约间的价差，选择有利于自己的价差时点进行转月。另一种是进行阶梯式换月，比如选择换月日 T 及前后两个交易日 T－2、T－1、T＋1 和 T＋2 共5 个交易日作为转月时间窗口。移仓的比例可根据实际情况选择金字塔形式或等差形式。

十一、钢铁企业如何运用铁矿石期货?

对于钢铁企业来说，铁矿石是其生产的原料，且铁矿石成本占据钢材成本比例较大，因此，对企业来说成本波动是主要的风险敞口，对其进行买入套期保值为宜。买入套期保值时应注意，钢厂应根据自身的生产规模和铁矿石统计消费量合理制定套期保值规模。

案例 6－5

假设某钢厂年产能为 480 万吨，月度消耗铁矿石约为 20 万吨。目前，该企业铁矿石进厂价格为 915 元/吨。钢厂对市场进行评估后认为，在一段时间内国内铁矿石价格上涨的可能性较大，为防止后期铁矿石补库时价格上涨，该钢厂决定在期货市场上进行铁矿石的买入套期保值。

1. 保值比例首次预取 30%，保值量 = 200 000 × 30% = 60 000 吨，即保值头寸为 600 手；
2. 保值方向为买进保值；
3. 建仓合约为 I1405 合约（2014 年 5 月份到期的合约）；
4. 保值程度为每月运行量的 30%。

根据铁矿石行情趋势分析，预期 5 月份 I1405 合约建仓的合理价位为 920 元/吨。总资金需求及配置情况见表 6－6，具体方案实施见表 6－7。

表 6－6　下游钢厂买入套期保值的静态分析

预期建仓价位（元/吨）	920
保值量（吨）	60 000
现货价值（元）	54 900 000
期货保证金比例（%）（交易所最低保证金比例 5% + 期货公司加收 5%）	10

续表

<table>
<tr><td>持仓保证金（元）</td><td colspan="2">5 520 000</td></tr>
<tr><td>总资金需求（元）</td><td colspan="2">8 000 000</td></tr>
<tr><td colspan="3">资金配置情况</td></tr>
<tr><td>现货价值（元）</td><td colspan="2">总资金需求（元）</td></tr>
<tr><td rowspan="3">3 888 000</td><td colspan="2">8 000 000</td></tr>
<tr><td>持仓占用保证金（元）</td><td>可用资金（元）</td></tr>
<tr><td>5 520 000</td><td>2 480 000</td></tr>
</table>

表 6－7　　　下游钢厂买入套期保值方案的具体实施

<table>
<tr><td>运行总量（吨）</td><td colspan="3">200 000</td></tr>
<tr><td>保值比例（%）</td><td colspan="3">30</td></tr>
<tr><td>保值量（吨）</td><td colspan="3">60 000</td></tr>
<tr><td>情况 2</td><td colspan="3">买入铁矿石现货时期现价格上涨</td></tr>
<tr><td>操作 a</td><td colspan="3">买入铁矿石现货后期货平仓</td></tr>
<tr><td>情况 2.1</td><td colspan="3">基差（现货价格－期货价格）同比例波动</td></tr>
<tr><td>情况 2.1 的盈亏情况</td><td>建仓时价格（元/吨）</td><td colspan="2">买入现货时价格（元/吨）</td></tr>
<tr><td>现货</td><td>915</td><td colspan="2">930</td></tr>
<tr><td>期货</td><td>920</td><td colspan="2">935</td></tr>
<tr><td>买入现货时成本增加（元/吨）</td><td>15</td><td>现货总盈亏（元）</td><td>－900 000</td></tr>
<tr><td>期货盈利（元/吨）</td><td>15</td><td>期货总盈亏（元）</td><td>900 000</td></tr>
<tr><td>期限总盈亏（元/吨）</td><td colspan="3">0</td></tr>
<tr><td>情况 2.1 效果</td><td colspan="3">基差同比例波动，达到当月保值量完全保值的目的</td></tr>
<tr><td>情况 2.2</td><td colspan="3">基差出现扩大</td></tr>
<tr><td>情况 2.2 的盈亏情况</td><td>建仓时价格（元/吨）</td><td colspan="2">买入现货时价格（元/吨）</td></tr>
<tr><td>现货</td><td>915</td><td colspan="2">930</td></tr>
</table>

续表

期货	920	930	
买入现货时成本增加（元/吨）	-15	现货总盈亏（元）	-900 000
期货盈利（元/吨）	10	期货总盈亏（元）	600 000
期现总盈亏（元）	-300 000		
情况 2.2 效果	基差扩大时，未能达到当月保值量完全保值的目的，但期货的盈利减少了现货上的损失。在建仓时，预计基差扩大可能性较大时，可适当减小保值比例		
情况 2.3	基差出现缩小		
情况 2.3 的盈亏情况	建仓时价格（元/吨）	卖出现货时价格（元/吨）	
铁矿石现货	915	930	
期货	920	945	
卖出现货时收入减少（元/吨）	15	现货总盈亏（元）	-900 000
期货盈利（元/吨）	25	期货总盈利（元）	1 500 000
总盈亏（元）	600 000		
情况 2.3 效果	基差缩小时，达到超额完全保值的目的，期货的盈利减少了现货亏损的同时获取了超额利润。建仓设计中，预计基差缩小可能性较大时，可适当降低保值比例		
下一步策略	（1）下个月是否进行买入套期保值，视行情而定；是否增加或者减少保值量，可以根据当时行情及企业库存量灵活调整 （2）如果买入期货后，期货价格出现下跌，且下跌趋势依然持续，转到操作 b		
操作 b	当期货价格下跌，未达到止损位，则继续持有；期货价格下跌至止损价，则在期货上考虑止损离场		
期货止损价（元/吨）	910		
采取该策略，如果止损，期货亏损限制	-600 000 元		

本案例中，期货市场中交易的手续费没有计算在内。在实际操作时，在确定开仓价格或选择平仓时机时应将交易手续费用计算在内，也可以在最后计算套期保值的效果时将交易费用计算在总盈亏里面。

值得一提的是，在第九、第十、第十一个问题中，只是用假设需求的方式介绍了几种企业最常用的静态套期保值形式，而实际中的套期保值则是通过实际需求确定的。例如，钢厂或铁矿石开采商如需对库存矿进行保值，则需求发生扭转，可以借鉴贸易商关于库存管理的基本策略。市场是灵活多变的，相对应的市场操作自然也不能墨守成规。

十二、企业能否利用期货市场来提高盈利水平？如何才能实现？

下面我们将通过实例向大家展示企业如何利用期货市场来提高自身的盈利能力，如何在激烈的市场竞争中稳步发展，最终走在行业的最前沿。

案例 6－6

江西铜业南方公司套期保值风险管理模式的成功

江铜集团下属的南方总公司（简称南方公司）成立于1993年，主要经营有色金属及相关产品国内贸易与进出口业务。南方公司自2001年开始采购铜板原料，通过外包加工的方式委托外单位加工成铜杆，充分利用自身的资金、人才及资源的优势，建立渠道，开拓华南及海外的市场。

南方公司进入铜杆市场伊始，其他铜杆企业早对华南市场“跑马圈地”，客户对供应商早有“先入为主”的思想，即使南方公司经过初期艰难的经营，也难以开拓一片完全属于自己的营销市场。针对不利的竞争局势，南方公司最终提出了利用上海期货交易所铜期货的保值功能，改变铜杆销售的定价方式这一方案。按照该方案，南方公司向优质客户开放点价销售模式，同时在期货市场进行保值，规避客户点价风险。

2001年以前，铜杆市场定价仅按当地铜板售价加上加工费的方式，定价模式死板、单一，而下游企业又因终端消费企业要求，迫切希望有点价、均价等定价方式。南方公司首创的铜杆点价销售机制恰好满足了客户的需求。经过持续不懈的努力，铜杆点价销售的方式逐步在业务中推开，客户也从中得到了实实在在的利润。2001年开展点价销售业务以后，南方公司客户数量迅速上升。特别是在2002年和2003年，南方公司的活跃客户数量成倍增长。之后的几年中，活跃客户数量也保持了平稳而快速的增长。南方公司的铜杆销售量也从2001年的2.5万吨上涨至2008年的24.4万吨，增幅高达9.76倍。2001~2008年，南方公司国有资产年增值率都保持在100%以上，完美地实现了国有资产的保值增值。

南方公司充分发挥期货市场套期保值的功能，以科学的套期保值理念为基础，在经营规模快速扩张的同时，降低了企业面临的风险。为了能够有效地利用期货市场的套期保值功能，同时控制好交易风险，南方公司建立了统一管理的套期保值模式，粗杂铜购买、铜杆销售、进出口等各业务板块的现货营销情况第一时间集中反映到期货部来，期货部及时建立现货营销和套期保值头寸台账和报表，将现货头寸和期货头寸一一对应，这样既便于对业务部门的业绩考核，又防范头寸错配带来的风险。公司明确规定，现货采购或销售时，必须以在期货市场能否对该头寸进行保值为准，有风险敞口的业务不做。这样，尽管南方公司经营规模年年攀升，企业的风险却在下降。

南方公司的具体保值操作方法是：对于每月采购的原料，企业一定要在当月进行卖出保值，保证所抛出价格在当月结算价附近；在客户点价的同时，在对应的期货市场进行等量的买入平仓。此方法既有效地锁定了公司的核心利润——加工费，又合理规避了铜价的波动风险，并且实现了客户需求的最大化。现货盈亏+期货盈亏=总盈亏≥0，才是正确的套期保值效果评估标准，也是企业参与套期的基础理念。在保证正常加工费利润的情况下，近年来南方公司期货现货结合的保值盈亏情况见表6-8（以铜杆为例，此现货盈亏未包括铜杆的加工费）。

表 6 – 8　　江铜南方公司部分套期保值数据

年份	铜材销量（吨）	现货盈亏（万元）	期货盈亏（万元）	综合盈亏（万元）
2005	89 158	– 8 775.02	8 788.84	13.82
2006	122 296	– 17 621.7	17 641.56	19.8535
2007	154 441	2 907.07	– 2 524.55	382.5163

2005 年 12 月至 2006 年 6 月，沪铜价格从 37 000 元/吨上涨至 85 000 元/吨。在铜价上涨过程中，南方公司与下游客户签订了大量的远期订单，也相应在铜期货合约上进行买入保值。套期保值的结果是，南方公司的期货账户出现了巨额盈余，有效地对冲了现货市场上原材料价格上涨的风险；2008 年 10 月至 12 月，沪铜价格从 55 000 元/吨下跌至 25 000 元/吨。在铜价下跌过程中，南方公司也与下游客户签订了远期订单，相应在铜期货合约上进行了买入保值。套期保值的结果是，南方公司的期货账户出现了明显的亏损，期货市场的亏损由现货市场的盈利弥补，总盈利仍然有数千万元。

此外，南方公司套期保值的综合盈亏（现货盈亏 + 期货盈亏）始终保持着相对平稳，成功规避了铜价极端行情的负面影响，达到了企业原有的保值目标，真正熨平了企业经营风险，保证了企业赚取核心利润。

案例启示：经过多年运作，江铜对期货市场的认识不断提高和深入，利用期货市场的方式日益灵活。江铜不再仅仅将期货市场当做现货采购或销售的渠道，而是充分利用期货市场提供的价格信息和市场机会来为企业经营决策服务，积极参与期货市场使江铜从生产型企业转向为经营型企业。

由于长期坚持套期保值理念，规范运作，江铜多次被中国证监会树立为国有企业从事套期保值的典范。江铜的成功经验正在被更多的有色金属行业的企业所借鉴，目前国内有色金属行业大部分上市公司都利用期货市场管理财务风险，以尽可能地减少原材料的价格波动对企业生产经营造成的冲击。通过期货市场，这些企业提高了市场化运作水平，奠定了与国际有色金属行业巨头一比高低的基础。坚持套期保值战略的企业放弃了超额利润，也回避了意外的风险，实现了企业的均衡生产，提高了整个行业的经济效益。

案例 6－7

锌期货：株冶平稳发展不可或缺的工具

“像株冶这样没有矿山的铅锌冶炼企业要想提高驾驭市场的能力，期货市场是必不可少的工具！”——株冶集团董事长傅少武如是说。

株洲冶炼厂是全国“一五”期间156项重点建设工程之一，是我国最大的铅锌生产和出口基地之一，主要以生产铅、锌系列产品为主，并综合回收铜、金、银、铟、镉、铋等10余种稀贵有色金属，其生产的“火炬牌”锌是我国第一个在伦敦交易所注册的商标。株洲冶炼厂于2002年1月整体改制成株洲冶炼集团有限责任公司，2004年8月30日株冶火炬1.2亿股A股在上海证券交易所挂牌上市，2007年3月22日实现集团的整体上市。

从竞争格局看，株冶集团在品牌、营销和冶炼技术方面都具有一定优势，构成了株冶在国际市场的竞争力。但是，与同类型企业相比，株冶集团的劣势主要体现在原料基地和生产成本两个方面。在资源方面，株冶没有自己的原料基地，属于两头在外的企业，因此，不仅面临更高的采购成本，而且更容易遭受价格风险。在区域的电价和劳动力成本等方面，株冶所在地区的水平均比西部地区的生产企业高，因而在生产成本上不占优势。

改制前的株洲冶炼厂，就曾参与伦敦金属交易所的期货交易以规避风险，但由于缺乏有效的内控机制，遭遇了一场巨大灾难——“株冶事件”。但是，这并没有阻止我国有色金属行业参与期货市场的脚步。2007年3月26日，沪锌期货在上海期货交易所成功上市。

当年，“株冶事件”的发生和解决有其历史特殊性。“株冶事件”事发前，株洲冶炼厂在日常生产、经营方面均堪称有色金属行业楷模。但由于参与卖空锌期货的套期保值头寸授权体制、调期交割的分散管理处理及后台的财务结算监管、风险监管等一系列关键制度和流程上存在漏洞，才为精通LME期货交易规则的国外炒家利用，最后因挤仓逼空而导致风险爆发。事发后，通过头寸止损、追加保证金、合理调期及组织货源交割等措施，将损失降到了最低。

2007 年株冶套期保值 2.19 万吨产量，保值盈利 4 700 万元；2008 年株冶套期保值 4.5 万吨产量，保值盈利 5 600 万元，有效地对冲了现货市场的价格风险。2009 年株冶市场部在原有的基础上对锌销售的套期保值方案进行了创新。运作流程如下：（1）市场部接到订单，如果没有原材料，在期货市场上保值，买入锌锭；在现货市场买到实物以后，就在期货市场上平仓。（2）市场部接到订单，如果有原材料，就在期货市场卖出保值。（3）合同履行完毕，在期货市场上平仓相应的头寸。（4）现货市场不留敞口，敞口用期货市场规避。这一方案收到了较好的成效，扩大了市场销售，锁定了风险，也获得了较好的经济效益。

2008 年，株冶集团在套期保值上传出了一个故事——被市场人士称为“1 000 万元的套保案例”。年初，我国南方地区遭受了史上罕见的雨雪冰冻灾害，包括株冶在内的多家有色金属冶炼企业由于雪灾导致的电力供应紧张在 1 月中下旬纷纷宣布减产甚至停产。在此情况下，株冶集团董事长傅少武判断：中国是全球最大的锌生产国，中国锌冶炼企业直接影响着国际锌市的行情，中国锌冶炼骨干企业株冶的减产将会导致伦敦、上海的锌价看涨。于是他在当时的保值方案决策小组会议上提出建议，将 2007 年 11 月建立在上期所锌期货 0803 合约的 8 000 吨空头头寸暂时平仓，在产能中断题材推高锌价后再建立空头头寸，这样能使锌锭销售时获得更高的收益。但这一建议却在当天的会议上受到公司管理层其他成员的反对，认为从套期保值计划的角度考虑，不应中途平仓；另外，这样操作有违套期保值的初衷。最终，经过小组投票，傅少武的平仓建议被否决，管理层决定继续保持原有头寸。

其实，傅少武的建议并不存在违规，只要不是以投机为目的，套期保值头寸建立和平仓的频率并不会改变套期保值的实际意义。实际上，锌价正如傅少武所预料的那样，受中国产能中断的影响，从 1 月 29 日的 19 060 元/吨上涨至 2 月 4 日的 20 745 元/吨，涨幅达到 1 685 元。以 8 000 吨锌的头寸计算，株冶集团在期货上“少赚”了 1 000 多万元。但是，在获取更好的交易价位和执行套期保值计划的争论中，株冶集团的管理层选择了后者。对于企业的套期保值而言，制度的执行要比争取价格点位更为重要。事后，傅少武毫无埋怨地说：“虽然我们没有赚到这笔钱，但我们坚持了民主决策制度，体现了可贵的风险防范意识，我认为值得。”时隔两年，这位“当家人”对当年这件事的态度还是那么旗帜鲜明：“我还将一如既往地鼓励我的团队大胆进言，走民主决策、科学决策的路子，决不会搞秋后算账。”

2008 年，国际经济形势急转直下，国内宏观调控持续从紧，有色金属产品价格大幅波动。株冶集团更是遭遇了四个前所未有的“百年一遇”。一是百年一遇的冰灾让株冶集团从 2008 年开年就面临巨大的歉产损失，供电、生产形势非常紧张，一度处于停产半停产状态，影响了公司 1 个月的产能。二是百年一遇的汶川大地震，导致公司原材料供应紧张，形成一定的呆坏账，给公司的循环经济工程项目施工和工程进度造成较大影响。三是奥运期间的交通管制在一定程度上影响北方的物流货运，影响了株冶集团北方业务的销售。四是百年一遇的金融危机，致使下游行业需求大幅减少，国内外铅锌价格同比跌幅达 60% 以上。尽管原料价格也有所下降，但远远滞后于产品价格的降低。然而，株冶集团最终依然取得了不俗的成绩，共完成铅锌总产量 49.2 万吨，实现销售收入 83.76 亿元，实现利润总额 6 971.67 万元。其中，株冶锌产量 38.19 万吨，占全国锌产量的 9.8%，居中国第一、世界第三。

株冶集团的成功，既得益于通过实施控产量、减成本、保资金链和保职工收入的“一控一减两保”措施，也在于其充分利用了现货市场和期货市场，推行全面风险管理，不断提升经营效率。

案例启示：株冶参与期货交易特别是境内期货交易以后，公司实现了风险的对冲。通过多年来的套期保值实践，公司的风险控制由以前的被动接受变为主动出击，而且将套期保值的风险控制理念很好地应用到整个生产经营领域，风险意识大大增强，风险控制能力大大提高。自从有了国内期货市场，公司可以选择期货市场进行原料定价和套期保值，锁定了成本或者亏损程度，主动权大大加强。不但定价越来越方便，而且原料的保障程度也大大提高，同时还避免了汇率风险。

另外，在产品销售环节，株冶通过在持有原料时以较高价位提前将产品进行卖出保值，或者在已经进行买入保值以后签订产品销售合同，既可以利用期货市场进行产品定价，也可以进行保值、锁定利润或者亏损程度，抗风险能力大大增强，生存空间大大拓展，即使是面临百年一遇的金融危机，企业也能够较为平稳地渡过，这充分体现了期货市场对于促进企业发展所起到的重要作用。

案例 6 -8

沙钢集团——中国钢铁行业套期保值的领军人

2013 年，中国钢铁企业的日子非常艰难，而沙钢公布的经营数据表明，其当年实现利税 57.8 亿元、利润 20 亿元，这傲人的数字与其高度市场化的经营密不可分。

2009 年 3 月 27 日，上海期货交易所推出钢材期货，对中国的钢铁行业的运行产生了深远影响。自钢材期货运行伊始，沙钢集团就积极参与期货套期保值操作。沙钢在期货市场的操作，曾经一度成为市场上辩论的焦点，也成为期货投机者判断期货价格走势的重要参考指标之一，更成为套期保值操作者研究学习的对象。根据上海期货交易所公布的每日持仓数据，笔者收集整理了钢材期货上市一年以来沙钢在期货市场的持仓变化，并结合主力合约结算价、交割月份结算价、钢材现货市场价格以及沙钢出厂价格，对沙钢套期保值操作进行了深入研究，以期对钢材行业生产企业以及钢材贸易商参与期货套期保值操作有所启示与帮助。

沙钢的套期保值操作大致可以分为三个发展阶段。

阶段一：积极参与阶段（2009 年 4 月 ~7 月）

2009 年 3 月 27 日，钢材期货正式挂牌交易，在钢材期货上市后不久，沙钢即积极进场。4 月 17 日，上海期货交易所首次公布钢材期货持仓数据，沙钢在螺纹钢 0909 合约上持有空单 31 080 手，至 5 月中旬增仓至 38 744 手，之后持仓一直没有变化，至 7 月 14 日，沙钢在螺纹钢 0909 合约上仍然持有空单 38 744 手。

7 月 15 日，螺纹钢突破前期高点，开始出现上涨。随后，螺纹钢价格大幅飙升，7 月底钢材期货主力合约连续出现两个涨停板。8 月初螺纹钢主力合约价格已升至 5 000 元/吨左右，较半个月前上涨了约 1 000 元/吨。而从 7 月 15 日开始，沙钢出现减仓行为，当天处于空头第一位的沙钢减仓 5 068 手，剩余持仓 33 676 手。随着价格的上涨，沙钢的减仓行动一直持续，至 8 月 10 日，沙钢螺纹钢 0909 合约剩余持仓只有 641 手。8 月 11 日，螺纹钢0909合约持仓榜前20位中已经再无沙钢的身影。

阶段二：彷徨摸索阶段（2009年8月~2009年9月）

8月19日，沙钢再度亮相持仓榜。但是，这次沙钢选择做多螺纹钢。当日，沙钢增仓螺纹钢主力0911合约14 300手，持仓量达16 349手，位居该合约多头持仓榜第5位。9月11日，沙钢在螺纹钢0911的多头持仓减仓至1 046手。周末过后，9月14日沙钢从多头持仓榜上消失。

事实上，8月4日前后钢材期货价格到达顶峰后就进入下滑通道。沙钢建立的多头仓位，并未使得价格停止下滑。而在这段时间，现货市场价格也出现剧烈下滑，由于7月底现货市场价格的剧烈上涨并未得到需求的有效支撑，加之钢材贸易商和终端用户"买涨不买跌"，现货市场价格从顶部几乎呈现出90度的直线下跌，沙钢遭受了期货市场和现货市场的双重损失。

从此以后，沙钢意识到市场力量的强大，同时也意识到套期保值原则的重要性。套期保值业务不再贸然改进，而是从更加侧重企业的实际需求出发，投资观念从"掌握市场"向"把握市场"转变。

阶段一、二探索过程中沙钢持仓的变化及其持仓对钢材市场价格的影响见图6-7、图6-8。

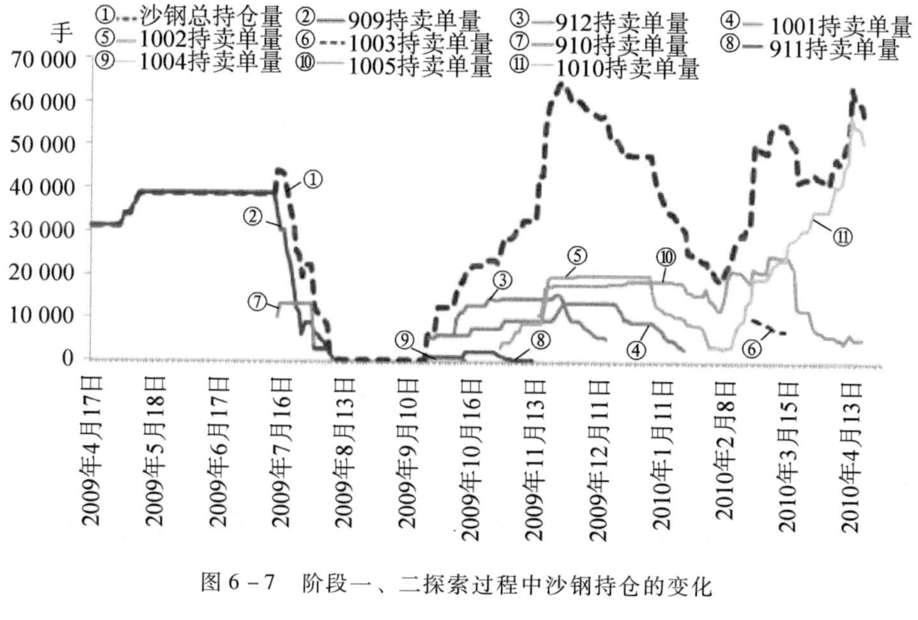

图6-7　阶段一、二探索过程中沙钢持仓的变化

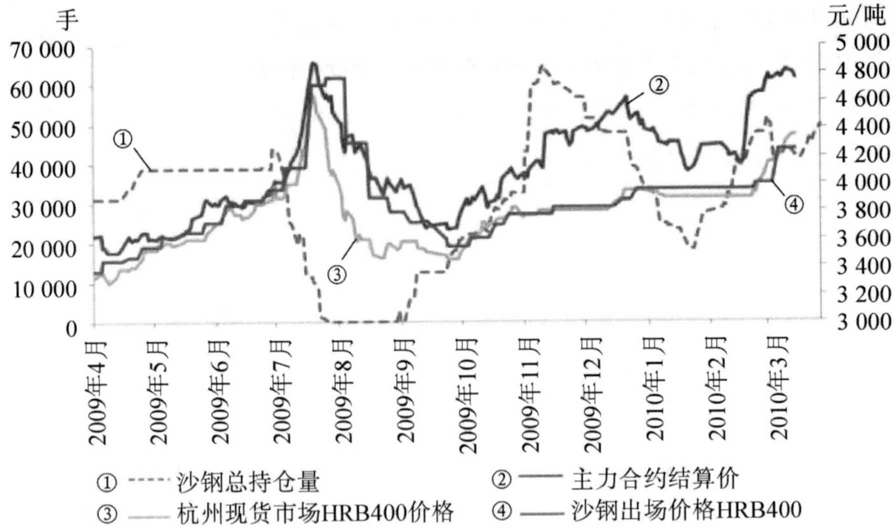

图 6－8 阶段一、二探索过程中沙钢持仓对钢材市场价格的影响

阶段三：成熟灵活阶段（2009 年 10 月至今）

经历了前期参与套期保值的兴奋与彷徨之后，沙钢后期进行套期保值的操作越来越趋于成熟和老练。

首先，沙钢的仓位操作更加灵活。期货上市之初，沙钢将所有的套期保值头寸建立在 0909 合约上，而在 10 月份之后，沙钢将套期保值的空单分别建立在多个合约上。10 月份的套期保值空单分别建立在 0911、0912 和 1001 合约上；11 月份开始将空单分别建立在 0912、1001、1002 和 1005 合约上；春节过后，分别将空单建立在 1005 和 1010 合约上。沙钢这样分不同合约建立空单，不仅降低了远月升水格局下移仓换月的成本，也避免了空单持仓过于集中成为多头攻击的对象。

其次，沙钢的操作严格遵循了套期保值的四大原则。沙钢的套期保值头寸规模一直维持在 5 万 ~6 万手，这个数量大体与沙钢一个月的螺纹钢产量相当，这点符合套期保值中数量相近原则。沙钢的套期保值仓位始终是空头席位，这个符合交易相反的原则，即用一个市场的盈利去弥补另外一个市场的亏损。

随着焦炭、焦煤、铁矿石的陆续上市，使得沙钢具有更广阔的发展空间。目前，沙钢在几个主要品种中均有参与，并依托自身的港口和运输优势，逐渐占据焦煤和铁矿石期货的新阵地，在踊跃参与交易的同时，沙钢也积极尝试交割等业务，并逐渐将基差交易理念贯穿于期现货经营结合之中，正可谓“如鱼得水”。因此，即使在面临行业窘困的局面时，沙钢仍然能够做到游刃有余。在大多数同行还在抱怨行业压力时，在大多数同行正在为明天的行情忧虑时，沙钢已经将预期利润收入囊中。

案例启示：沙钢在期货市场上的发展史，充分体现了沙钢人的创新思维。在绝大多数企业裹足不前的时候，沙钢敢于尝试、创新、摸索，在期货市场新的挑战中胜不骄、败不馁，而期货市场返回给它的则是实实在在的“真金白银”，其中不仅包括巨大利润的回报，还包括更宝贵的经验积累及“沙钢模式”的创立。企业发展的忧患意识、推陈出新的创新激励、合理有效的“实战—创新—发展”模式的建立是沙钢为我们提供的套期保值业务发展的成功经验。

十三、企业参与套期保值会不会引入风险？如何防范套期保值风险？

企业开展期货套期保值虽然构建了期现货市场的对冲机制，但从单个市场来看，风险仍然存在，只不过通过对冲化解了，因此，严格地说，套期保值仅仅是规避风险可能造成的损失，而实际的风险是无法规避的。

（一）企业参与套期保值过程中的可能风险分析

相对于期货投机而言，期货套期保值的风险度较低，它主要是作为一种避险工具而存在的。但是，如果对期货套期保值的认识存在误区，导致制度失灵，或者在具体的业务行为中判断失误以及操作不当，也可能带来各种风险甚至铸成大错。具体说来，可能面临的风险主要有以下几种。

1. 申报手续不全，开展期货套期保值业务未获得必要的审批。这样做的结果是，由于企业直接违反了国有企业和上市公司对期货套期保值工作的监管制度，从一开始就违规操作，必然要受到国有资产监管部门和上市公司监管层的处罚。

2. 制度不健全而仓促建仓。企业相关的制约机制未能及时建立，没有完整的内部控制制度，也没有严格的业务授权规定和流程风险的监督防范，一旦出现操作失误则不能及时发现与补救，而且极易出现漏洞甚至被钻空子，导致国有资产安全性受到威胁。

3. 期货市场本质上是一个投机的场所，期价瞬息万变，做套期保值如果不能坚持目标，为一时的浮利所动，则极可能将套期保值做成了投机，此时将失去套期保值的意义，误入投机陷阱。

4. 我国期货市场仍然是一个年轻的市场，钢材期货套期保值对我们来说更是一个全新的业务，专业人才严重缺乏，而相关制度的操作程序又十分复杂。即便是做套期保值也必须高度关注市场，研判期价走势、价量动态及多空之间的持仓变化，以利于把握建仓、平仓的准确时机。这些客观要求如果达不到，都将直接或间接地影响套期保值的效果，从而给企业带来运作上的风险。

5. 一般而言，套期保值的系统性风险很小，但由于期货市场的杠杆效果，必然会引入相应的单方资金风险。如果市场向不利于期货持仓的方向运行，造成期货的大幅亏损，虽然现货方面获得了相应盈利，但利润实现需要时间周期，一是企业资金流比较紧张，就会造成期货市场的持仓可能出现爆仓局面，届时将形成“自逼”的逼仓局面，从而使套期保值难以为继。而这类风险在未设立期货专项资金的企业中或随意调用期货资金的企业中很容易出现。

（二）如何避免套期保值风险

期货市场是风险重新配置的市场，尽管开展了期货套期保值，但同样也存在种种风险。企业利用期货市场进行套期保值，更重要的是能够将价格不确定性风险转移出去，实现规避或减小价格波动风险的目的。为了有效地达到这一目的，企业必须做到以下两点。

1. 完善制度，充分满足钢铁企业参与套期保值的各项条件。

（1）组织制度的保障。企业参与期货交易，组织管理是客观要求，必须以团队的管理方式来参与，同时还要建立决策制度、投资计划制度、投资计划的执行和监督制度，用管理机制来保证投资管理的科学性、民主性以及投资资产的安全性和效益性。

（2）人才保障。期货交易是实力、智慧、胆量的博弈，参与期货交易除了要有资金实力做后盾外，还必须有懂得市场和投资管理的人才。而且，这些人才要有完善的市场理论知识，丰富的市场阅历和实践经验，组合成团队后，有能力使所管理的资产稳定保值、增值。

（3）资金策略保障。资金管理在期货投资中非常重要。企业应做好套期保值的财务计划，一是资金方面留有充足的余量，交易量和持仓量应与资金水平相适应；二是套期保值操作部门和财务部门要保持紧密联系，建立顺畅的信息通报和资金审批、划转机制，以及时满足保证金调整的需要，避免因无法及时足额提供保证金而影响套期保值计划的执行。

（4）建立完善的风险管理体系和内部控制制度并有效执行。建立完善的风险管理体系包括各项管理制度、决策及工作流程、风险控制措施等，特别是要建立有效的风险评估及预警机制，严格执行风险监控的制度，定期进行外部审计，防止因管理的疏漏，给企业带来不应有的损失。

2. 规范流程，落实缜密高效的套期保值风险管理。按照套期保值从发端到结束的时间顺序看，套期保值流程大致可归结为六个内容：前期研究、战略决策、套期保值方案的制订、风险评估及优化、保值跟踪及风险控制、保值效果评估。

（1）前期研究。前期研究包括市场和企业分析，对套期保值而言，市场和企业分析的重点是进行风险识别及风险量化，确定不同风险点下的企业的风险值。这也是企业制订套期保值方案及策略的依据。

（2）战略决策。在企业制订套期保值计划前，必须进行战略思考及战略规划，其涉及企业与套期保值有关的一些重大问题，如企业对风险的偏好度、风险承受能力、套期保值规模的大小、时间及资金安排。

（3）套期保值方案的制订。套期保值方案的内容主要涉及保值工具、保值数量、保值时间、保值价格及不同情况下的应对措施。套期保值计划必须具有可行性和一定的灵活性。

（4）套期保值方案的风险评估及优化。保值成本、基差等因素及企业逐利的特性，使得完美的保值很难实现。在风险对冲的基础上应不断优化保值方案，尽可能优化保值效果。

（5）保值跟踪及风险控制。企业应建立严格有效的风险管理制度，利用事前、事中及事后的风险控制措施，预防、发现和化解风险。

（6）保值效果评估。某项套期保值活动结束后，应按照系统的保值效果评估体系对套期保值结果进行评估。一方面，企业可以从中总结经验教训，对保值思路或保值策略进行完善，以利于日后的套期保值取得更好的成绩；另一方面，也是对相关人员考核的依据。

十四、企业参与套期保值的常见问题有哪些？如何解决？

（一）套期保值中我国企业自身存在的问题

1. 我国企业对金融衍生品本身认识不足。目前，我国大多数企业经营者已认识到在市场经济条件下产品的市场需求对企业生产经营的制约作用，市场化的意识已大大增强。大多数企业也感受到了来自国内与国外的竞争压力，如何降低成本、提高效率、形成有自己特色的产品和服务已成为企业重要的发展战略。但是企业对经济不确定性引起的企业经营风险尚未能足够重视，尤其是期货市场在企业风险管理中的作用还未正确或充分地被认识。企业经营班子对期货市场的不熟悉使得其参与的欲望不强烈，宁可抱着传统的现货经营思路消极地应对市场，也不愿向期货等金融衍生品市场迈进一步。

2. 我国企业对套期保值的评价存在认识偏差。国外企业利用衍生工具对冲风险比比皆是，如炼油厂、有色金属冶炼业、大型粮商为了规避原材料、产品的价格风险，一般都在期货、期权市场进行相关头寸的套期保值。然而，在国内，参与套期保值的企业却相对较少，原因并不是国内企业没有套期保值需求，而是企业、投资者对套期保值存在偏差，许多人视期货市场如洪水猛兽，只要与期货市场沾边，都认为是高风险。这从一个侧面反映了我国投资者、企业对套期保值的怀疑态度。企业这种态度是有原因的。据了解，企业因为原材料风险导致亏损较易于被股东、投资者接受，而套期保值业务如果出现亏损，则往往不被人们理解，轻则被指责公司有投机心理，决策失误，重则矛头直指相关领导人，怀疑该领导人的职业能力。套期保值业务出现盈利时，人们也不会因此肯定公司的经营，认为是理所当然。这种成败待遇的迥然差别，使得企业对套期保值业务比较谨慎，即便面临风险也只会在采购或者销售环节尽力避免，而不会考虑参与套期保值。

要纠正人们的偏见，首先，需要媒体的正面宣传，令投资者对套期保值有正确认识，为企业进行套期保值创造良好的舆论环境。其次，国家在相关政策上应鼓励企业进行套期保值。比如参加套期保值的企业贷款时，有一定的优惠利率；对参加套期保值的企业在上市审核中可以优先审核，并放宽部分要求。值得肯定的是，新会计准则要求企业必须对套期保值进行信息披露，而且对套期保值业务进行清楚地界定，把套期项目和套期工具公允价值变动的抵消结果作为评价套期保值效果的依据，有助于纠正企业、投资者对套期保值的错误认识。最后，期货公司作为市场推广的主体，在营销时不能急于求成，不能为业务而将套期保值过分夸大，而应让企业对套期保值的优点、风险有一个全面的认识，使企业不会因一次保值亏损而从此与套期保值绝缘。

3. 我国企业对大宗商品金融属性认识不足。商品的经营属性是基础属性，商品的固定属性是更加基础的属性，它又是商品变化属性的基础。可以说，商品的固定属性是最基础的部分。如果大宗商品只存在于现货市场上，那么其价格主要由供求关系来决定，其他诸如天气、政府政策等都只是外在影响因素。而当大宗商品到期货交易所上市的时候，其就具有了金融属性。除受商品基本属性和其他属性影响外，还要受到国家货币和财政政策、资金面的供求状况的影响，商品期货的金融属性甚至成为国家战略调控的手段。

这就造成了大部分企业的认识没有跟上当前社会发展的需要，还单纯地以商品属性作为全局判断的标准，从而导致重大的判断失误。

4. 国有企业内部体制、制度与套期保值的矛盾。对于钢铁及周边行业而言，国有企业占据绝对的主力位置。然而，我国对国企参与金融衍生品的要求异常严格，一系列的审批报备过程使得套期保值业务展开缺乏活性，这就使得许多潜在的需求企业在可能出现的审批风险上望而却步，导致参与意向的降低。此外，国家对于国有企业的考核仍主要体现在生产总量、经营总量等几项主要指标上，而对于企业最重要的利润、盈利能力等还缺乏科学的考核机制，这就使得国有企业在经营过程中侧重考核指标的完成情况，而对利润等的考核不太重视，从而导致套期保值业务受到冷落。

5. 企业关于套期保值方面的人才缺乏。目前，我国企业中的期货工作人员大多没有经过系统培训，期货以外的金融知识更是缺乏。另外，企业又往往特别需要那些杰出的、能够给企业领导提出合理化建议的期货高级人才，这些专业人才必须既熟悉现货市场的操作流程，同时又是期货方面的专家。这种人才在当前市场上少之又少，因此，许多企业在开展套期保值业务前不免担心人才问题。目前，企业开展套期保值都要有人才培养的过程，而培养过程一般较长，短时间内很难达到承担套期保值工作的要求，且培养机制相对不健全，培养效果良莠不齐。专业人才缺乏也是目前中国期货市场发展所遇到的一大瓶颈。

6. 套期保值思路不坚决，容易做成单边投机交易。参与套期保值的企业大多都希望在期货账面上能够盈利，因此，指导套期保值交易的初衷不再单纯地是为了规避现货市场的价格风险，而是将主要精力放在与投机相同的行情预测方面，然后再决定套期保值方向的仓单开平操作。大家都知道，对于市场的预测始终是概率问题，无法达到100%，达到50%以上都是很难的事，因此，就忽略了对基差等的研究，从而很可能导致整体的亏损，这种亏损与投机亏损基本一致，甚至还会由于期货和现货不同步造成期货和现货的双亏损。

（二）套期保值过程中期货市场存在的问题

1. 当前期货持仓结构中存在的问题。持仓不足是当前国内期货市场发展中存在的一个重要问题，持仓不足使国内期货市场套期保值功能并未充分发挥。国内期货持仓的内在问题主要表现在远近月持仓分布不合理以及市场参与者结构失衡两个方面。

国内期货市场成交量快速增长，而持仓量却发展缓慢，迟迟上不去，这意味着市场中投机交易占了相当大的比重，而套期保值的功能未能得到充分发挥，套期保值主体对市场的参与还非常有限。期货市场的诞生，其目的就是给企业提供套期保值工具，从而规避生产经营的价格风险，稳定社会生产活动的秩序。如果套期保值功能无法有效发挥，则期货市场可能会逐步沦为投机者博取风险收益的工具，反过来扩大市场风险，危害社会生产的有序进行。

2. 影响套期保值效果的制度性问题。这主要体现在目前期货市场的管理制度设定方面。首先，受制于地域性差异，套期保值交割设定的升贴水会对交易一方形成明显劣势，从而限制了其交易积极性；交易所的临时调整政策有时会影响盘面，从而使企业对市场持有怀疑态度；交割仓库尤其是厂库交割方式对部分企业不适用，导致其对期货市场排斥；交割制度和交割品还存在一定漏洞，例如混矿等问题，影响买家利益，加之较高的交割成本使得交割冷清。交割量的低迷则直接影响期现结合业务的扩大和推广。

（三）对我国企业参与套期保值的建议和对策

1. 创新发展套期保值业务是大势所趋。衍生品市场的发展使得传统商品交易越来越不适用于现代商品交易及定价，这点从国外成熟的衍生品市场中体现得淋漓尽致。如不在传统业务中创新发展套期保值等一系列衍生品业务，将在未来竞价、定价、交易等多方面失去竞争力和话语权，非常不利于现代企业的发展。因此，企业务必认清大局，勇于创新。

2. 提高自身认识，改革内部机制，提高套期保值成功率。衍生品市场价格将成为商品价格影响的一大主导性因素，因此，参与衍生品市场的必要性毋庸置疑。接踵而来的是参与能力的提高，这就要求一些原有的内部机制要优化和健全，为衍生品业务开绿灯，同时要加强对传统市场和衍生品市场的双重认识和判断力，在严格遵循套期保值原则的同时提高参与能力。

3. 改革当前期货市场内在机制，为企业套期保值创造有利前提。要想大力推广套期保值业务，必须先要清理掉其内在制度的弊端，为广大企业提供公平、公正、公开的市场交易环境，消灭不对等交易，将套期保值业务的扩大与期货市场的健康发展结合起来，形成正向发展的合力。

自测题

一、填空题

1. 套期保值的基本要求可概括为遵循__________、__________、__________、__________的原则。

2. 期货市场之所以能够发挥套期保值的基本功能，其是建立在期货合约与现货合约的__________基础上的。

3. 基差的计算公式为____________________。

4. 套期保值的基本模型主要有__________、__________、__________。

二、选择题

1. 套期保值相对于远期合约的优势主要有（　　）。

   A. 平稳经营　　B. 增强竞争力

   C. 增加信誉度，降低风险传染性　　D. 违约风险损失小

2. 卖出套期保值过程中基差走强会造成（　　）。

   A. 不能完全抵消风险损失，存在净亏损的不完全套期保值效果

   B. 不能完全抵消风险损失，存在净亏损的超额套期保值效果

   C. 完全抵消风险损失，得到完全保护的完全套期保值效果

   D. 完全抵消风险损失，存在净盈利的超额套期保值效果

3. 动态套期保值相较于静态套期保值的区别主要在于（　　）。

   A. 数量不尽相同　　B. 月份不尽相同

   C. 方向不尽相同　　D. 品种不尽相同

4. 下列说法中正确的有（　　）。

   A. 铁矿石生产商对铁矿石套期保值只能采用卖出套期保值

   B. 钢厂对铁矿石套期保值只能采用买入套期保值

   C. 贸易商对铁矿石套期保值既能采用买入套期保值，又能采用卖出套期保值

D. 实际中的套期保值则是通过实际需求确定的，市场操作自然也不是墨守成规的

5. 完善制度，充分满足钢铁企业参与套期保值的各项条件主要体现在（ ）。

A. 组织制度的保障

B. 人才保障

C. 资金策略保障

D. 建立完善的风险管理体系和内部控制制度并有效执行

6. 当前，我国企业参与套期保值业务存在的主要不足有（ ）。

A. 我国企业对金融衍生品本身认识不足

B. 我国企业对套期保值的评价存在认识偏差

C. 我国企业对大宗商品金融属性认识不足

D. 国有企业内部体制、制度与套期保值的矛盾

E. 企业关于套期保值方面的人才缺乏

F. 套期保值思路不坚决，容易做成单边投机交易

三、判断题

1. 套期保值基本方法是担心现货价格向哪个方向波动，就在期货市场上按哪个方向操作。（ ）

2. 企业通过套期保值可以实现降低采购成本、提高销售收入的目的。（ ）

3. 远期合约可以完全发挥期货的套期保值功能。（ ）

4. 基差从正值变为负值，或者基差为正值但数值越来越小，或者基差为负值但绝对值越来越大，这三种情况叫做“基差走强”。（ ）

5. 现代套期保值策略制定中的期现货的比率必须为 1∶1。（ ）

6. 成功的套期保值业务不仅能规避价格风险损失，并且能够创造利润。（ ）

7. 套期保值是一种风险规避策略，因此其不会引入风险。（ ）

8. 套期保值的持仓量可随市场变化而进行调整，称为动态套期保值。（ ）

9. 套期保值仓位建立后，预期的风险损失即可完全规避。 （ ）

10. 进行相应的套期保值效果评估时，不能从现货或期货单方面盈亏进行评估，而要从两个市场进行综合评估。 （ ）

参考答案

一、填空题

1. 交易方向相反 商品种类相同 商品数量相等 交货月份相同或相近

2. 归一性

3. 基差 = 现货价格 - 期货价格

4. 净头寸管理模型 半程套期保值模型 动态库存管理模型

二、选择题

1. ABCD 2. D 3. ABD 4. CD 5. ABCD 6. ABCDEF

三、判断题

1. √ 2. √ 3. × 4. × 5. ×

6. √ 7. × 8. √ 9. × 10. √

第七章

铁矿石期货套利交易策略

本章要点

期货市场是一个双向市场，这就使得期货市场存在套利交易的天然土壤。在铁矿石期货上市以后，期货市场基本形成了钢铁冶金产业链由原材料到主要钢材产品间比较完整的品种覆盖结构，更是衍生出若干新的套利交易策略。本章从套利交易的基础知识开始入手，向投资者介绍套利交易所需的各项专业知识，并逐步引导投资者建立套利交易的思维模式，通过大量实际操作案例向投资者展示套利交易的目的、意义和方法，引导投资者在高风险的期货交易中探寻低风险的投资方法。

一、什么是套利？套利的内在基础是什么？

（一）什么是套利？

套利交易，概括来说是通过捕捉不平衡价差的修复过程而获得低风险收益的一种交易模式。期货套利操作的对象，是市场中两个不同的合约；操作的方式，是在买进一个合约的同时卖出另一个合约；操作的目的是获取两个合约之间价差的有利变动。而这两个合约，可以是时间的不同（不同月份），也可以是空间的不同（不同市场），还可以是品种的不同（品种之间必须存在一定程度的相关性）。期货套利在本质上是期货投机的一种特殊方式，它使投机交易不再局限于期货合约绝对价格水平的变化上，不同合约之间价格水平的相对发展，也是实现收益的有效途径之一。我们根据期货合约到期日、运行市场以及品种的不同，可以将期货套利的具体方式分为：期现套利（同种或高相关性期货与现货间的套利）、跨期套利（不同月份之间的套利）、跨市场套利（不同市场之间的套利）和跨商品套利（不同商品之间的套利）。

期现套利：主要是指某种期货合约，当期货市场与现货市场在价格上出现差距，从而利用两个市场的价格差距，低买高卖而获利。

跨期套利：跨期套利的交易对象是同一市场、同一品种的两个不同月份的合约。它在买进一个合约的同时，卖出相同数量的另外一个合约，然后待两个合约之间的价差出现有利变化后，即一个合约的盈利大于另一个合约的亏损，再以对冲的方式结束交易。

跨市套利：在期货市场上，许多交易所都交易相同或相似的期货商品。例如，芝加哥期货交易所与大连商品交易所均交易大豆期货，伦敦期货交易所、上海期货交易所与纽约商业交易所都交易铜、铝等有色金属期货，新加坡交易所及大连商品交易所都有铁矿石期货。跨市套利就是指在一个交易所买入某种商品合约的同时，在另一个交易所卖出品种相同、月份相同（或相近）的期货合约，在有利时机发生变化后分别在两个交易所对冲合约头寸从而实现盈利。

跨商品套利：跨商品套利主要是在两个不同的商品合约之间进行，在买进可能强势的商品合约的同时，卖出另外一个相对弱势的商品期货合约，然后等待有利的价位关系变化后，再以对冲交易了结头寸。

无论是哪种套利方式，其所关注的都是两个或多个合约之间的价位关系以及该关系的动态变化。这种锁定合约价差的交易方式，由于同时对具有相关性的合约进行了一买一卖的反向操作，能够规避宏观因素（如经济景气、汇率状况、产业政策）所带来的系统性风险，同时也因风险性的降低可以增加一定的持仓比例，提高期货资金的使用率。另外，投资者也失去了宏观面的有利发展所带来的投机获利机会。同时，头寸的双边持有也可能增加对保证金的占用。目前，各大交易所都增加了交易系统对套利持仓的分析和确认，通过认证的套利头寸的保证金占用已经开始使用单边持仓标准，套利持仓的优势逐渐凸显。

（二）期货套利的内在基础

以上谈到的套利交易是建立在两个合约价差关系的基础之上，但是，两个合约的价格究竟有什么样的内在联系，如何衡量其价差的未来走向（收敛还是发散），则是套利交易前投资者应做的必要功课。一般而言，在进行套利操作时应用的价位关系分析方法主要有：成本法、统计法及产业趋势预测法。投资者在应用以上方法之前要对其相关性进行分析。

1. 相关性分析。期货市场中的各种套利行为，都建立在所操作的合约间有较高的正相关性的基础上。跨期套利由于是同品种交易，其相关性毋庸置疑，这种相关性主要体现在跨品种套利中。例如，黄金期货与白银期货、铁矿石期货与螺纹钢期货等，高相关性品种的价格影响基本面因素也大致相同或相近，这保证了品种间价格变化的同步性。因此，研究价差等主要参数具有实际意义，能够形成长期稳定的低风险套利模式。目前，市场上存在“鸡蛋碰石头”的做多鸡蛋与做空铁矿石的套利模式，也有工业品与农产品对冲的套利模式。这虽然在持仓上也是一多一空的形式，但由于品种间基本面差别太大，历史价格走势也无大联系，从严格意义上说并不是真正的套利交易，而是建立在各自基本面分析上的一种强弱判断决定的持仓结构，可以看做是两个或若干投机交易的集合。这并不表示此种交易不能获利，而只能说其交易风险属于套利风险，而不属于风险水平较低甚至是无风险的套利风险。

从图 7－1 可以看出，黑色产业链几个主要品种间走势具有很高相关性。通过统计分析得出，各品种间相关系数都在 0.90 之上，而铁矿石与螺纹钢、焦煤与焦炭间更加紧密的现货关系使得其相关系数甚至高达 0.95 和 0.96。因此，这就为相关的期货套利交易提供了非常好的建立基础。

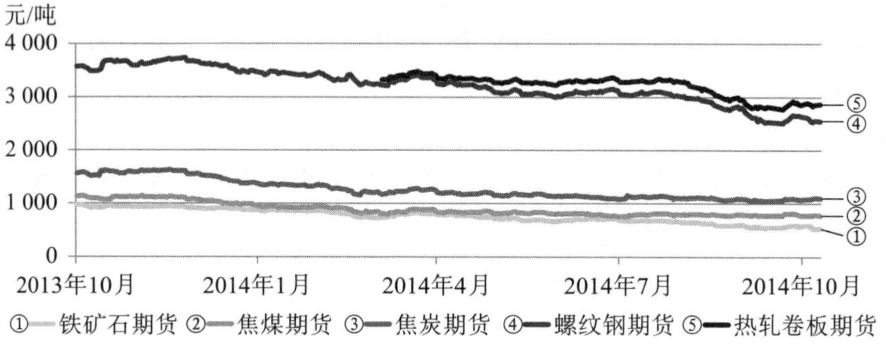

图 7－1　黑色产业链主要期货品种走势相关性（收盘价）

数据来源：大连商品交易所、上海期货交易所。

2. 成本法。成本法是指通过分析两个期货合约在成本方面的逻辑关系，来推断它们的价差是否合理，并对后市价差的变化方向做出推测。比如，上海期货交易所螺纹钢 1409 合约与 1501 合约，它们在交割的时间上相差 4 个月，根据成本法推算，两者的最大正向价差大约为 205 元/吨（RB1409 高于 RB1501 的部分），其具体的成本构成为：仓储费（120 天）、过户费、交割费等成本 52 元/吨；手续费买卖两次 6 元/吨；资金占用成本（按 2 800 元/吨的交割价及 6% 的年利率计）115 元/吨；增值税（按价差 200 元/吨和 17% 税率计）约 26 元吨。一旦两者的价差高于此水平，则连最保守的投资者也可以买入 RB1409 合约并同时卖出 RB1501 合约，RB1409 合约进入交割日时投资者买进仓单，然后将仓单持有到 9 月卖出交割，期间的总成本即为上面的计算结果，而两个合约价差多出成本以上的部分即是投资者的盈利。因此，当价差大于 205 元/吨时，就意味着投资者有利可图，存在着无风险套利的机会（上述案例仅作为说明，实际螺纹钢持有成本套利已随着远月合约的贴水而消失）。再比如期货市场经典的大豆提油套利，其操作原理是：每吨大豆可以压榨出 0.185 吨豆油和 0.795 吨豆粕（另有 2% 的损耗，约为 5 吨大豆压榨出 1 吨豆油和 4 吨豆粕）。因此，在生产加工过程中存在着这样的等式：利润 = 18.5% 豆油 + 79.5% 豆粕 - 100% 大豆 - 每吨加工费，也正是这个等式关系，从成本不收益方面框定了三者期货价格的变化空间。若豆油或豆粕期货价格高出大豆合约价格的幅度不合理，使加工利润超出平均利润率一定水平时，投资者买进大豆期货并同时卖出豆油、豆粕期货的提油套利操作（三者头寸比为 5∶1∶4）就会相对安全；反之，当大豆期货价格相对于豆油、豆粕被高估时，投资者也可以进行反提油套利，即在卖出大豆期货的同时买进豆油、豆粕期货（三者头寸比依然为 5∶1∶4）。

3. 统计法。统计法建立的基础是两个合约价格关系的阶段稳定性，它通过数据统计来界定历史上两者价差或价格比的波动区间，同时相信：价差（或价格比）在该区间之内是常态，如果价差（或价格比）脱离此区间，则就是不正常状态或暂时状态，因而存在着回调的要求。根据这一原理，当两个合约的价差突破历史区间达到一定程度时，投资者就可以进场套利，而当价差回调到认为的合理水平后则对冲了结。比如，在 2011 年到 2014 年期间，上海期铜合约与期铝合约（主力）的最大价差为 44 475 元/吨，最小价差为 31 890 元/吨，价差波动的中轴是 38 300 元/吨。2014 年 3 月 27 日，铜铝合约价差达到了 32 815 元/吨的低点，如果某投资者认为此价差水平不合理，因此判断后市将向中轴回调（即后市铜的走势要强于铝），于是他就可以在买进期铜合约的同时，卖出期铝合约。等到了 2014 年 7 月，铜铝期货价差果然回调至 37 700 元/吨左右，于是该投资者在 7 月 2 日，将铜的多头头寸和铝的空头头寸同时平仓（此时价差为 37 725 元/吨），则其在 3 个半月左右时间里，获得了近 4 800 元/吨的价差收益。不过，统计法的欠缺之处在于，它只考虑到合约价格之间历史的静态关系，仅以价差回调为唯一考量，但是对于不同品种的合约而言，由于各自产业状况可能发生变化，也有可能出现价差发散的情况，即价格背离程度越来越大。当然，这种方法也可以分析比价（两种或多种商品的单价比）等指标。

4. 产业趋势预测法。对于跨品种套利而言，虽然两个标的商品具有相关性，但在具体的产业状况方面它们却存在着一定的差异，这一差异将导致其期货合约的价差有时会出现背离走势，这就需要通过对产业趋势的预测来进行判定。我们继续以铜、铝为例，两者的相关性存在于：铜铝部分用途的可替代性以及两者之间较稳定的成本差。因此，在通常情况下，它们的价差确实是处于一定的波动范围之内（见图7－2），价差偏离中轴线以上较大时可以买铝卖铜，而价差偏离中轴线以下较大时则可以买铜卖铝。然而，在2003年10月份，铜铝的期货价差达到15 000元/吨的长期高点，如果此时投资者还固守上述的思路，进行卖铜买铝的套利操作，则会因为铜铝价差的继续背离而亏损惨重。这是因为，铜和铝虽然有一定的相关性，但是在具体的产业链上却存在较大的差异。其中，在上游，铝矿资源要比铜矿资源丰富，在下游，铝在建筑、交通、电力、机械、包装行业方面使用范围更广，铜在电气、电子、机械、交通、建筑行业的使用范围更广。在前几年，国内的电力、电子、房地产行业发展速度较快，从而更高地拉升了对铜的需求。这种上下游产业的共同作用导致了铜价的升幅要大于铝价的升幅，从而推动两者的价差进一步拉大，并导致以统计为基础的价差套利者的亏损。进入2005年以后，价差迅速拉大至20 000元/吨以上，最高点甚至接近60 000元/吨，如果套利者的思路没有及时调整，则会带来灭顶之灾。但是，假如

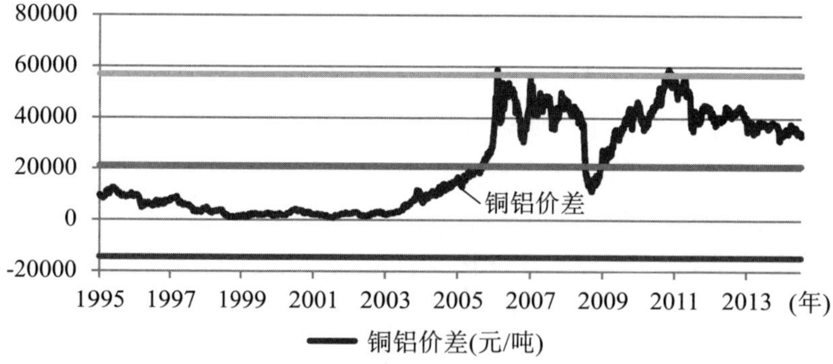

图7－2 基于铜铝价差的套利分析

数据来源：Wind数据。

投资者能够认清上述产业本质的变化，反过来进行买铜卖铝的操作，则在接下来的行情走势中就会赚得盆满钵满。由此可见，在进行跨商品的套利投资时，对产业状况前景的预测是十分必要的。

二、如何进行铁矿石期货的期现套利?

由于交割制度的保障，使得期货合约和现货价格在交割日基本趋于统一，这也是期货市场套期保值和期现套利操作能够有效执行的最有力基础。在合约运行期内，受到投资者投资理念和思想等差异化因素的影响，铁矿石等品种的价格必然不会紧贴现货市场价格运行，这就使得期货价格与现货价格产生偏差，也就是我们反复提及的基差。基差基本功能就是衡量期货与现货间价格的偏离值（计算公式为：基差＝现货价格－期货价格）。基差分析示意图见图7－3。在排除各种非市场因素外，理论基差值即应该等于该商品的持有成本，即持有到期的资金成本。然而，实际上基差的变动范围是比较大的，有时会严重偏离该资金成本，而期货合约到达到期日时，又会无限趋

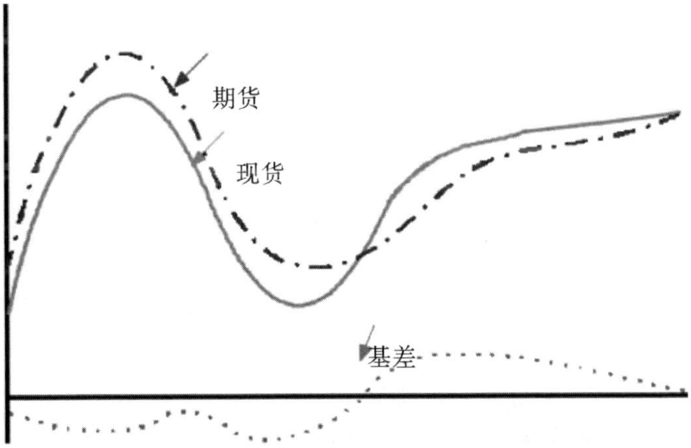

图7－3　期限套利的基础——基差分析示意图

近于该理论值，因此，就为商品期货的期现套利提供了风险较小的套利空间，这就是期现套利的理论基础。

上述套利基础的关键在于对基差的研究和资金成本的估算，后者一般主要考虑仓储成本、运输成本、质检成本、所得税成本、交割费用成本、资金利息等方面。一旦偏差达到一定值，即形成了套利机会。常见的期现套利主要分为正向套利与反向套利两种。

（一）正向期现套利

在正向市场中，市场在无重大事件发生时，市场供需关系基本保持正常。由于存在资金成本，远期期货合约的价格必然大于现货价格，这也体现了商品持有过程中的时间价值，即表现为持仓成本与期货远期合约呈正相关关系。在这类市场情况下，如果出现期货升水（期货价格高于现货价格），且该升水区间已超过所统计的持有成本范围，则可在现货市场上购买该类商品（越接近标准品越好），而在期货远期合约上建立相应卖单（数量相等），然后再完成现货入库、仓单注册及交割流程，即获得了预期中的无风险收益，赚取期现货价差。

（二）反向期现套利

当某一上市品种近期供给严重不足，近期产量及库存量不能满足当前市场需求，投资者预估未来该商品的供给水平会明显提高，则会形成对未来市场的不乐观预期，从而造成市场价格出现远期弱势发展（反向市场），远期合约价格低于现货价格，表现在基差方面就是出现较大的正向基差。由于市场预期并不好，导致在远期合约上的卖空力量进一步加强，从而导致远期合约走势相较于现货价格进一步走弱，造成基差的持续增大，当基差值已经能够覆盖远期持仓成本后，投资者即会选择在目前位置增大现货卖出量，甚至将未来一段时间的库存或产出以“借”的方式提前卖出，然后再从期货市场进行相同数量的买入操作，即可实现卖现买期的反向套利交易。由于盈利空间已经提前覆盖资金成本，此类套利的风险也非常小。

在现实中，通常是拥有现货库存的企业或贸易商为了降低库存成本才会考虑实施反向期现套利。这是因为在现货市场上卖出现货，投资者不仅能够获得短期融资，而且可以省掉仓储成本。当期货相对于现货的升水过低甚至是贴水的时候，投资者就可以考虑实施反向套利以降低其库存成本。当然，在实际市场操作中仍有好多细节需要考虑，而实际交易策略也更加精密，对于预期盈利空间的计算已经能够达到很精准的水平。以目前市场上的操作方法看，期现套利是目前市场运行非常成熟、非常广泛的一种套利模式，对于有现货背景的法人客户而言，可以将风险降至最低，并且可以结合套期保值业务同时进行。期现套利手法也出现了复式套利和组合套利等新方法，值得投资者去进一步探索和研究。

案例 7－1

某贸易商的铁矿石期现套利

2014 年的铁矿石价格大跌使得大部分贸易商承受了前所未有的巨大压力，基本表现为利润空间飘忽不定。原有的价格优势订单在船只到港后优势很难保证，在 17～30 天的运输期内，价格下跌超过 8% 就意味着这批货很难赚到钱。许多贸易商采用加快资金流动的方式“以量冲价”来维持绝对利润水平，但又导致铁矿石进口和库存压力的升高，并不利于市场价格的稳定。天津港某贸易商是众多贸易商中的一个“小字辈”，年进口量仅有 40 万吨左右，在与外方价格谈判时不能取得优势，从而在贸易商同质化竞争中具有明显的劣势。随着国内铁矿石期货交易量的上升，他发现了这一远期市场的优势正好能够弥补其在现货中的劣势。之后，他果断从现货市场撤出 20% 的资金布置相关操作。2014 年 3 月下旬，铁矿石期货价格受交割影响出现一定拉涨，铁矿石基差被明显拉大。4 月初，其果断在 800～820 元/吨（均价 809 元/吨）卖出 11 405 主力合约，总量 10 万吨，并以 120 美元/吨的均价买入约 12 万吨进口矿，1 个月后到港。4 月 30 日，国内铁矿石期货价格下跌至 750 元/吨，而进口矿到港价仍在 115 美元/吨之上，现货与期货间的基差被市场修复。于是他选择了以期货平仓方式了结仓单，同时以低于市场价格的 115 美元/吨（折算）迅速卖出现货，不仅抵消了此轮铁矿石贸易弱势市场中的风险，还成功赚取了约 6 美元/吨的期现套利收益，成为 4

月份贸易市场中能够赚钱的不多的商家之一。值得一提的是，这种盈利是通过周密计划和计算得到的，对于常年靠“行情”吃饭的贸易企业而言难能可贵。

三、期现套利如何面对可能的交割事宜？

在期现套利过程中，对于期货仓单的了结可以采用直接平仓和交割两种方式进行了结。直接平仓了结方式相对简单，而交割了结在进行期货操作的同时又要进行交割各项事宜的工作，处理起来相对复杂。因此，对于现货经营压力不大的企业，在期现货套利过程中获得了预期的利润水平后应该采取平仓操作；而在期现套利效果不佳、期现价格不能有效回归或者企业库存压力较大、有强烈出货欲望的情况下则采用交割方式来实现利润。

不同的了结方式，在计算可行性和持有成本时存在较大的差异性，因此，必须分别进行细致计算与考虑，核实期现套利机会的正确性后再采取操作。这将在很大程度上决定套利的成败。

处理可能涉及交割的套利时，首先要做全面的成本计算，尽可能将影响效果的因素用账务统计方式进行归纳总结；其次是在套利过程中进行跟踪监测与潜在风险分析；最后是在套利整个过程中保证严格的执行力，保证各环节按照预期方式进行。其中，主要工作为第一步，其也是套利风险揭示的主要手段和考核套利机会是否成熟的主要标准。套利获利的关键是盈利空间是否覆盖包括交割成本在内的所有成本范围，这也是套利交易过程中存在的最大风险，具体分析过程见下一问题。

四、如何分析涉及交割的套利潜在风险？

下面我们就以铁矿石期货为例分析一下交割的套利潜在风险。期现套利的无套利区间（上边界），即持有成本的各项费用如下：

1. 交易交割手续费。期货公司收取的手续费存在差异，一般来说，交易手续费为0.07～0.1元/吨，交割手续费为0.5元/吨。

2. 运输费用。铁矿石交割库大部分分布在主要港口，注册仓单较为方便。一般汽车的运输费用为0.3～0.5元/吨·公里（包括港杂费）。

3. 检验费。注册仓单时，实物必须首先经过检验。检验费由卖方承担，买方无需支付检验费用。入库取样及检验费一般为2元/吨，最低可至0.8元/吨。（厂库交割品牌免此项费用，铁矿石基本不涉及减免）。

4. 出入库费。火车、轮船、汽车的出入库费用各异，而不同交割仓库的出入库费用也各不相同。汽车的出入库费用为15元/吨。卖方需支付入库费，买方则承担出库费。

5. 仓储费。交易所规定铁矿石的仓储费为0.5元/吨·天。

6. 增值税。商品期货进行实物交割时，卖方还需要缴纳增值税。

铁矿石交易增值税 =（交割价格 - 铁矿石现货购入的含税价）×17%/(1 +17%)

7. 资金利息。计算资金利息的关键在于资金量的确定。对于正向套利，除了购买现货的资金，还需要储备保证金以交纳交易保证金和应付期货头寸可能出现的亏损，故每吨的资金利息为：

资金利息 =［现货价格 + 期货价格 ×（10% +10%）］× 存款年利率 × 持仓天数/365

注：两个10%分别为保证金10%、备用资金10%，各期货公司可能略有差异。

8. 仓单升贴水。交易所还对不同的交割仓库、不同品质的铁矿石规定了详细的升贴水情况。就上海地区而言，交割仓库的升贴水为0。

综合以上分析，我们可以得到正向套利的主要持有成本计算公式：

正向套利持有成本 = 交易手续费 + 交割手续费 + 运输费 + 入库费 + 检验费 + 仓单升贴水 + 仓储费 + 增值税 + 资金占用费用

实际上，对于有着正常现货经营的企业在进行现货业务时，检验费、仓储、运输、所得税等方面均有涉及，只不过在现货经营中容易被投资者考虑到；期现套利交易由于电子交易与实际交易的时间差，容易在策略制定初期对此方面欠考虑，在此也提醒投资者不能被期货市场单纯的标的价格所吸引，务必综合考虑，慎重操作。

表7－1对10 000吨铁矿石期现套利的成本进行了估算，投资者可以据此参考。

表7－1　　10 000吨铁矿石交割成本估算

<table>
<tr><td>交割品种</td><td colspan="2">铁矿石</td></tr>
<tr><td>套期保值数量（吨）</td><td colspan="2">10 000</td></tr>
<tr><td>交易单位（手）</td><td colspan="2">100</td></tr>
<tr><td>最小交割单位（吨）</td><td colspan="2">10 000</td></tr>
<tr><td colspan="3">费用预算</td></tr>
<tr><td>项目</td><td>单价</td><td>计算价格（元）</td></tr>
<tr><td>出入库费用（元/吨）</td><td>11～44（入库）8～44（出库）</td><td>110 000～440 000</td></tr>
<tr><td>仓储费（元/吨·天）</td><td>0.5</td><td rowspan="2">75 000</td></tr>
<tr><td>仓储时间（天）</td><td>15</td></tr>
<tr><td>交易手续费（元/手）</td><td>0.0120%</td><td>1 080</td></tr>
<tr><td>交割费（元/吨）</td><td>0.5</td><td>5 000</td></tr>
<tr><td>过户费（元）</td><td>0</td><td>0</td></tr>
<tr><td>最高保证金（%）</td><td>20.0</td><td rowspan="4">18 000</td></tr>
<tr><td>初始保证金（%）</td><td>10.0</td></tr>
<tr><td>资金成本（%/年）</td><td>6.00</td></tr>
<tr><td>持有天数（天）</td><td>30</td></tr>
</table>

续表

项目	单价	计算价格（元）
检验费（元/吨）	2.00	20 000
增值税（%）	17	170 000
各项费用预计（元）		269 080

数据来源：大连商品交易所。

说明：（1）计算假设 2013 年 12 月 25 日以 900 元/吨卖出铁矿石 1401 合约 10 手、以 800 元/吨买入现货铁矿石 10 000 吨，一个月后完成现货交割；

（2）入库费用以 15 元/吨计，交割前 15 天入库，资金成本按 6.00%/年贷款利率计算；

（3）增值税以交割价格 820 元/吨计算；

（4）交易所需保证金按 20% 最高标准计算，单价按建仓价格计算，即建仓需 180 万元，准备金与保证金按 1∶1 比例计算，实际过程可由投资者根据市场情况进行调整；

（5）上述计算中采用的参数可能随市场略有变化，应以实际交易所最新标准要求为准。

从上述计算结果可以看出，期现套利的主要成本构成在于出入库费用、仓储费、资金成本及增值税，如果持仓周期较长，资金成本也将随之上升。同时，一旦期货市场出现短期单边不利行情，投资者可能会需要补充资金，因此相应成本可能会提高。上述套利操作过程中，价差获利为 80 元/吨，整体收入为 80 万元，排除各项主要费用后获利为：800 000 − 269 080≈53 万元。值得一提的是，上述还未考虑实际运输成本，如果交割仓库与投资者仓库距离较远，此利润将进一步被缩减。反之，在进行铁矿石期现套利操作前，采用此方法得出的结果说明铁矿石期现基差的合理下限在 −27 元/吨左右，小于此值的基差在理论上均存在反向期现套利的利润空间。上述计算结果得到的预期利润空间（本例中约是 53 万元）一般为实际套利过程的最大套利空间，因为套利过程难免会产生其他支出项目，而费用减免的可能性相对较小。正向期现套利由于持有过程不涉及运输、入库、检验等诸多费用环节，相较于反向套利有成本优势，这在其他品种的期现套利中也普遍存在。

五、如何进行铁矿石期货的跨期套利？

跨期套利由于交易品种的单一，系统性风险相对较小，而套利的价值主要体现为时间价值。交易者对远近合约的多空认识程度的不同会导致合约间价差的波动，但这种波动造成的偏离达到一定程度后，即会引起投资者的注意：当远月合约与近月合约价格过于接近时，做多者必然选择远月合约建仓以获得更大的时间价值；当近月合约价格下跌显著而远月合约未出现联动调整时，做空者的眼光自然会落至远月合约上。这种情况就导致近月合约和远月合约间的价差绝大多数时间都运行在合理价差范围之内，而跨期套利则建立在对这种合理价差范围的分析之上。

以铁矿石 1405 和 1409 合约为例，从上市日开始的价差分析如图 7－4。

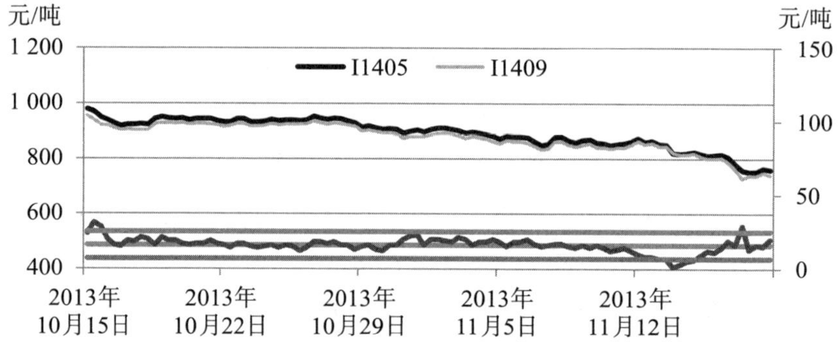

图 7－4 I1405 与 I1409 合约价差分析

数据来源：大连商品交易所。

可以发现，两个合约价差的长期均值在 16 元/吨的中轴附近，经统计分析发现，其价差绝大部分分布在 6 元/吨至 25 元/吨的区间内，因此，当 2014 年 2 月 24 日价差最低跌至 1 元/吨时，建立空 I1 405 多 I1 409 的套利持仓并持有，等待市场恢复。当 2014 年 3 月 12 日价差恢复至 16 元/吨的正常均值时，再对原有仓单进行平仓，平仓收益为 1 500 元/手（套利手数，不计手续费）。

值得投资者注意的是，套利交易要建立在具有市场恢复能力的品种之上，对于交易量很小的品种，其远近合约的恢复能力一般较差，且成交困难，不便于套利交易的进行。此外，即使是同一个期货品种，在相邻的主力合约间的价差水平也是不固定的，每一次套利分析都要对相应指标进行修改。例如，螺纹钢相邻主力合约间价差均值就分布在 -35 ~55 元/吨的宽广区间内，其完全可以决定套利时机是否合理、套利交易能否盈利及盈利空间有多大等关键问题。

案例 7-2

市场环境变化引起的套利失败

在铁矿石期货未上市之前，期货螺纹钢的相邻主力合约价差均值大致稳定运行在 40 元/吨的水平上，且常年保持稳定。铁矿石期货上市后，由于铁矿石与螺纹钢的高相关性导致两者的价差分布也趋于类似排列，然而上市初期铁矿石价差基本保持在 13 元/吨的远期贴水状况，螺纹钢价差仍然保持在 30 元/吨左右的远期升水状况，这就使得市场存在天然无风险套利机会，即做多铁矿石价差（卖出近月合约同时买入远期合约）、做空螺纹钢价差（买入近月合约同时卖出远期合约），这种复式套利模式在前期确实获得了可观的收益，而这种机会仅被极少数市场敏感者发现并利用。随着铁矿石期货合约交易量的上升及交易的成熟，上述无风险套利空间被不断修正并最终导致螺纹钢的远近合约价差排列向铁矿石期货合约价差妥协，价差迅速跌破原有的分布下限并趋于零。某螺纹钢套利的长期投资者没有及时发现市场变化，认为螺纹钢千载难逢的套利机会已经出现，大举重仓做多螺纹钢价差，结果螺纹钢期货价差在 2014 年 4 月已经下调至 -30 元/吨以下，导致大量还依靠原有套利分析系统的投资者大亏，而一些投资者的离场还加大了原有价差的进一步背离程度，价差最低已降至 -46 元/吨的水平，一些顽固的投资者甚至通过持续加仓来尝试“扩大战果”，但直到合约进入交割月也再未恢复原有的水平，亏损最终成为定局。时至今日，螺纹钢的价差排列仍与铁矿石的价差排列保持高度贴近，基本维持在－30元/吨的水平，而铁矿石期货上市初期造成的市场无风险套利机会也基本一去不复返了。

案例充分说明了套利交易的低风险是建立在成熟的分析系统之上的，套利机会随市场的变化比较敏感，套利的长期有效性要建立在对市场的敏感及对市场策略的及时调整之上。

六、如何进行铁矿石期货的跨市场套利？

跨市场套利是建立在同一商品在不同交易地区的不同基本面及交易行为等的作用下产生的价格运行偏差基础上的，其利用不同市场价格变化差异产生的市场间价差来进行类似贸易的一买一卖交易，从而获得价差收益。由于涉及品种仍为同一品种，其分析的系统性风险较小，但由于跨市场交易涉及汇率问题，其风险主要表现为汇率风险。

铁矿石跨市场套利一直受到与铁矿石贸易相关的贸易商的青睐，其建仓的组成能够与其在现货上的经营匹配起来，从而在套利过程中起到套期保值的作用。此外，铁矿石跨市场套利中的汇率因素对于涉及内外币兑换的贸易商来说，还有一定的外汇风险对冲作用。

跨市场套利仍旧建立在价差分析基础之上（对不同市场的基本面分析仍是前提），以大商所铁矿石期货结算价格与新交所3个月铁矿石掉期结算价为例，其价差分析见图7－5。

通过分析表明自从大商所铁矿石期货上市后，两者价差基本运行在112元/干吨的平均价格附近，这与铁矿石现货贸易的内外价差值也比较接近，因此，以此作为两市场价差的均衡值。通过对价差波动的分析，我们认为合理价差是在67元/干吨至157元/干吨之间，因此，可根据上述分析确定套利交易成立条件。例如，2014年3月13日两交易所之间的最小价差已达62

图7－5　大商所铁矿石期货与新交所3个月铁矿石掉期跨市场价差分析（以人民币计算）

数据来源：大连商品交易所、新加坡商品交易所。

元/千吨，即可做买入大商所铁矿石期货合约、卖出新交所铁矿石对应掉期合约的操作，待2014年4月19日价差重新恢复至115元/千吨后平仓，收益可达53元/千吨（人民币计，不计手续费）。

从历史经验上看，由于汇率市场在不出现大的政治危机情况下波动幅度相对较小，跨市场套利的机会形成和恢复基本依靠市场差异的变化。而从市场传导机制上看，目前铁矿石的价格调整传导大有由国内向国外传导的趋势（国内期货价格领先变化）。上述分析采用人民币计算，其中已经将汇率风险包含其中，因此，分析所得出的结论在不发生市场“黑天鹅”等巨大因素变动情况下，交易信号是比较可靠的，广大投资者可以加以借鉴。此外，跨市场套利过程中的建仓比例基本严格控制在1∶1的水平。

当然，跨市场套利也可以选择伦敦清算所或者CME铁矿石期货合约，由于市场差异性的存在，各跨市场的交易机会必然不是同时产生的，这就使得跨市场交易的机会大增。

当然，投资者在尝试进行铁矿石跨市场套利交易时，首先要同时具备相关市场的交易资格，而随着国内金融市场的国际化发展，未来交易通道容量将会明显增大，交易者门槛将逐渐降低，届时，跨市场套利将更加活跃。

案例 7-3

海外贸易型企业的低风险利润型套利

在国内较大规模的钢厂及铁矿石贸易商中，有不少都在直接或间接地参与新加坡商品交易所的铁矿石掉期和期权的交易，其基本出发点是锁定外矿的成本价，因此，持仓方向也多以买入为主。随着中国铁矿石期货市场的崛起，各大机构开始将目光转移至国内市场，而同时利用内外市场进行套利或者锁定利润型的交易也成为可能。天津港某贸易商是从事铁矿石贸易16年的“老资历”，同时也非常重视利用衍生品市场，直接参与海外掉期市场5年以上，但单方市场始终只能做到源头锁定，对于下游风险一直存在敞口，因此，国内铁矿石期货市场一直是其渴望的对象。在中国铁矿石期货上市之初，他就果断投入其中。由于其在物流方面已经打下多年基础，运费水平控制得十分得当，当双方市场出现其预期的利润空间时，就可以进行贸易利润的锁定套利。2014年2月底，新交所铁矿石掉期合约价格（折算成人民币）与国内铁矿石期货价格价差已经拉大至-130元/吨，已经大大超过了运输费水平，并且在矿石贸易价差分析中属于价差偏弱行情。据此，该贸易商做出了在新交所买入40万吨铁矿石掉期、在大商所卖出4 000手铁矿石期货的完全锁定型对冲交易，同时在现货上买入61.5PB外矿34万吨的铁矿石配合贸易策略。该策略已在期货（掉期）上锁定了贸易利润约45元/吨的收益水平，因此，无论衍生市场价差是否修复，期现货形成的对冲均能够保证实现此利润水平。果其不然，随后不到一个月的时间内，新交所掉期价格与大商所铁矿石期货价格的价差迅速缩小，最高缩小至不足-60元/吨。该贸易商选择远期市场双向平仓了结、现货市场随行就市的策略，最终折算现货利润高达66元/吨，不仅实现了预期45元/吨的收益，并且获得了21元/吨的跨市场套利的额外收益。

七、如何进行铁矿石期货的跨品种套利？

从长期经验来看，成功的跨品种套利一般要具备以下条件：

第一，品种的市场规模比较匹配，即尽量避免大宗商品与小宗商品间的套利行为；

第二，品种的相关性较高，一般要求相关系数至少要在0.85以上；

第三，品种间在实际生产及市场划分中具有一定联系；

第四，套利模型要禁得住历史数据的考验。

新上市的铁矿石与螺纹钢、焦煤、焦炭等产业链主要品种间，即满足着上述所有的条件。

早在螺纹钢期货品种上市之时，市场上就有部分人开始研究如何利用螺纹钢来对原材料铁矿石进行套期保值，其基本是利用铁矿石价格与钢材价格高度的相关性作为应用基础，基本原理如下：钢铁长周期生产工艺中，铁矿石与粗钢（或具体钢铁品种）间存在基本的产出比例关系，大约1.6吨的铁矿石能够产出1吨钢材，这也是钢厂用来粗算钢材成本中应用的比例。借此比例关系，即可将上市的螺纹钢品种转化对接至原材料铁矿石，从而通过买入螺纹钢期货实现对原材料铁矿石的采购过程的套期保值目的。虽然该设计具有一定的理论基础，但由于国内现货铁矿石交易价格相对平稳，钢材价格调整相对频繁，从而会造成两者的短期差异性，在较长周期内可以实现计划中的套期保值目的，但稳定性和效果并不是很好。此外，对于钢厂而言，做买入螺纹钢的操作并不是严格意义上的套期保值，对于库存压力较大的企业而言，钢材价格下跌会导致期货及现货钢材的双损失，如果在期货市场上再买入螺纹钢，则较难以接受，虽然名义上为原材料的套期保值，但财务处理较为牵强和复杂，因此并未大规模推广。可以说，铁矿石期货的上市为解决上述矛盾提供了很好的方法，而相关研究的基础则为可能的黑色产业链跨品种套利做出了较强的铺垫。自从铁矿石期货上市以来，围绕黑色产业链的各种套利方案也如雨后春笋般涌现，同时市场也造就了许多低风险甚至无风险的跨品种套利机会。目前期货市场运行的钢铁产业链上的品种相对全面，上游主要原材料有铁矿石、焦炭，中游有附加辅料硅铁和硅锰铁合金，下游有螺纹钢、线材、热轧板卷，这就为套利交易提供了天然的土壤。可以预见，未来这几大品种的市场将会非常繁荣，而相关的产业套利也将成为投资者、机构及现货企业的主要投资手段。

目前，市场上运行相对成熟的关于黑色冶金产业链的套利大多是双品种套利，例如铁矿石和螺纹钢的套利、焦煤和焦炭的套利、焦炭和铁矿石的套利等，也有同一题材的套利模式出现，并且其中还存在着跨市场套利部分，例如螺纹钢（上期所）与玻璃（郑商所）的套利。各种套利方式各有千秋，随着市场发展，套利参数也在不断发生改变。同类套利的相关策略也在不断随着市场变化而更新。可以说，跨品种套利已经越来越多地被投资者所重视，而相关的套利策略也如雨后春笋般不停地创新。

八、铁矿石期货套利需要注意什么潜在风险？

套利交易是期货市场中风险较小的一种交易方法，但并不意味着其风险可以忽略，糟糕的套利交易可能获得比投机交易更大的损失，因此，必须对其潜在风险进行充分认识。

（一）期现套利主要风险分析

1. 单边行情造成的交易风险。跨期套利交易中由于期货上的持仓为单边持仓，必然会受行情的严重影响，在连续不利的单边行情下，必然有爆仓的巨大风险，这也是期现套利的最主要风险，需做好相应资金准备。

2. 现货交割风险。期货中规定的交割商品是要符合一定的交割标准的，投资者进行买现货卖期货的卖出套利时，如果期现套利过程中采用交割方式了结仓单，则卖出的现货需要满足交易所的交割标准才能注册成为仓单，否则就不能进入交易所指定的仓库成为交割商品，因此投资者卖出套利存在相应的交割风险。而交割库的远近、交割成本等均直接影响套利盈利能力。

3. 流动性风险。由于期货的流动性很好，此风险主要指现货流动性风险。期货交易可以通过电子交易瞬间完成（交易量大的需要分批，但所需时间也很短），但现货交易需要去市场上寻找买（卖）家，这就导致现货和期货操作很难保持一致性，这种差异导致实际价差难以与分析价差保持一致。市场机会转瞬即逝，从而造成套利利润不确定或者套利失败。

（二）跨期套利主要风险分析

1. 市场环境改变后的交易风险。根据历史数据统计得出的跨期套利机会在绝大多数的情况下是能够盈利的，但是当市场出现明显调整后，先前的历史数据就会失去参考价值，此时的套利也存在很大的风险。

2. 交割风险。当市场出现买入套利机会、投资者进场后，如果二者价差继续背离，不得不通过交割完成套利操作时，就会产生相应的风险。例如，投资者完成近月交割拿到现货后，再通过交割现货的方式卖出远月合约，当中要涉及保证金占用资金利息、交割货款利息、交易手续费、仓储费及损耗、交割费用、增值税等，其中，增值税是最大的不确定因素。期间，如果远月合约继续大幅上涨，则增值税的支出将可能持续增加，吞噬原本就不多的预期利润，甚至可能导致套利出现亏损。

3. 周期一致性风险。套利的合约之间是否处于同一个生产和消费周期，对于套利能否取得预期的收益影响很大，这在农产品跨期套利中最为典型。处于不同周期内原材料及产成品的价格强弱必然存在天然差异，而铁矿石期货跨期套利也要考虑由于运输、需求和天气因素带来的天然季节性差异，避免发出错误的套利信号，同时要针对此类风险对交易系统进行及时修正。

（三）跨市场套利主要风险分析

1. 标准合约差异风险。这最主要体现在涨跌停板不一致和交易所品种交割规则的不一致上。以铜涨跌停板为例：国内沪铜的涨跌停板为6%，而伦铜的涨跌停板没有限制，在伦铜出现6%以上的涨跌幅情况下，沪铜以6%涨停板报收，两者之间的套利就会面临较大的风险。交割规则方面，目前伦铜和沪铜的交割存在差异，上海期货交易所从2014年5月份开始，取消了在伦敦金属交易所获准注册的阴极铜、电解铝品牌无需再向上海期货交易所申请品牌注册即可作为替代品交割的规定，沪铜和伦铜的交割差异同样也增加了两者之间期现套利的风险。

2. 交易时间差异风险。不同市场存在的交易时差，显然无法使套利建仓和套利对冲做到完全同步，例如国内金属市场和伦敦金属交易所之间就存在这样的时间差异。在市场出现剧烈波动的情况下，因某一市场休市无法建仓或者来不及对冲市场波动带来的风险，足以让套利操作功亏一篑。目前，国内部分期货品种已开通夜盘交易，目的就是为了帮助投资者规避此类风险。

3. 持仓风险。套利在两个市场之间进行，必然会出现一边头寸盈利，而另一边头寸亏损的情况，由于不在同一个市场，套利盈利的部分不能立即来冲抵亏损的部分，从而带来账面的不平衡。按照交易规则，亏损的一边若不能及时追加保证金，就有强行平仓或者减仓的风险，极端情况下，亏损的一边还会出现爆仓的风险。显然，这种市场单边的投机持仓情况风险较大，也是实际中容易发生的风险。

4. 外汇波动风险。外汇波动风险主要来自汇率波动是否对当前的套利组合有利。汇率波动有时会使亏损的一边因汇率因素而亏损得更多，盈利的一边则因货币的贬值而缩水。例如，所做的套利交易在新交所是盈利的，而在国内这边是亏损的，在当前美元贬值和人民币升值的情况下，以美元计价的盈利会减少，以人民币计价的亏损将会扩大，最后造成整个套利的亏损。

5. 现货物流成本变化风险。物流成本的变化也会影响国内外金属现货贸易的价格。一般来说，如果金属贸易能够盈利，那么相应的跨市场套利机会也存在，因此与金属进出口贸易密切相关的物流成本也是影响跨市场套利的一个重要因素。这也是衍生品市场与现货市场保持高度一致的表现形式。

（四）跨品种套利主要风险分析

1. 单边行情造成的交易风险。单边行情对跨品种套利的影响更多表现在单品种的上涨/下跌幅度差异上，由于交易品种的单价不同，同样涨幅下实际波动点位也会造成差异。例如，假设螺纹钢期货的价格是3 000元/吨、铁矿石对应的价格是700元/吨，对于一个根据比值分析的卖铁矿石买螺纹钢套利（1∶5 的手数比）来说，两个品种均出现1%的下跌，则原有套利组合出现 $700 \times 1\% \times 100 \times 1 - 3\ 000 \times 1\% \times 10 \times 5 = 800$ 元的亏损，而这种亏损还不破坏原有平衡，因此，要严格把握跨品种套利在此方面的风险。

2. 品种差异风险。不同的交易所、不同商品之间的涨跌停板幅度不同，保证金比例也会有所不同。这样就使得涨跌停板行情中可能出现品种间的差异。值得庆幸的是我国黑色产业链中几个主要品种的涨跌停板均为±4%，这样就避免了上述风险，而更多的品种差异风险仅表现为保证金比例的不同，基本对跨品种套利不会产生明显影响。

九、套利投资的常用策略有哪些?

钢铁产业链中上市各品种的价格相关性毋庸置疑，这也使该产业链内的套利风险大大降低。特别在跨品种套利方面，更有可能开发出超低风险的套利模式，且套利组合的选择性较高。下面笔者将结合自身经验介绍一下市场上具有应用价值的四种代表性套利模式。

（一）铁矿石期货跨期套利

跨期套利是一种系统性风险相对较小的套利方式。由于只涉及同一品种不同合约间的操作，在基本面的影响上具有很高同步性。跨期套利交易机会的形成是建立在投资者对于基本面影响周期及效果的认识差异上的，因此，跨期套利的成功需要建立在对合约相对强弱的正确判断上。

大商所铁矿石期货的跨期套利基本特点是：远期合约相对较弱；远期合约具有一定迟滞性；远期合约价格与现货价格背离较大。经过上市后统计，近期合约与远期合约间价差大致分布在5～25元/吨之间，而这一价差在上市后运行的各主力合约间均有所差异，并未表现出稳定的价差中值分布。因此，在判断正常价差与非正常价差方面不具有参照意义，不能以此为分析依据。在这种情况下，建立在一般跨期套利基础上的宽跨式套利则相对风险较小，对于机会的分析也相对更可信一些。图 7 - 6 为铁矿石期货跨期套利分析。

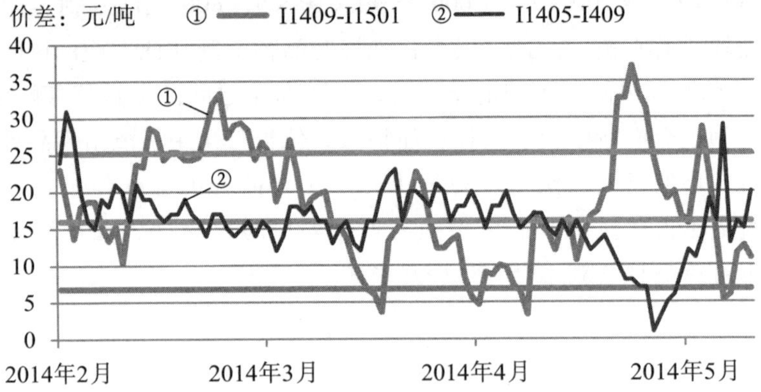

图 7 - 6 与铁矿石期货跨期套利分析

数据来源：大连商品交易所。

例如，根据价差统计的分布来看，2014 年 4 月下旬 I1409 合约显示出可能被高估，其与 I1405 价差最低已压缩至 0 元/吨，与 I1501 合约价差最高拉至 37 元/吨，因此，做如下交易：在 I1409 - I1405 价差为 1 点、I1501 - I1409 价差为 35 点时建立 2N 手 I1409 空单、N 手 I1405 多单及 N 手 I1501 多单，由于是套利操作交易，保证金仅为 2N 手标准；待进入 5 月份两个价差恢复一致后对所有仓单平仓，平仓价差为 18 点，整体套利单价收益为 35 - 1 = 34 元/吨（不计手续费）（上述套利仅为演示，实际情况可能与示例存在差异）。

上述套利中，实际获利机理为相对价差强弱的分析，简单跨期套利则是建立在绝对价差强弱的分析上，两者基础大致相同。投资者可以在实际市场分析中加入价差分析来捕捉此类低风险的投资机会，以在投资过程中体验和应用此类统计分析方法。

（二）铁矿石与螺纹钢跨品种套利

螺纹钢期货是目前钢铁产业链期货品种中最为活跃的品种，也常年跻身于所有商品期货活跃度的前五名，其不仅有产业特性，还具有一定的宏观经济特性，因此深受投资者的关注和欢迎。铁矿石期货上市近一年以来，交易量迅速扩大，日交易量也很快突破了 100 万手（1 亿吨交易数量），这既有市场需求的推动，也有螺纹钢期货的带动作用。不少投资机构和企业在铁矿石上市以前即开始研究两者的对冲结构，随着铁矿石期货交易的快速成熟，市场上已经有相当规模套利交易在运行。从策略的建立基础上看，大致可以分为两种基本类型：一是建立在产业价格成本之上的套利策略；另一是建立在产业价值转移方面的长期套利策略。

钢铁产业价格成本的基本公式如下：

螺纹钢吨成本 = 1.6 × 铁矿石 + 0.45 × 焦炭 + C1（生铁：400）+ C2（粗钢：450）+ C3（轧制：200）

这也是钢铁企业粗略考虑成本因素的基本算法，当然，实际应用的公式要比上述更加详细和精准，同时还提供了铁矿石转化为螺纹钢的转化比率，即 1.6 倍的基本关系。实际上，这个比例关系主要从氧化铁（三氧化二铁，Fe_2O_3）转换为铁单质（Fe）的化学关系式得出。这样就能够通过物流建立铁矿石至螺纹钢的成本转化关系式，一般用导数方式表述为：

△螺纹钢吨成本/△铁矿石价格 = 1.6 + 0.45 ×（△焦炭价格/△铁矿石价格）

其中，△焦炭价格/△铁矿石价格常年稳定在 1.69—2.24 这一区间内，且系数较小，可以近似为常数项，因此，△螺纹钢吨成本/△铁矿石价格 ≈ 2.36 ~ 2.61，这就建立了螺纹钢吨成本与铁矿石价格间的简单数学关系，即可通过螺纹钢价格与铁矿石的价格比例关系来确定两者价格的相对强弱，再结合长年统计的铁矿石与螺纹钢价格比价的数值，即可发现市场中的套利机遇，整理所得图形如图 7－7 所示：

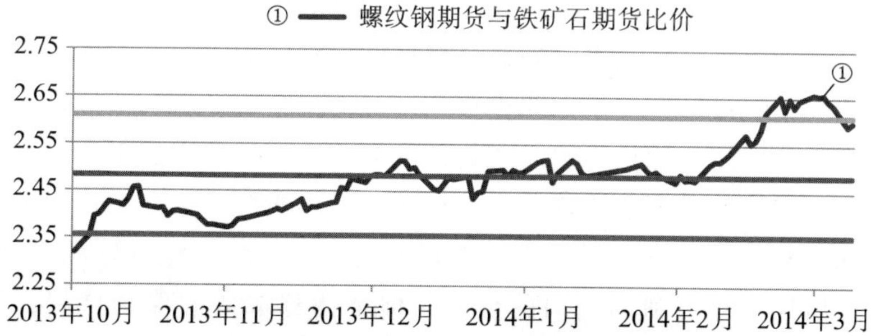

图 7－7 螺纹钢与铁矿石跨品种套利的比价分析

数据来源：大连商品交易所、上海期货交易所。

这样即可实现连续追踪螺纹钢价格与铁矿石价格间的失衡状况。例如，铁矿石上市之初，明显价格过高（价格比例已在下限之外），这就使得做空铁矿石、做多螺纹钢的操作机会来临，10月18日建仓，以969元/吨收盘价建立铁矿石主力合约空仓，以3 568元/吨建立螺纹钢主力合约多单。持仓一周至10月25日后，铁矿石主力合约价格跌至918元/吨（收盘价），而螺纹钢主力合约价格涨至3 585元/吨（收盘价），两个合约持仓均出现盈利，且铁矿石盈利水平超过5 000元/手，而比价也迅速恢复至接近中线水平。2014年3月份螺纹钢下跌幅度明显慢于铁矿石下跌幅度，导致螺纹钢价格出现虚高局面。2014年3月18日建仓，以732元/吨收盘价建立铁矿石主力合约多仓，以3 240元/吨建立螺纹钢主力合约空单。至3月31日，铁矿石主力合约价格涨至794元/吨（收盘价），涨幅为8.47%，而螺纹钢主力合约价格涨至3 328元/吨（收盘价），涨幅仅为2.71%。两个合约组合产生了客观套利收益，且信号显示后期仍有较大持有空间，实际上，此轮套利可持仓至4月25日左右，届时铁矿石价格涨至795元/吨，而螺纹钢价格跌至3 276元/吨，获利折算至铁矿石后接近5 500元/手。

产业价值转移方面的长期套利策略更适用于钢铁企业，主要是利用产业政策研究或者是产业调整的消化确定钢铁产业链的利润导向，且此类策略的持续期较长，一般可持续一个月以上，适用于锁定优势利润。

例如，2013年10月我国化解产能过剩的政策出台后，有投资人士分析，钢铁产业下行必然是主要趋势，但对于产业链各环节的影响力度不同。产能的缩减从长周期上看将缩减钢铁下游的供给力度，同时缩减对于铁矿石等原材料的需求力度。虽然铁矿石与钢材价格的走势相关度很高，但其中必然存在分化。因为缩减了供给导致钢材价格相对坚挺，而需求的缩减将极大地拉低铁矿石的价格，所以，此投资人进行了卖空铁矿石、买进螺纹钢的长期套利交易。实际上他认为整体产业链的利润将有意向下游钢厂偏移，此轮调整的影响在更大程度上体现为上游铁矿石、焦炭压力的陡然增大。从近半年的表现来看，铁矿石、焦炭的下跌幅度确实明显大于螺纹钢的下跌幅度，虽然中途出现了几次利润流向的反转，但整体趋势依旧保持良好，粗略估计，此长期套利的收益折算为铁矿石可达10 000元/手的盈利水平。

值得一提的是，此类方法不仅可以应用于铁矿石与螺纹钢间的套利，相关的焦煤、焦炭品种间的套利同样适用。同时，国内期货市场中，铁矿石期货和螺纹钢期货分别运行于大连商品交易所和上海期货交易所，因此，上述套利中还有跨市场套利的成分。

（三）“虚拟钢厂”套利模式

钢铁生产环节是黑色冶金产业链中的核心部分，也是利润产生和流动的中心环节，对于上游采矿、运输、炼焦及下游销售、供应等环节均能产生根本性影响。随着上市的相关品种日趋完善，可以看出，对于冶炼过程中的价格转移所需的各种要素也愈发全面，这就使得关注产业发展的投资者迸发了一个大胆的想法：能否完全利用资金在期货衍生品市场中开办一个“虚拟钢厂”，从而获得与现实中钢厂类似的盈利能力。笔者早在铁矿石期货上市前即利用外盘的铁矿石掉期研究过同样的问题，待中国铁矿石期货上市后也很快投入到相关策略的制定与实施设计工作中，下面笔者将就此类研究的心得与成果分享给各位读者。

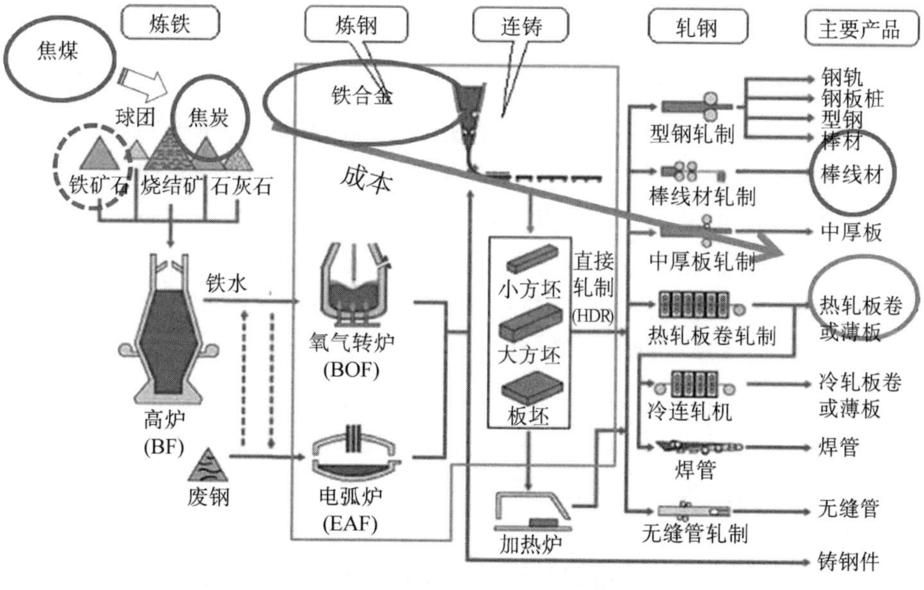

图 7－8　炼钢产业的物流分析

数据来源：我的钢铁网。

在“虚拟钢厂”建立前，需要弄清以下几个主要特点：

1.“虚拟钢厂”由于并不涉及实际生产过程，无法获取劳动力价值，不可能像现实钢厂的盈利模式一样。“虚拟钢厂”的盈利方式主要是赚取由于利润波动引起的相关品种价格不平衡变化差额。

2.“虚拟钢厂”的一个重要优势在于不仅可以做“买原料、卖钢材”的单边“生产”，同样可以做“卖原料、买钢材”的反向“生产”，即可神奇地将钢材“生产”作为原材料，这是期货的双向市场带来的特殊模式。

3.“虚拟钢厂”可以实现“即产即销”，生产过程无时间成本。

4.“虚拟钢厂”可随时开动，也可随时停工，能够灵活地把握市场机遇。

“虚拟钢厂”的开动基础主要是钢材成本分析，其基本公式有以下两种：

螺纹钢吨成本 = 1.6 × 铁矿石 + 0.45 × 焦炭 + C1（生铁：400）+ C2（粗钢：450）+ C3（轧制：200）

螺纹钢吨成本 = [（1.6 × 铁矿石 + 0.45 × 焦炭）/0.9 × 0.96 + 0.15 × 废钢]/0.82

其中，第一个公式在前述铁矿石与螺纹钢的套利中已应用过，而第二个公式增加了修正系数，因此在对于成本的把握上更加准确一些。“虚拟钢厂”利用这种公式模型将铁矿石、焦炭（或焦煤）、螺纹钢（或者热轧板卷）的价格关系联系在一起。以生产螺纹钢的“虚拟钢厂”为例，首先根据上述计算模型，利用原材料期货价格计算出螺纹钢的理论成本值，再将之与螺纹钢期货的价格相比较，在确定了固定升贴水及平均利润水平分布后，即可考察目前的螺纹钢期货价格是否合理，从而在螺纹钢期货价格被高估时采用“买铁矿石及焦炭（焦煤），卖螺纹钢”的正向生产过程，而在螺纹钢期货价格被低估时采用“卖铁矿石及焦炭（焦煤），买螺纹钢”的反向生产过程，待市场价格恢复正常后，即获得了预期的利润。由于期货市场的保证金机制，此盈利能力会被显著放大，从而使“虚拟钢厂”获得的利润明显高于实际钢铁企业。对冲机制的存在，也使得资金安全性得以保证。

螺纹钢成本价分析及其与市场价的关系见图 7－9。

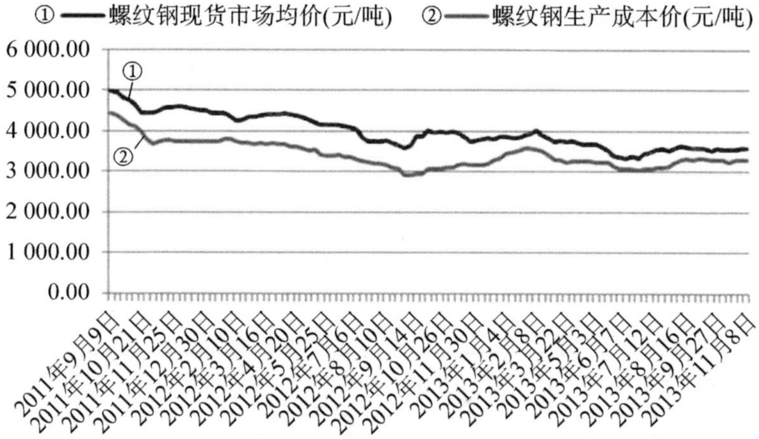

图 7－9　螺纹钢成本价分析及其与市场价的关系

数据来源：Wind 数据。

下面是笔者应用“虚拟钢厂”的实际案例说明，相信能够生动地描述出“虚拟钢厂”的套利模式。

“虚拟钢厂”基本模型建立并进行优化以后，“虚拟钢厂”反映的期货运行价格偏差已经能够将螺纹钢价格偏差控制在 28 元/吨的范围之内，这就大大提高了模型的操作精度，螺纹钢理论价格与实际价格的走势见图 7－10。

图 7－10　“虚拟钢厂”拟合价格与实际价格的分析

数据来源：Wind 数据。

这样就可以连续跟踪螺纹钢期货的价格运行状况，再结合历年该钢材品种的利润水平，即可对市场机会进行判断，同时，也可以追踪利润变化方向进行趋势跟进，从而获取类似钢厂利润的收益。在2013年末至今，钢厂利润水平波动较大，因此，此类投资机会较多，单次套利的收益水平也较大。

“虚拟钢厂”的盈利参数分析见图7－11。

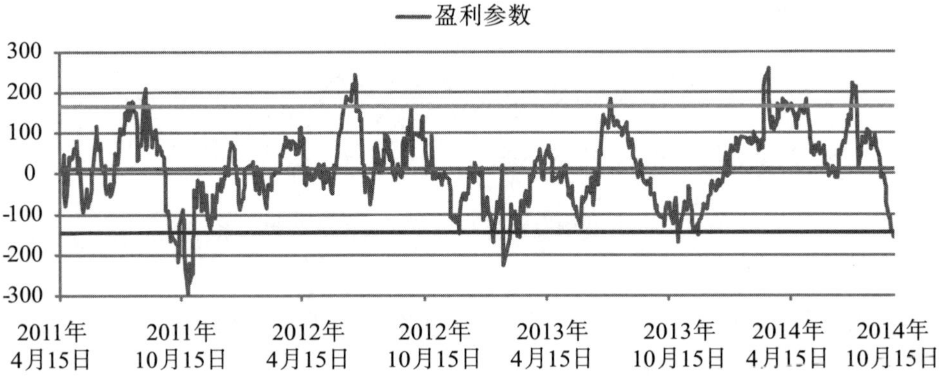

图7－11 “虚拟钢厂”的盈利参数分析

数据来源：Wind数据。

在充分统计国内螺纹钢的利润水平基础上得知，全国螺纹钢的平均历史利润极大值分布在180～200元/吨的区间，短期利润可达250元/吨，而极大亏损值在－130～－150元/吨，这就为我们的利润判断提供了依据。国内铁矿石期货2013年10月18日上市时，原材料明显被高估，这与前述的铁矿石与螺纹钢套利系统发出的信号是一致的。相应的市场修复一直持续到2014年4月，期间反向套利的利润空间很大，折合成螺纹钢品种的收益可达3 000元/手。原材料的过快下跌又导致以螺纹钢为代表的钢厂利润达到历史高值，因此又形成了正向套利的机会，利润空间折合螺纹钢品种也达到2 000元/手。以此判断出的套利机会已出现四次，具体套利交易情况见表7－2。

从表7－2中可以看出“虚拟钢厂”巨大的盈利能力。值得一提的是，“虚拟钢厂”模型特别适合钢铁企业应用，其直接揭示市场价格下的利润空间大小，借此模型可以明确给出目前钢铁行业的盈利水平。此外，模型可以

表 7-2　　　　“虚拟钢厂”在期货上的盈利记录

起始日期	结束日期	套利方向	行情	收益率
2013 年 10 月 23 日	2013 年 11 月 11 日	反向套利	Rb 涨 34；I 涨 15；J 跌 91	15.34%
2013 年 11 月 18 日	2013 年 12 月 18 日	反向套利	Rb 涨 64；I 涨 1；J 跌 26	14.64%
2014 年 4 月 10 日	2014 年 5 月 13 日	正向套利	Rb 跌 287；I 跌 107；J 跌 103	8.47%
2014 年 7 月 14 日	2014 年 8 月 25 日	正向套利	Rb 跌 127；I 跌 66；J 涨 21	8.41%

注：①上述收益率是按照操作前总资金量进行计算的每期套利收益率，资金占用比例约为 30%，如按照保证金计算则会更高；

②操作过程中保证金占用资金比例约为 50%。

进一步依据企业自身的经营特点加以优化，从而能够贴近企业实际生产情况，能够在期货市场提前锁定超额利润空间，对于化解当前的钢铁产业利润水平低下的问题具有实际价值。

小贴士

套利交易中的交易比例

套利比例是指期货交易者在套利时对套利交易中所涉及的期货品种建立不同数量头寸的套利策略。之所以要建立不同数量的头寸，主要是因为套利中使用的这两部分头寸的期货价格波动程度不同。因此，在套利时交易者要对这两部分交易头寸的数额及其比例进行计算。例如，铁矿石与螺纹钢套利的过程中，1 手铁矿石期货合约对应 5 手螺纹钢期货合约的收益水平与 1 手铁矿石期货合约对应 10 手螺纹钢期货合约的收益水平必然存在明显差异，在相同的市场情况下不同的套利比例会带来或多或少的套利收益，这就使得套利过程充满变数。因此，在判断出市场的套利机会后，要明确套利手数的配比才能够获得预期的收益。

实际中，在选择套利策略时，就要将套利比例考虑其中，然后按照固定的套利比例来计算、衡量交易策略信号。以一般经验而言，对于比价类的套利一般按照合约规定的实际数量的 1∶1 决定套利比例，例如铁矿石与螺纹钢的套利比例就设定为 1∶10（铁矿石期货合约为 100 吨/手，螺纹钢期货合约为 10 吨/手），而焦煤与螺纹钢的套利比例则设定为 1∶6（焦煤期货合约为 60 吨/手，螺纹钢期货合约为 10 吨/手）；而对于价差类型的套利比例一般是按照产业结构、价格波动率等因素进行配比，例如铁矿石与螺纹钢的价差套利则可能采用 1∶7 的比例进行，因为从产业结构计算铁矿石与螺纹钢的产出比为 1.6∶1，换算至期货合约上即约为 1∶7 的关系（即 100 吨铁矿石大约生产 70 吨的螺纹钢）。随着套利交易的不断发展，更多的套利比例设置不断出现，相应的套利机会也各不相同，投资者可以在自身研究过程中加以重视和体会。

实际中，各种单独的套利可以组合成套利组合发挥更大的作用，例如“虚拟钢厂”直接考虑了铁矿石、焦炭和螺纹钢间的套利行为。假设目前是买铁矿石及焦炭、卖螺纹钢，如果还存在焦煤与焦炭的套利机会，即可将两个方案结合起来操作，将“虚拟钢厂”开工转化为买铁矿石及焦煤、卖螺纹钢的交易方式。虽然两个单独的套利组合不一定在同一时间恢复到平衡值，但总能够在原有套利基础上获得一部分附加套利的利润空间，从而提高整体的盈利水平。

（四）与外汇相关的跨市场套利

前面关于跨市场套利的介绍，都是在汇率基本保持不变的大环境下进行的；反之，通过不同市场、不同标的货币的市场进行铁矿石期货（掉期）的买卖，则能够获得外汇套利收益。由于这种套利是以商品为基础的套利行为，其相较于纯外汇市场的套利行为风险较小，且杠杆率低，特别适合具有双货币或相关多货币现货经营者进行变相的外汇管理。例如，某贸易商财务为人民币结算，每月铁矿石贸易量为 10 万吨，实施交易策略如下：由于 2014 年初美元兑人民币出现回暖，其在新交所以 130 美元/吨买入 10 万吨铁矿石掉期合约，而在国内大商所以 880 元/吨卖出 10 万吨铁矿石期货合约，此时美元兑人民币汇率为 6.0434，内外价格运行相关系数为 99.473。一个月后，美元汇率持续走高，该贸易商决定以平仓方式了结相关仓单，以

126 美元/吨平仓新交所 10 万吨铁矿石多单，以 854 元/吨平仓大商所 10 万吨铁矿石空单（此时两个市场下跌幅度均为 3%），此时美元兑人民币汇率为 6.0668。以固定汇率计算，在两个市场的套利操作中未出现跨市场套利收益，但由于原有设计考虑了间接外汇变动收益，折算在此贸易商人民币财务账户上的收益为：$[(126\times6.0668-130\times6.0434)+(854-880)]\times100\,000=477\,480$ 元。值得一提的是，该操作因为与现货贸易结合紧密，所以即使市场未出现有利变化也可以用现金交割方式了结外盘持仓，避免外汇风险。此策略是建立在不同交易市场同种商品的高相似度走势之上的一种外汇套利策略，充分体现了铁矿石期货这一品种的金融属性。从理论上来说，在中国、新加坡、美国、伦敦四大市场的铁矿石衍生品合约间均有套利操作空间和实用价值。

自测题

一、填空题

1. 套利交易，概括来说是通过____________而获得低风险收益的一种交易模式。

2. 我们根据期货合约到期日、运行市场以及品种的不同，可以将期货套利的具体方式分为：______、______、______以及______。

3. 一般而言，在进行套利操作时，所应用到的价位关系分析方法主要有______、______以及______。

4. 套利策略风险分析同投机交易、套期保值的要求一样严格，大致可以分为______、______、______以及______。

5. 跨期套利由于交易品种的单一，系统性的风险相对较小，套利的价值主要体现为______。

二、选择题

1. 下列方法中，属于套利交易的是（　　）。

A. 买铁矿石期货卖螺纹钢期货　B. 买焦煤期货买焦炭期货
C. 买鸡蛋期货卖铁矿石期货　D. 买铁矿石现货卖铁矿石期货

2. 处理可能涉及交割的套利的基本步骤包括（　　）。
A. 全面的成本计算
B. 在套利过程中进行跟踪监测与潜在风险分析
C. 在套利整个过程中保证严格的执行力
D. 联系对手方协调货物周转

3. 从长期经验来看，成功的跨品种套利一般要具备（　　）。
A. 品种的市场规模比较匹配，即尽量避免大宗商品与小宗商品间的套利行为
B. 品种的相关性较高，一般要求相关系数至少要在 0.85 以上
C. 品种间在实际生产及市场划分中具有一定联系
D. 套利模型要禁得住历史数据的考验

4. 跨市场套利主要风险有（　　）。
A. 标准合约差异风险　B. 交易时间差异风险
C. 持仓风险　D. 外汇风险
E. 现货物流成本变化风险

5. 跨品种套利主要风险有（　　）。
A. 单边行情造成的交易风险　B. 品种差异风险
C. 现货交割风险　D. 外汇风险

三、判断题

1. 期货市场中的各种套利行为都建立在所操作的合约间必须存在较高的正相关性的基础上。（　　）

2. 期货合约和现货价格在交割日基本趋于统一是期货市场期现套利操作能够有效执行的最有力基础。（　　）

3. 理论基差值应该等于该商品的持有成本，即持有到期的资金成本。（　　）

4. 由于跨期套利是针对同一个期货品种的操作，在相邻的主力合约间的价差水平非常固定。（　　）

5. 期现套利预期利润空间一般为实际套利过程的最小套利空间。（　　）

6. 单边行情造成的交易风险是期现套利的最主要风险。（　　）

7. 利用不同市场价格变化差异产生的市场间价差来进行类似贸易型的一买一卖交易，从而获得价差收益，这种套利为跨品种套利。（　　）

8. 套利交易要求合约间具有较强的相关性。（　　）

9. 套利交易过程不需要任何基本面研究的基础支持。（　　）

10. 套利分析方法相对独立，不同套利方法不可以同时使用。（　　）

参考答案

一、填空题

1. 捕捉不平衡价差的修复过程
2. 期现套利　跨期套利　跨市场套利　跨品种套利
3. 成本法　统计法　产业趋势预测法
4. 行业分析　持有成本分析　持仓风险分析　潜在风险分析
5. 时间价值

二、选择题

1. AD　　2. ABC　　3. ABC　　4. ABCDE　　5. AB

三、判断题

1. √　　2. √　　3. √　　4. ×　　5. ×

6. √　　7. ×　　8. √　　9. ×　　10. ×

第八章

铁矿石期货投资者风险管控

本章要点

前面几章主要内容侧重于分析方法和投资方法，而交易市场中，方法只是成功的一部分因素，另一大影响因素就是人。本章首先以投资者心理、思维等主观因素为中心内容，向投资者解释人本身对投资的重要影响，同时向投资者介绍一些提高相关素质的有效手段。此外，将扩展介绍企业和机构投资中所需要搭建的“软实力”，结合实际经营介绍法人客户参与期货交易时所必需的组织、流程与制度建设等经验。

一、投资者如何理性地对待市场风险？

投资市场的竞争是残酷的。对于期货市场而言，其实质是一个零和竞争的市场，有盈利方必然就会出现相应的亏损方。期货市场的双向性导致行情的左右摇摆相对频繁一些，因此，要求投资者在持有期货合约的过程中必须要有理性思维的支撑，不能被行情的摇摆左右自身的操作策略。投资者一定要解决个人投资操作层面的问题，建立起一套系统的投资策略及投资方法，形成个人的投资体系，来固化和规范个人的投资活动，形成独立的思考能力、稳定的心态和正确的方法，克服人性弱点对投资的消极影响，做出正确的投资决策，达到投资的目的。要实现期货投资的理性化，笔者认为可以从以下几个方面入手。

（一）明确的投资目的

做一个理性的价值投资者，通过理性的投资来实现资产的保值和稳定增值，在可以承受的风险范围内，实现投资收益最大化，并体验投资所带来的乐趣和回报。这点是好多投资者耳熟能详的内容，但却是最容易在交易过程中丢失的。许多投资者在纷繁复杂的交易过程中都会迷失最初的投资目的，而让“赌徒”心理逐渐占据了上风。

（二）清晰的投资理念

期货市场的基本投资内容是建立在不断深化的市场嗅觉之上的投资机会的挖掘。对于单边的传统交易，如何寻找被市场高估或低估的价值，从而进行卖出和买入操作，这是期货市场的基本投资理念。不论是投机交易、套期保值、套利交易均是在此基本理念基础上发展出的投资方式。投资理念的主要作用的外在体现为在以成熟思考为背景的前提下，降低亏损和犯错的概率，核心思想是化解风险及追求利润。值得一提的是，在期货市场交易过程中，化解风险比追求利润更重要，这正如比武过程的“守”和“攻”一样。但其又存在着特殊性，期货市场的交易行为实际上是一种混战局面，各种资金随时可能“叛变”，因此，虽然市场的成交是“一对一”式的，但投资者成交的对手有可能前一秒还是同方向的“盟友”，这也是双向市场的特点，当“盟友”开始撤出资金甚至布局反向仓的时候，原有的“盟友”将受到更大压力，这也是为什么在期货市场会出现“多逼多”、“空逼空”的践踏行情。因此，要想在期货市场进行投资，首先要确保自身资金在安全可控范围内，然后再通过各种分析方法博取利润，这是大量的期货市场投资者用大量的资金代价得到的宝贵经验，也是为什么期货市场初入者需要学习的第一课即是“止损”意识。兵法有云：“未思功先思退路”，这已经成为许多期货投资者的口头禅。

小贴士

何谓“多逼多”“空逼空”的践踏行情

“多逼多”“空逼空”的践踏行情特别容易出现在幅度较大的单边行情中。假使某一期货品种的下跌已经持续较长时间，下跌幅度已经超过20%，按照10%的保证金比例来计算，已经亏损两个保证金额度。一些原有保证金占用比例较大的多头账户面临的资金压力较大，继续持有压力凸显。投资者为了防止爆仓会采取平仓或减仓策略，或者价格的进一步下跌已经触发一些账户出现强行平仓的情况，这样，原有的多头在平仓过程中就会短时增加卖单数量，导致卖方力量更加强烈，从而造成市场价格向下移动，对未平仓的多头形成更强的逼仓压力，即形成了“多逼多”的现象。反之，空头的恐慌平仓也就导致了“空逼空”的现象。这种情况一般是前期多空较量确定的运行方向导致的后续效果，盘面一般表现为价格继续的单边行情与持仓大幅缩减情况的同时发生。当数次出现此类行情后，由于一方资金的主动撤出，一般预示着后续行情的稳定或行情的短期反转。

（三）严格的投资原则

投资原则可以理解为市场行为的执行标准。在确定投资方式、研判依据及风险控制等重要环节后，起决定作用的就是投资原则的执行。投资原则是通过流程化的方式来坚决执行自己的投资理念、投资原则和操作计划，以避免个体受人性的恐惧与贪婪的干扰。

投资原则的内容体现在投资策略、方案、风控等各个投资要素的具体实施计划之中，而原则本身的实质就是执行力。例如，某投资者制订的投资计划中设计的品种为螺纹钢，然而近期市场中铜的单边行情走势非常顺畅，因此投资者擅自动用资金中的部分准备金进行了期货铜的投资交易，先不论其亏损与盈利的结果，就单纯从投资原则上就已经构成失败的投资了，长久以往必然会带来资金上的巨大损失。投资者对于投资原则的执行失败最常见于止盈和止损环节。在面对盈利和亏损时，不能果断下达进行平仓的指令，对于盈利的无限追求和对于损失的心有不甘打破了投资原则的规定，从而造成了失败的投资。投资者务必要认识到成功的投资并不仅在于投资利益的最大化，而是在于投资风险最小化基础上的投资收益最大化。成功的投资并不是暴利型的投资，而是正确的投资原则指挥下的稳妥、健全、可持续性的投资行为。

投资者应该不停地追求理性投资，不停地强化自身战胜感性的能力，其实从严格意义上说就是在不断战胜自身的感性思维，寻求一种自我超越。从这点上可以看出，期货投资的修炼和人生的自我超越两者的相似度很高，要获得相应的成功，都要克服自身前进道路上的一个个障碍，从而才能够实现价值的提升。因此，对于投资者而言，坚持与突破是达到成功的必经之路，即使最后没有获得期货投资的圣杯，也会在人生道路上收获诸多思考并使自己的思想不断升华，从而获得成功的必要素质。

二、如何提高自身的投资素养？如何严格执行交易纪律？

投资素养类似于人的素养，是一种由内而外发散出的一种气质，具有不可抗拒的力量，能够让人的行为服从于管制，影响自己和周边人的投资方式。而这种素养不是与生俱来的，是要通过投资者不断的“修炼”而获得的。即使拥有世界最好、最准确的交易系统，没有良好的投资素养、没有严格执行交易纪律，投资依旧是亏多赢少。

（一）期货投资素养的养成

1. 正确认识自己。《孙子兵法》中强调“知己知彼，百战不殆”，在期货投资中同样如此，投资者必须把自己放在一个正确的位置上。譬如，投资者需要搞清楚自己擅长进攻，还是擅长防守，如果投资者是一个思想活跃、勇于挑战的人，也许可以更多地尝试中短线操作；如果是一个相对保守、行动稳健的人，则选择中长线的投资方式为佳。同时，还应对投资者的个性特征、承担风险的能力、资金状况加以评价，分析手头富裕资金的数额与结构，评价自己在期货市场上的“作战”能力。总之，只有正确认识自己，投资者才能够在期货市场上找到属于自己的位置，确定相应的投资策略、方法，采用适合自己的方式去理性投资。

2. 强化自我约束。自我约束是一种能力。在期货市场中，每一次波动都是可能的交易机会，如果没有自我约束能力，投资者很容易被市场牵着鼻子走。许多人在股市里一再犯错误，其原因就在于缺乏这种能力，因而，很容易被市场的一些假象迷惑，最终一败涂地。自我约束能力，可以帮助投资者抵御市场氛围的影响，在别人不敢投资时仍有勇气买进，在大家企盼更高价来临时大胆卖出，从而有助于投资者克服恐惧与贪婪心理。

3. 谦逊温和的市场态度。在期货市场中，投资者需要有谦逊、不自负的精神，时刻记着做一个学生而不是老师，对市场始终保持一份热情和好奇心。从表面上看，市场涨涨跌跌，上升和下降走的是同一条路线，而且，市场的表现有时的确会与过去某一个时期很相似，但实际上，所有的市场表现都不可能是完全一致的。古希腊的哲人说过“太阳每一天都是新的”。的确如此，每一天市场中的行情都是不同的。在期货市场，不要过于自负，千万不要认为自己能了解任何事情。事实上，对于任何一个期货品种，没有人能够彻底地了解并100%正确地预测行情。任何价格的决定，都依赖于千百万投资者的实际买卖行为在市场中的综合反应。如果因一时的获利而趾高气扬，漠视其他竞争者的存在，则灾难会在不知不觉中降临。必须牢记的一点是：在市场中，没有绝对的赢家，也没有百分之百的输家。

4. 保持平常心。在生活中，人们总是受到各种各样情绪的困扰，因此，要保持一份平常心实属不易。然而，面对市场的起伏波动，分分秒秒的价格变化都关系着投资者的切身利益，要保持这份平常心非常困难。但是，投资者却必须不断劝告自己，一定要以一颗平常心对待市场的波动，修炼出一份“不以盈喜，不以亏悲”的心态。保持心理的平和，也有助于投资者维持良好状态，从而使投资者的判断更加准确。因为盈利而喜上眉梢、因为亏损而怨天尤人的投资者，最终都不适合长期的市场投资。

5. 培养辩证的思维习惯。期货市场是一个充满不确定性的地方，投资者要想在市场中获利，其思维方式十分重要。特别是对于一些以搞中短线操作为主的投资者来说，由于市场信息层出不穷，而且变换很快，要想追随市场是十分困难的。有一句广告语说：“抓住每一个热点，把握每一个机会”。这在实际上是不可能实现的，试图追随市场热点的结果只能是徒劳无益。因此，辩证的思维，是最符合市场特性的一种思维。我们知道，市场充满着相对性，盈利与亏损、高估与低估、市场的强弱等，都是相对的概念。更何况，任何事物都具有两面性，对行情的研判和实际的操作，投资者都应该站在不同的分析角度，避免以偏概全。市场上流行一句投资格言：“持有亏损时，仍应保持五分乐观；握有盈利时，则需具有七分警觉。”这正是辩证思维的具体体现。

期货投资的成功既有偶然也有必然，作为正常的投资者，都希望通过自身的努力获得水到渠成的成功。当然，具备了所有成功的素质也不意味着就一定能够成功，但成功的几率将会大大提高。大多数成功的人必然有不断积累的过程。对于成功的渴望是所有人的正常心理，而对于成功的掌握才是绝大多数成功人士的更高追求。

（二）严格执行交易纪律

1. 保持旺盛的自信心。投资者的自信心来自两个方面：一方面，投资者要对自己的判断与决策有信心，要相信自己的分析能力。一旦作出决策，就坚定不移地按照自己的既定目标去办，绝不动摇，也不见异思迁。另一方面，投资者要对期货市场的发展有信心。市场上经常会出现一些反常现象，那都是正常的。投资人谁也无法在市场中常胜不衰，千万不要因为暂时的挫折而丧失斗志。当然，投资者的自信心，是建立在一定的投资交易经验和个人的能力基础之上的。只有当一个投资者在操作实践中积累了经验，对市场的运作有深刻的理解，能够充分掌握市场的资料，并且具备较高的分析判断能力时，投资者的自信心才是有意义的。如果投资者只是毫无根据的作出判断、决策，并且固执己见，一意孤行，那意味着蛮干，并不是自信的表现。

2. 时刻拥有充足的耐心。耐心是投资获利之本。的确，忍耐本身就是一种资本，期货投资的报酬，很大程度上就是忍耐、等待预期中的报酬。市场行情的升降起落，并不是一朝一夕就能完成的，等待的过程可能在心理上异常艰苦。多头市场和空头市场的形成纷繁复杂，较大幅度的回调是打消投资者耐心的最大杀手。因此，许多投资者在根据历史走势来讲解交易策略时，通常会自信满满，而市场中的一些判断依据也可以轻易解释市场走势的合理性，但当他们面临最新行情时，所有问题都变得不太确定，如何能够安心并保持持仓是非常困难的。另外，当一个市场的主要趋势没有形成之前，投资人不可轻举妄动，也不应该为一点点的利润而动心，以避免在杀进杀出中作出冲动性的操作。在期货市场上，应该反复强调的两句话是：“小不忍则乱大谋”；“退一步则海阔天空”。

3. 拥有果断的决断力。成功的投资起点在于决断。在期货交易中，市场中的机会往往是转瞬即逝的，投资者如果不能及时抓住时机，等待他的不是懊悔，就是亏损。因此，对于决断这一个心理素质，投资者不可忽视。值得一提的是，决断力强并不等于莽撞，其本质区别在于莽撞只是一时情绪失控引起的过激行为，而决断力强是建立在事先成熟思考基础之上的。当投资者经过对市场行情的仔细研判，能够发现较好的买入或卖出的时机时，有没有决断力就成为投资成败的关键所在。

三、如何面对期货市场的盈亏?

期货市场的盈利与亏损在投资者未完全退出市场前均是暂时的，随着交易的继续，盈利也会成为亏损，而亏损有可能成为盈利，当然也有可能成为更大的亏损。由于期货市场的双向机制，投资者很难做到在最低点买入、最高点卖出的完美操作，而即使趋势判断正确，由于价格不断波动，绝大部分情况下盈利单前期都是亏损单。因此，如何用平和的心态去面对期货市场的盈亏，将是决定能否在期货市场获得预期收益的一大关键。在市场先行者们付出大量时间与财富的代价后，为我们留下了以下宝贵经验。

（一）培养冷静、细心的思考习惯

在期货市场上，投资者必须细心了解有关交易的各个环节，做到有几分力量进行几分投资，不可超出自己所能承受的财力。因为期货投资是一项高风险的行业，一旦超过自己的财力投入交易，投资者就会经受资金方面的压力，对于资金的掌控也会越来越乏力，患得患失，自然难以冷静地做出判断，也难以发挥个人的聪明才智，成功的可能性反而大大减少。越是有经验的投资者，在进行投资决策时就越谨慎小心，保持一份冷静的头脑。投资决策应该建立在对各种资料、走势的客观认识上，经过细心比较、研究，再决定投资对象并且入市操作，这样既可以避开许多不必要的风险，少做一些错误决策，又能增加投资获利的机会。冷静是至关重要的，它是正确地认识和分析问题的必要条件。一般投资者最容易犯的错误就是面对逆境或是长期置身于顺境之中就会被周围的气氛所干扰，不能以一个客观而冷静的立场将各种情况与利害关系考虑周全，一味地钻牛角尖，走极端。因此，冷静、细心就是要求投资者在遇到市场行情发生变化时，在需要做出决断时，一定要结合客观形势分析，综合把握各种市场内外的因素，进行周密地思考，不是一味地随波逐流，而是不断地根据市场的变化修正自己的观点，及时改变自己的投资立场。做到“不以物喜，不以己悲”，真正有“不以成败论英雄”的大将风度。

（二）克服人性的恐惧和贪婪

恐惧与贪婪是人性的两个弱点，在期货市场，这两个弱点更淋漓尽致地表现出来。为了克服恐惧心理，投资者需要有信心、决心和忍耐力。为了克服贪心，投资者有必要对自我有一个深刻了解。在期货市场的纷纭变化中，表面上看，投资者是在与别人竞争和“作战”，其实，最重要的还是要与自己的贪欲做斗争。任何事物的发展都有一个限度，物极必反，盛极而衰。市场中我们常常能见到有些激进投资者，在价格持续上涨时仍待价而沽，总盼望能再涨一些，再多赚一点儿；也总有一些投资者，在价格暴跌已成定局时，仍抱有幻想，不肯面对现实。归根结底，这都是一个“贪”字在作怪。为了克服贪心，投资者可以力劝自己从以下几个方面加以实践：

1. 在风险无法确定的时候，不追求计划外的更大利润；
2. 量力而为，不盲目追仓、加仓和重仓操作；
3. 懂得行情只赚八分饱，不追求抄底摸顶的极致操作；
4. 心理价位一到就立即交易，不贪一点点小利，也不计较暂时的亏损。

四、如何养成合理的投资习惯？

习惯的养成需要长时间的坚持与纪律性保证，因此，培养合理的投资习惯的最好方式就是学习和借鉴经过市场检验的成功者的经验。当然，并不是成功的投资习惯就具有普遍适用性，需要投资者结合自身特点加以筛选。一般来说，投资习惯的借鉴还要通过比较，通过对比成功者的模式来发现自身的不足，从而对自身的投资习惯进行修正，那么自己的习惯和方法就在这些修正过程中慢慢成型了。下面笔者将市场上普遍存在的几点合理投资习惯进行简单介绍。

（一）时刻将风险意识保持在第一位

很多投资者认为，市场每天到处都是机会，每天都有好多赚钱的机会。这个说法的表象并没有错，市场 24 小时在运转，又能双向交易、即时成交，理论上看只要价格在变动，就有交易机会。但是实质呢？如果在无数的机会中加一个条件——要求风险可控，那么机会就不多了。许多市场初入者容易犯这样的错误，甚至努力在想如何把握每个小行情甚至每根 K 线的行情，造成多空的频繁操作、止损、左右碰壁，导致权益迅速流失。当然，市场上存在高频交易方法，但基本为程序化交易。从个人的投资习惯来看，这并不可取。

（二）对持仓具有明确的可控性

许多投资者建仓后没有止损的考虑，直到资金紧张才被迫止损，或者止损随意设置。对于持仓的止盈也是类似的道理，这样就导致风险与收益可控性很差，长期下来很难实现盈利。

（三）严格执行交易计划

交易计划可繁可简，可长可短，可详细可粗糙，但一定不能可有可无。交易计划能够使你的交易回归当初的想法，即使错了也只是判断的失败，而不是习惯的错误。没有执行交易计划的下场只有一个：被市场牵着鼻子走直到资金流尽。

（四）坚持独立思维

有些投资者习惯跟着别人去做，可能会获得短期的盈利，时间长了他就会发现，自己仍然是当初的那个自己，没有任何进步，留下的只有自己账户的亏损。

五、企业如何组建期货部门？

企业参与期货交易（绝大多数情况是套期保值交易）需要建立的相关“软实力”，即组织结构、制度及流程。目前，随着套期保值业务需求的增加，企业对于相关内容的需求更迅速增加，下面笔者结合自身经验介绍一下如何组建期货部门的组织结构。

期货部门应作为主体企业下设的一个专业部门，负责企业期货相关业务的运作。由于期货与现货业务必须形成对接，期货部门必须配置相关的领导统筹、业务监督及业务执行相关职能。

（一）业务组织结构组建

企业期货业务组织结构主要包括期货领导组、期货监督组、期货执行组三大基本部分，基本职能及设置见表8－1。

表8－1 企业期货业务基本组织结构

期货领导组（战略层）	由总经理、采购及销售负责人、财务负责人共同组成，负责确定公司保值战略，明确保值目标，审定保值方案，控制保值风险
期货监督组（财务风险）	由财务部、运营管理部共同组成，在期货领导组的领导下，对公司期货风险进行评估和监控加强内控管理和资金的安全，落实交割相关事宜
期货执行组（期货分部）	在期货领导组的领导下，在期货监督组的监控下，落实市场资讯收集及分析、保值计划、交易执行、交易报告、交割实施等工作，并负责内部相关部门协调，与期货公司的信息协调沟通

企业可结合自己的现货经营经验，利用自己的现货渠道收集行业信息，同时加强公司内部期货分析人员的培养，加强与期货公司的联系，利用其专业的研究平台来帮助企业判断期货价格走势。另外，公司相关职能部门需积极进行协同分析，为期货领导决策小组提供相关决策依据。在授权相关部门介入期货市场的同时需要明确相应的职责。

（二）业务流程具体职能划分

虽然业务组织结构中只有三个基本部分，但实际运行过程需要协同多个部门才能完成整体的流程。因此，在第一部分的业务组织结构组建过程中，不必将几个基本部分独立出来，可以依据企业情况灵活地将原有公司内各部门的工作人员编至相应的组织结构中，让其在期货业务中发挥相应的工作优势即可。也就是说，期货部门是一个跨部门的综合体，是一个协调工作的团队。

在业务流程中，涉及的各个部门要明晰自己的职责内容，保证业务流程的完整性。企业可以根据自身条件为期货部门的运行提供“绿色通道”，保证业务的快速有效进行。各部门职能见表8－2。

表 8-2 业务流程中涉及的各部门职能安排

部门	职能
期货部	汇总信息，行情研判，制订套保方案，给出操作建议，实施套保交易，定期上报期货领导小组交易情况；如遇到行情突变，应及时组织行情分析会，上报期货领导小组，迅速做出相应对策；提供远期投标价格指导
现货部	现货市场的协同分析和操作，定期提供现货市场的状况分析报告作为期货市场交易决策的判断基础
工程部	现货市场的协同分析和操作，定期提供项目合同的保值需求或投标状况作为期货市场交易决策的判断基础；在资源部及期货部的授权价格范围内开展远期项目投标
资源部	反馈铁矿石的价格、走向以相关政策，动态反馈库存数量及均价状况
财务部	监测交易保证金账户的变化，确保正常运转，进行资金划拨；日常交易风险的提示；重大交易风险的及时上报和控制
运营管理部	负责铁矿石的交割、出入库、制作仓单的具体落实

六、企业如何建立合理的期货操作流程？

期货交易是一种保证金形式的即时交易方式，操作不当或是交易头寸超出了现货需要保值的数量，均会带来风险，因而参与保值的公司应该选择专业而服务快捷的期货公司建立交易通道。同时，保值规模较大的企业需要建立相关的业务流程来保障保值业务的顺利开展，把从事交易、风险管理及结算（资金划拨）职能的岗位和人员有效分离，确保能够相互监督制约。有条件时可设置专门从事套期保值业务的部门，并将风险管理赋予其他部门。

图 8-1 是企业根据套期保值业务需要建立的业务流程示意图，其对套期保值业务应用过程描述得比较全面。

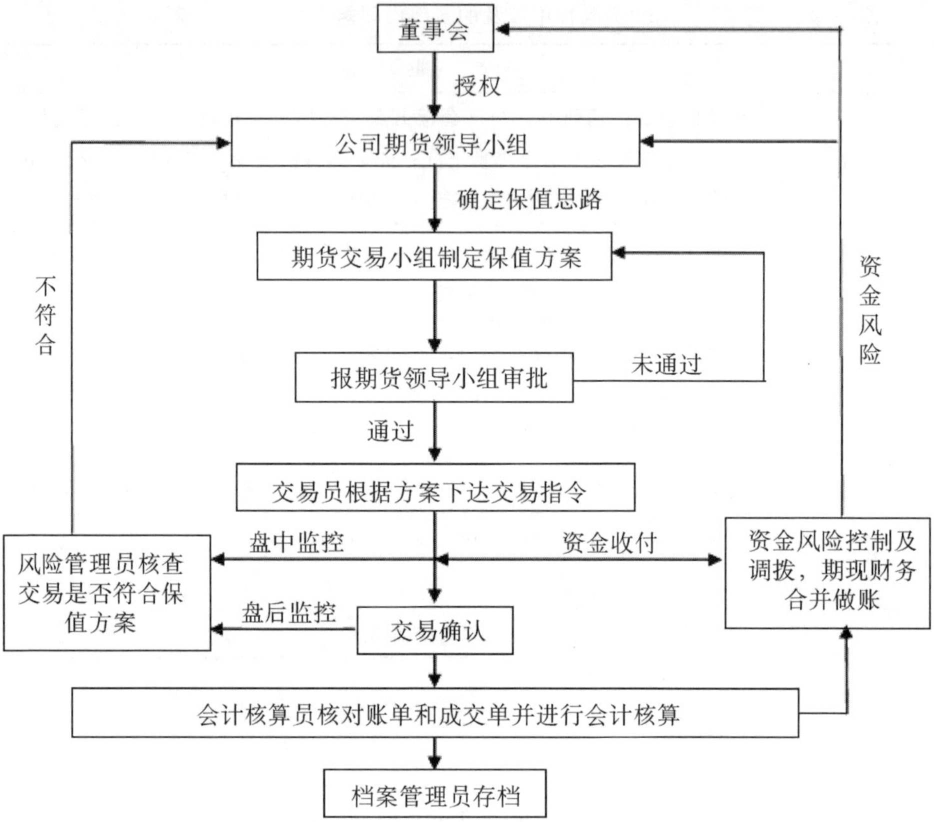

图 8－1 企业期货业务基本流程图

在广泛收集信息、全面分析市场趋势的基础上，根据公司经营目标和计划、库存及销售状况等，制订操作方案，重大保值方案请公司期货领导小组核准后进行保值操作。形成方案后一定要减少随机性，尽量按照既定方案执行，杜绝保值过度等投机行为的出现。

具体操作流程如图 8－2。其中，董事会作为公司最高领导层对整个流程环节全面负责，并保证各个部门权责的明晰；各小组依据套保计划对财务状况及风险进行评估和审核，方案待审核通过后才能进入执行阶段，财务负责与期货公司进行账户资金出入等工作，而操作组则在资金到位后按计划执行操作，操作流程及资金情况需及时反馈至监督组和领导组审查备案，同时操作组负责严格执行领导组可能做出的调整方案。财务和会计部门需定期对套保资金账单进行核算和风险评估，所有涉及套保操作的内容需由档案室备份。

上述基本流程中，如何实现分析、决策、执行的有效性是最关键的，这样才可以将企业的套期保值计划有效地在期货市场中进行部署，因此，建议企业建立快速交易策略制定流程，如图 8－2 所示。

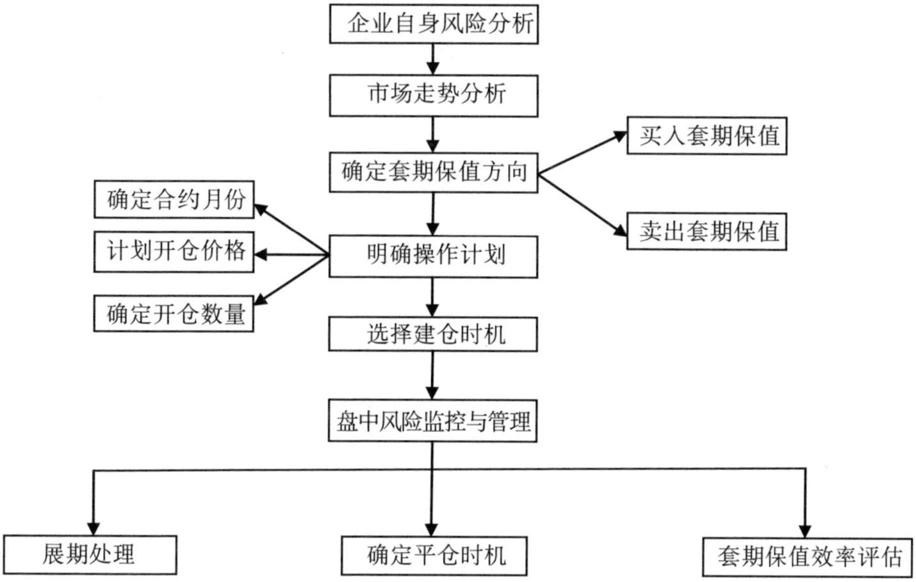

图 8－2　套期保值业务快速交易策略制定流程

在期货套期保值策略的制定过程中，首先需要对其所面临的风险进行分析，确定是否需要进行套期保值，然后对后市进行研判。分析的依据包括宏观面分析、期现基差、产业基本面分析、价格走势技术面分析等，再确定套期保值的方向，根据套期保值的比率（根据公司的资金流动情况以及市场的状况确定保值力度）制订套期保值的操作计划，选择合适的入场点，分批次入场，或一次性进场，并在入场之后对期货合约进行风险监控管理，确定平仓时机，最后对套期保值效果进行评估。

七、企业如何进行期货交易的管理制度建设？

俗话说："无规矩不成方圆"。企业在设定了相应部门与流程后，必须有与之相适应的管理制度。正如组装一台电脑一样，在做好所有硬件的组装后，还需要有软件的支持才可以正常使用。

下面的一些基本制度，相信会对企业客户具有一定的参考价值。

（一）风控制度基本设计

1. 期货监管小组应每日对成交、持仓、敞口以及资金、资源、期货盈亏等情况进行监督。在公司期货交易出现重大风险倾向时，及时向公司期货领导小组提交书面处理报告，提出期货盈亏可能出现的风险，并提出处理建议。

2. 对于发生重大亏损、浮亏超过止损限额、被强行平仓或发生法律纠纷等事项，在事情发生后，期货执行小组和监管小组需当日向公司期货领导小组报告相关情况。对于持仓规模超过同期保值范围、持仓时间超过 12 个月等应及时向公司期货领导小组报备。

3. 期货监管小组应按照"期现合一"的原则对月度、季度及年度套期保值业务执行情况的风险和绩效提出分析评估意见。

4. 期货执行小组在坚持"期现合一"保值策略下，重点抓敞口控制，保证敞口在规定额度之内，遇市场趋势明显，需要扩大敞口的情况时，需经公司期货领导小组批准。

5. 保值方案实施过程中期货执行小组要结合市场情况控制好建仓速度，努力提高建仓的价位水平，当市场出现提前结束或超出预计时，要及时提出保值补充方案，修正操作意见。

6. 保值业务单边保值头寸浮动亏损达 10% 或浮动亏损超过预设值时（两者取其低值），期货执行小组必须请示期货领导小组，决定是否止损。

超出以上额度必须报公司期货领导小组批准后执行。

（二）信息管理制度

期货执行小组设专人从事以下基本工作内容。

1. 建立广泛的信息渠道，加强与专业分析机构建立联系，加强与业内企业的交流。

2. 关注连续性重点参数：价格、库存、持仓、升贴水、宏观经济指标等。

3. 建立高效、准确、快速的市场信息渠道和市场研究队伍。

4. 与期货业务直接领导保持通讯畅通，随时汇报市场情况。

（三）结算管理制度

1. 结算根据当日交易员确认的成交单进行。

2. 每周与经纪公司进行账务核对、监理、协调等。

3. 按月编制期货阶段报表，准确及时反映期货交易状况，负责与结算业务相关部门的业务联系。

4. 负责协调期货交割事宜。

注：上述职责可由公司指定的财务、现货、会计等部门的人员担任。

（四）档案管理制度

1. 期货业务需要归档保存的文件有：套期保值计划、交易原始材料、成交确认单、结算资料、期货交易情况月报表、有关期货业务开户合同、文件及授权文件、资金调拨单、各类台账等。

2. 套期保值计划、交易原始材料、结算材料、期货交易状况月报表等业务档案保存至少 5 年。

注：上述职责可由企业档案管理人员兼任。

3. 保密管理。期货相关人员对内部有关信息，如套期保值计划、期货头寸、资金状况、风险状况以及有关计算机密码应严格保密。期货业务相关人员不对外发布并泄漏企业商业秘密以及期货交易内容。公共场合不谈论在保密范围内的话题。

（五）期货交易资金管理制度

在财务总监领导下，财务部指定经理分管期货资金运营工作。

1. 负责期货保证金（含平仓盈亏）、交割货款的分账管理、专款专用。

2. 随时掌握期货资金动态，保证金富余或不足时，由财务部经理书面报告财务总监审核签字，由财务部门办理。

3. 涉及当月交割货款，由财务部经理（或指派专人）负责督促经纪公司确保在交割日后5个交易日内把资金汇至公司指定账户。

4. 需以仓单质押时，期货执行小组配合财务部经理（或指派专人）及时与市场营销部等现货部门联系，协同操作。现货及相关部门应以书面形式反馈期货监管小组。

5. 期货监管小组及时分析公司的资金状况，做好期货资金预算，确保资金使用安全。

八、权责明晰对于企业参与期货交易重要吗？

（一）权责明晰是现代化企业经营管理的基本要求

从企业期货业务涉及的组织流程建设可以看出，相关业务的展开需要多个部门和领导的协同工作，因此，保持业务的正常开展及协同的有效进行，就要明确每个部门、每个人的权利和责任，尽量避免流程中出现“拦路虎”。

（二）权责明晰有利于企业各项制度流程的建设

权责明晰不仅能保证制度流程的正常运行，其还能够发挥各个部门、各个人员的主观能动性，从而在实际业务中发现流程的不足并加以改进。

（三）权责明晰有利于发挥各职能部门自身优势

企业的期货业务是团队性工作，团队工作既重视整体又重视局部。各个组成部分明确了自身要做的事情才能做到术有专功。企业在强调整体协调的同时不能压制各职能部门的自身优势，因此，权利与责任的剥离划分就显得尤其重要。以期货业务为例，如果期货执行部门没有明确市场判断的权利，就会拖累决策的有效性，从而使得企业的决策落后于行情的运行，直接影响期货业务的执行效果。

（四）权责明晰能够有效提高市场应变能力

上述企业决策落后于行情的情况就是市场应变能力减弱的一种情况。实际上，企业进行期货业务时，及时处理市场风险的重要性更加突出。当市场行情向持仓不利方向运行时，执行部门可以依据事先确定的权力范围及时进行市场避险操作，如果没有相应权力，还要增加审批流程，可能会耽误最佳的避险机会，从而导致资金风险的扩大化。

九、企业投资与个人投资的市场风险有何差异?

企业投资与个人投资在资金量、投资目的、管理等几方面都存在明显不同，其在期货市场的交易地位也存在差异，因此，两种不同的投资者面临的市场风险也具有一定差异，主要表现在以下三点：

（一）企业对于单边不利行情的抵御能力较强

目前参与期货市场交易的企业绝大部分是现货企业，其参与交易的基本目的为市场避险。企业在期货市场和现货市场能形成对冲机制，而现在交易体系中对于期现套利的逐渐引入，也使企业在大大增强市场防御能力的同时还扩大了市场盈利。反观个人投资者，由于没有现货作为基础，只能参与单纯投机交易和纯交易型套利交易，其对于市场的防御能力缺少了现货支撑。在某种意义上说，期货市场对个人投资者的要求更高。

（二）个人投资者的市场调整能力强

个人投资者由于交易、决策、管理权集中，其交易策略能够很快应用于市场交易中。企业由于流程限制，对于市场的反应和调整均慢于个人投资者。因此，在建仓、持仓管理、风控等方面，个人投资者的调节能力更强，对于风险的掌控更加及时。

（三）企业参与期货市场的个人因素的影响较小

企业参与期货市场是团队型操作，因此，极少受个人意愿的影响，更重视整体的把握和权衡，重视大局的把握（排除个别企业“老总说了算”的情况）。而个人投资者在面对市场行情时容易受到人性影响，会使风险发生得频繁。

在面临同样情况时，个人投资者容易对原有交易策略产生怀疑，而企业的策略执行的贯彻性更好。

十、企业主要的风险管理措施有哪些？

（一）造就一支高素质的职业队伍

期货风险的高发性、高散性与不确定性，势必要求管理层员工有很高的业务素质。管理层人员应具有一定的风险管理经验，对风险应有提前认知和判断能力。同时企业要建立一支具有高度责任心，并具备财务、管理、法律、期货等专业知识与从业经验的员工队伍。

（二）建立规范的法人治理结构与决策程序

规范的法人治理结构和规范的领导体制和决策程序可以规避决策中可能

出现的潜在风险。内部组织机构之间要建立相互制衡机制、外部监督和相互牵制机制，但要避免由于牵制机制导致的业务流程阻塞。

（三）严格每笔业务的风险控制措施，由小及大，强调汇聚作用

可借助专业机构（如期货公司）的人才、技术与经验，提高自身的业务调查与分析能力逐渐培养自身实力，例如多多吸取期货公司的操作建议，不断提高自身市场理解力与资金管理等能力以及通过流程筛查和优化不断发现问题及解决问题的能力。

（四）落实风险管理制度，细化风险分析

企业风险管理制度一般都是企业在各种失败经验上逐渐总结出来的，因此，一旦形成制度，就必须严格执行，避免发生相同的错误；细化风险分析是反映企业风险管理水平高低的一个方法，能够发现更细微的风险隐患，代表着企业风险防范和风险控制水平的提高，从而慢慢培养企业“未雨绸缪”的忧患意识，逐步掌握风险防范的主动权。

自测题

一、填空题

1. 对于期货市场而言，其实质是一个__________的市场，有盈利方必然会有相应的亏损方。

2. 如何用平和的心态去面对期货市场的盈亏，将是决定能否在期货市场获得预期收益的一大关键，培养平和的心态一般可以从__________以及__________两方面努力。

3. 正确、合理的投资习惯主要表现为__________、__________、__________以及__________。

4. 企业组建的期货投资业务组织结构一般分为__________、__________以及__________三个基本部分。

5. 企业参与期货交易及套期保值时，需对套期保值计划、交易原始材料、结算材料、期货交易状况月报表等业务进行档案保存，按照规定至少保存____年。

二、选择题

1. 要实现期货投资的理性化，可以从以下（　　）入手。

A. 明确的投资目的　　B. 庞大的资金准备

C. 清晰的投资理念　　D. 严格的投资原则

2. 期货投资中，应从（　　）方面正确认识自己。

A. 投资者自己是一个进攻者，还是一个防守者

B. 投资者的个性特征、承担风险的能力、资金状况

C. 投资者的性格缺陷

D. 别人对自身的评价

3. 交易纪律的严格执行需要投资者具有（　　）。

A. 自信心

B. 足够的耐心

C. 果断的决断力

D. “不撞南墙不死心”的顽强精神

4. 企业投资与个人投资的市场风险差异性主要表现为（　　）。

A. 企业资金量一般较大，因此市场风险明显大于个人投资者

B. 企业对于单边不利行情的抵御能力较强

C. 个人投资的市场调整能力强

D. 企业参与期货市场的个人因素的影响较小

5. 企业主要的风险管理措施主要有（　　）。

A. 造就一支高素质的职业队伍

B. 建立规范的法人治理结构与决策程序

C. 严格每笔业务的风险控制措施，由小及大，强调汇聚作用

D. 落实风险管理制度，细化风险分析

E. 时刻准备大量资金以应对市场风险

三、判断题

1. 只要有了准确的交易系统，就一定能够在期货市场上取得成功。（　）

2. 投资者在持有期货合约的过程中必须要有理性思维的支撑，不能被行情的摇摆所左右。（　）

3. 期货市场中同盟是固定的。多头交易者所面临的市场威胁都来自于空头交易者。（　）

4. 在期货市场中，每一次波动都是可能的交易机会，为了利益的最大化，投资者要把握每一次交易机会。（　）

5. 在期货市场中，投资者需要有争强好胜的精神，争当市场中的“老师”。（　）

6. 期货市场要求投资者要保持平常心，培养“不以盈喜，不以亏悲”的正确交易心态。（　）

7. 期货市场要求投资者要克服恐惧与贪婪两大人性弱点。（　）

8. 交易计划可繁可简，可长可短，可详细可简略，但一定不能可有可无。（　）

9. 投资者长时间跟随别人的具体操作有利于投资者的成长。（　）

10. 权责明晰对于企业参与期货市场具有非常重要的意义。（　）

参考答案

一、填空题

1. 零和竞争

2. 培养冷静细心的思考习惯　克服人性的恐惧和贪婪

3. 时刻将风险意识保持在第一位　对持仓具有明确的可控性　严格执行交易计划　坚持独立思维的培养

4. 期货领导组　期货监督组　期货执行组

5. 5

二、选择题

1. ACD　2. ABC　3. ABC　4. BCD　5. ABCD

三、判断题

1. ×　2. √　3. ×　4. ×　5. ×

6. √　7. √　8. √　9. ×　10. √

第九章

铁矿石期货交割规则及运用

本章要点

交割是期货与现货交易衔接最为紧密的一个环节，也是期货与现货价格统一的重要保障。交割过程是一个持续时间相对漫长、流程细节相对复杂、连续化过程。需要处理的问题既具有承接性，又具有专业性。本章对铁矿石期货交割的各种规定和可能遇到的问题进行了梳理和分析，可帮助具有交割需求的投资者理清思路，明晰流程，避免交割过程中引入额外的风险和损失。

一、什么样的投资者可以参与铁矿石期货交割？

从目前市场来看，铁矿石期货参与者结构复杂，如果交割面向投资者全部放开，势必加深其复杂程度，因此，大连商品交易所在《大连商品交易所交割细则》（简称《细则》）总则中对投资者参与铁矿石交割的资格条件进行了明确规定，具体如下：

在大连商品交易所（简称交易所）上市的商品期货合约采用实物交割方式。实物交割是指交易双方按照合约和规则的规定通过该期货合约所载商品所有权的转移，了结未平仓合约的过程。

1. 客户的实物交割须由会员办理，并以会员名义在交易所进行。

2. 个人客户持仓和焦炭、焦煤、铁矿石非交割单位整数倍持仓不允许交割。

3. 自交割月第一个交易日起，交易所对个人客户交割月份合约的持仓予以强行平仓。对焦炭、焦煤、铁矿石以外品种合约，最后交易日收市后，个人客户交割月份合约的持仓仍未能平仓的，首先由会员代为履约，会员仍未能履约的，则按照《细则》第 23 章有关规定进行处理。

4. 对焦炭、焦煤、铁矿石合约，最后交易日收市后，个人客户交割月份合约的持仓和非交割单位整数倍持仓仍未能平仓的，由交易所按照“不允许交割持仓优先，含有时间最短持仓的交割单位整数倍持仓优先”原则，选择对手方持仓对冲平仓，平仓价格为该合约交割结算价，并对客户持有的不允许交割持仓部分处以按交割结算价计算合约价值的 20% 罚款，该款项支付给对方。若对冲双方均为持有不允许交割持仓的客户，交易所对双方分别处以按交割结算价计算合约价值的 20% 罚款，不再支付给对方。

5. 交易所上市的商品期货合约的交割业务按《细则》进行，大商所、会员、客户及交割仓库必须遵守《细则》。

《细则》对投资者的交易资格进行了细致的规定，简单来说即是：仅有符合交易所最小交割数量且完成交割前各项环节报备的法人持仓才可以参与最后的交割，不满足条件的个人客户持仓和法人客户持仓将受到强平及罚款处理。

二、铁矿石期货交割主要方式有哪些？

铁矿石期货的交割特别考虑了铁矿石现货贸易特点，在原有厂库仓单交割的基础上，创新性地开发了铁矿石提货单交割方式，这极大地简化了铁矿石交割的相关流程，节省了交割成本，提高了铁矿石期货交割的市场参与热情。交割事宜的大致安排与其他商品（例如焦煤、焦炭）的交易过程基本相同（见图9－1）。

图9－1 铁矿石期货的三种交割方式

资料来源：大连商品交易所。

基本交割条款如下：

1. 铁矿石期货可采用提货单交割或标准仓单交割，采用实物交割方式的最小交割单位为10 000吨。

2. 客户的实物交割须由会员办理，并以会员名义在交易所进行。

3. 最后交易日闭市后，所有未平仓合约的持有者须以交割履约。交易所按“最小配对数”的原则通过计算机对交割月份持仓合约进行交割配对。

4. 交割中涉及的增值税发票流转过程为：交割卖方客户给对应的买方客户开具增值税发票，客户开具的增值税发票由双方会员转交、领取并协助核实，交易所负责监督。

5. 主要交割方式包括标准仓单集中交割（又称一次性交割）、提货单交割和期货转现货交割，其基本操作方式及时间节点总结见表9－1～表9－3。

表9－1　　铁矿石期货集中交割流程

时间	流程	注意事项
最后交易日结算后	交易所按“最少配对数原则”对未平仓合约进行配对	自然人不允许交割；同一客户号码买卖持仓相对应部分的持仓按交割结算价给予平仓；配对后，会员可以在会员服务系统和交易所网站的“数据服务/统计数据”中查询对应的“交割配对表”
最后交割日15时前	买方补足全额货款，卖方交齐对应的标准仓单和增值税发票	卖方根据“交割配对表”提供的买入客户名称开具增值税发票，交易所盘上交易的商品的价格是含税价，包装物价格也是含税价格
最后交割日15时	交易所进行仓单分配，将未发生违约的买卖双方的货款和标准仓进行转移	当天标准仓单对应的仓储费由买方承担；发生违约的按交易所交割细则的相关规定处理
最后交割日15时后	未违约买方持结算部开具的货款收据到交割部领取“仓单持有凭证”，未违约且已交对应增值税发票的卖方收到全额货款	卖方未交增值税发票的按交易所结算细则的相关规定处理

资料来源：大连商品交易所。

表9－2　　铁矿石期货提货单交割流程

时间	流程	注意事项
申请日	买方首先提出包含地点的交割申请，闭市后交易所汇总公布；次日卖方申请，闭市后交易所按最大交割量原则为双方平仓	自然人不允许申请；可提出多笔申请，每笔申请数量为4万吨及其整数倍；申请数量；卖方申请中可包含两个地点；平仓价为当日结算价；交易所发送相应配对信息

续表

时间	流程	注意事项
通知日	卖方提前通知，在规定时间内，双方补足相应保证金	船预计到港或在港货物验收前3日，卖方提前通知；通知日后3日内，保证金比例提升至20%；最后通知日为交割月前一月倒数第3个交易日
现场交收	买卖双方到现场监收；委托第三方质检机构进行水分、质量确认；交收数量允许3%的溢短；依据港口磅单，提交并确认交收明细	买方委托质检机构，并支付质检费用；按装船水分折算重量，足量称重，依据水分检验结果进行最终确认
最后交易日闭市前	卖方完成报关；买方提交质检报告，并按规定补足货款；买卖双方及港口确认交收；交易所划转相应货款	卖方如对品质检验有异议，应在规定时间内提出；交易所结算品质升贴水及溢短；结算时，先划转80%的货款，其余货款随增值税专用发票结算

资料来源：大连商品交易所。

表9-3　　　　铁矿石期货期转现交割流程

时间	流程	注意事项
申请日11：30之前	买卖双方提出期转现申请，并提交“期转现申请表”	标准仓单期转现提出申请时需交齐货款、仓单 标准仓单期转现收取交割手续费，当日审批；非标准仓单期转现收取交易手续费，3日内审批 期转现的期限为该合约上市之日起至交割月份前月倒数第3个交易日（含当日）
申请日收市后	对合格的买卖申请方的对应持仓按协议价格予以平仓	平仓记入持仓量，不记入结算价和交易量；可以在交易所网站的交割信息中查询相关的期转现信息

续表

时间	流程	注意事项
批准日结算后	非标准仓单期转现，货款、货物的划转由交易所双方自行协商解决。标准仓单期转现：交易所将80%的货款付给卖方会员，并给买方会员直接开具“标准仓单持有凭证”；清退买卖方对应的月份合约持仓的全额交易保证金	增值税发票的规定详见《大连商品交易所结算细则》

资料来源：大连商品交易所。

小贴士

铁矿石厂库、仓库集中交割具体流转方式

铁矿石标准仓单由指定交割仓库签发。根据签发仓库的不同性质，标准仓单分为仓库标准仓单和厂库标准仓单（均属于集中交割的标准仓单）。铁矿石仓库仓单交割流程与其他品种类似，主要分为交割预报、提前通知、检质检重生成仓单、仓单流转、仓单注销5个主要阶段。值得一提的是，铁矿石标准仓单在每年3月最后一个交易日集中注销。

（一）仓库仓单流程

1. 交割预报：卖方发货前，必须通过会员到交易所办理交割预报，并交纳20元/吨的交割预报定金。已交割过并注销为现货的商品如果在原指定交割仓库继续交割，不需要再办理交割预报，但必须按要求重新检验。

值得投资者注意的是，交割预报提交后交易所在3个工作日内予以答复；交割预报定金为20元/吨；有效期为40天；未办理交割预报的货物不能交割；已经交割过的商品如在原指定交割仓库进行交割，不需办理交割预报。交割预报流程见图9-2。

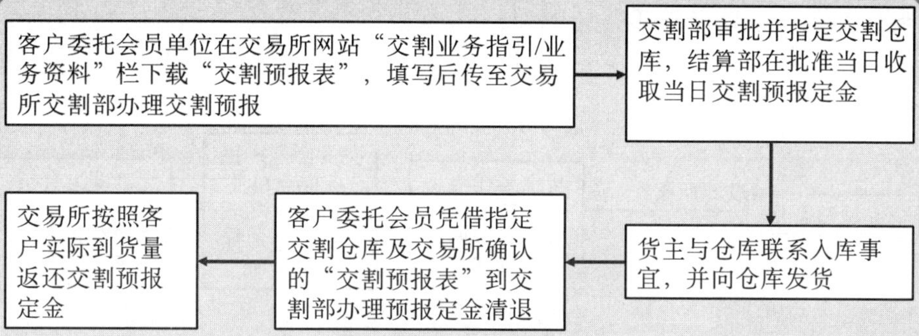

图 9－2　交割预报流程

2. 质量检验：卖方货主在铁矿石入库前，需委托交易所指定的质检机构对入库商品进行质量检验。

值得投资者注意的是，采取委托复检的品种，以仓库检验结果为准，复检结果只起到否决作用；达不到期货标准的商品，货主如提出委托处理，指定交割仓库可视其自身的处理能力及商品的实际情况处理，处理费用由货主承担；检验报告的有效期为 1 个月，而且入库的货物数量也要考虑到港口的交收速度，保证货物在交割预报期内入库检验并且在 1 个月内在仓储费最低的前提下顺利交割。质量检验流程见图 9－3。

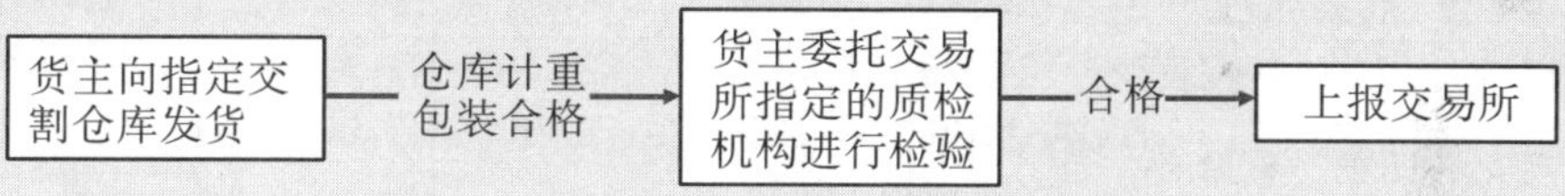

图 9－3　质量检验流程

3. 注册仓单：由指定质检机构进行检验，交割仓库验收合格后，由交割仓库向交易所提交注册材料，会员凭注册材料在交易所办理仓单注册。

值得投资者注意的是，开具“标准仓单注册申请表”前，客户与仓库结清相关费用，包括入库费、现货仓储费、杂费、地域升贴水及质量升贴水等。仓库与客户结清费用后，在“标准仓单注册申请表”上签字、盖章，然后交给会员，会员签字、盖章后到交易所进行注册；“标准仓单注册申请表”未经交易所注册的，可以作为现货提货单；在“标准仓单注册申请表”上注明的仓储费付止日的次日，才可以办理仓单注册。注册仓单流程见图9-4。

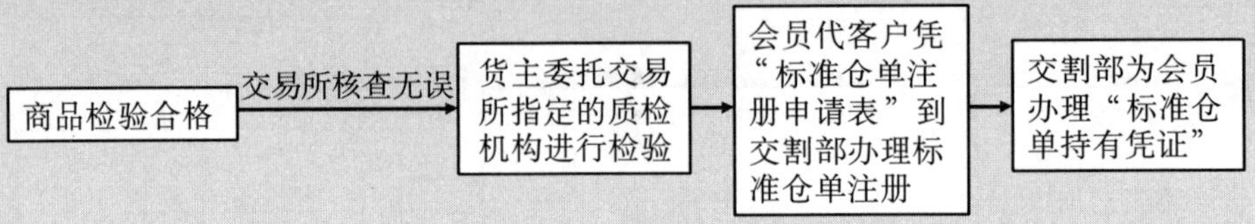

图9-4 注册仓单流程

4. 交收过程：在合约最后交易日，所有未平仓合约的持有者须以交割履约，同一客户号码买卖持仓相对应部分的持仓视为自动平仓，不予办理交割，平仓价按交割结算价计算。进行交割时，卖方交付仓单和增值税发票，并领取货款，买方交付货款并领取仓单。铁矿石交收买卖双方主要任务见表9-4。

表9-4 铁矿石交收买卖双方主要任务列表

操作步骤	买方			卖方		
	货款	发票	仓单	货款	发票	仓单
最后交易日配对	配对买持仓的交易保证金转为交割预付款	提供增值税专用发票信息	—	—	索取增值税专用发票信息	—
最后交割日	收市前支付剩余交割货款	最快当日可拿到卖方开具的增值税专用发票	当日收市后即可拿到标准仓单	收到80%的交割货款，增值税专用发票检验合格后可收到余下20%的货款	收市前提交增值税专用发票，最迟不超过当月	收市前交齐全部标准仓单

5. 注销仓单：仓单持有者到交易所办理仓单注销手续，领取提货通知单。

6. 提取货物：铁矿石出库时，货主在实际提货日 3 天前凭提货通知单与指定交割仓库联系有关出库事宜。

具体可详见《大连商品交易所豆油、棕榈油、焦炭、铁矿石标准仓单管理办法》；

（二）厂库仓单流程

1. 注册仓单：买方将购买铁矿石的款项和相关费用付给厂库，厂库向卖方出具“标准仓单注册申请表”，交易所核实该厂库提交的银行保函或现金保证金等项目后予以注册。

2. 交收仓库：进行交割时，卖方交付仓单和增值税专用发票并领取货款，买方交付货款并领取仓单。

3. 注销仓单：仓单持有者到交易所办理仓单注销手续，领取提货通知单。

4. 提取货物：厂库须在提货通知单开具后（不含开具日）的 4 天内发货。

上述内容具体可详见《大连商品交易所豆油、棕榈油、焦炭、铁矿石标准仓单管理办法》。

三、大连商品交易所铁矿石期货交割质量标准规范的主要内容有哪些？

大连商品交易所铁矿石交割质量标准规范（以下简称标准规范）是最为权威和全面的铁矿石期货交割具体标准的标准文件，其规定了大连商品交易所交割的铁矿石质量要求、试验方法、检验规则和运输要求等基本要求与细节要求。标准规范首先规定可参与交割铁矿石为天然开采的铁矿石经过破碎、选矿等工序之后，形成的用于生产铁矿石烧结矿、球团矿等人造块矿的粉矿和精矿，对于不同品质、来源的众多满足铁矿石期货交割品质基本要求的现货品种，则采用标准品标定、品质升贴水的方式保证交易过程的公平。铁矿石期货交割质量标准规范中同时涉及的有关国家条款具体如下，在交割过程中涉及的质量检验也依此作为标准。

（一）标准规范所涉及的铁矿石标准引用的国家条款

铁矿石期货交割质量标准引用了铁矿石监测所适用的国家标准，基本如下：

GB/T 10322.1－2000 铁矿石取样和制样方法

GB/T 6730.5－2007 铁矿石全铁含量的测定

GB/T 6730.62－2005 铁矿石钙、硅、镁、钛、磷、锰、铝和钡含量的测定

GB/T 6730.61－2005 铁矿石碳和硫含量的测定

GB/T 6730.54－2004 铁矿石铅含量的测定

GB/T 6730.53－2004 铁矿石锌含量的测定

GB/T 6730.36－1986 原子吸收分光光度法测定铜量

GB/T 6730.45－2006 铁矿石砷含量的测定

GB/T 6730.69－2010 铁矿石氟和氯含量的测定

GB/T 6730.49－1986 原子吸收分光光度法测定钠和钾量

GB/T 6730.22－1986 二安替吡啉甲烷光度法测定钛量

GB/T 10322.7－2004 铁矿石粒度分布的筛分测定

GB/T 10322.5－2000 铁矿石交货批水分含量的测定

GB/T 20565 确立的术语和定义适用于本标准

值得一提的是，上述标准有明确的适用时间要求，凡是注明日期的引用文件，其随后所有的修改单（不包括勘误的内容）或修订版均不适用于本标准。凡是不注明日期的引用文件，其最新版本适用于本标准。相关标准可在进行交割实质性工作前向期货公司、交易所及质检机构进行咨询和索取。

（二）标准规范规定的检验过程的具体细节要求

铁矿石采用干基计价，水分是扣重指标。实物交收时，实测水分按四舍

五入至小数点后一位扣重（例如，实测水分为6.32%，扣重6.3%）。

1. 具体试验方法和检验规则按照以下规定执行：

（1）试样的采取和制备按照GB/T10322.1－2000的规定执行；

（2）铁含量的测定按照GB/T6730.5－2007的规定执行；

（3）二氧化硅、三氧化二铝、磷含量的测定按照GB/T6730.62－2005的规定执行；

（4）硫含量的测定按照GB/T6730.61－2005的规定执行；

（5）铅含量的测定按照GB/T 6730.54－2004的规定执行；

（6）锌含量的测定按照GB/T 6730.53－2004的规定执行；

（7）铜含量的测定按照GB/T 6730.36－1986的规定执行；

（8）砷含量的测定按照GB/T 6730.45－2006的规定执行；

（9）氟含量的测定按照GB/T 6730.69－2010的规定执行；

（10）氯含量的测定按照GB/T 6730.69－2010的规定执行；

（11）氧化钾含量的测定按照GB/T 6730.49－1986的规定执行；

（12）氧化钠含量的测定按照GB/T 6730.49－1986的规定执行；

（13）二氧化钛含量的测定按照GB/T 6730.22－1986的规定执行；

（14）粒度的测定按照GB/T10322.7－2004的规定执行；

（15）水分的测定按照GB/T10322.5－2000的规定执行。

上述标准的主要应用环节为涉及交割的铁矿石质量检测环节，其检测结果直接决定了参与交割的铁矿石是否符合标准及非标准铁矿石的交割升贴水水平，在交割过程中的重要性不言而喻。投资者对交割质检产生的疑问也可以通过相关标准的设定作为质疑、复检的依据，以维护自身的利益。

四、铁矿石期货交割地点如何分布？

国内期货交易所设定交割地点的主要因素有以下三点：

（一）符合现货贸易流向

交割地点的设计必须符合现货市场贸易流向，使产业客户在期货市场和现货市场使用一个物流渠道，确保期货、现货两个市场无缝对接，尽可能降低企业参与成本，这一点对于铁矿石这样的低值散货来说尤其重要。

（二）处于一个统一的价格区域内

期货市场是一个高度标准化的市场，价格发现是期货市场发挥服务功能的基础。期货价格和交割地点密切相关，为确保期货价格清晰并具代表性，所有交割区域必须在一个统一的价格区域内，各区域间价格稳定，关联性强。

（三）兼顾市场避险需求并降低交割风险

综合来看，我国进口矿的避险需求更强烈，但进口矿市场供应集中度高，因此，我所引入国产精矿，扩大可供交割品范围，在设计交割地点时也应两者兼顾。一方面在产地设置厂库，充分考虑国产精矿的便利交割，降低市场风险；另一方面，在港口设置仓库，立足港口贸易集散地设计各项制度，合理设置升贴水。

因为国内铁矿石产量无法满足国内钢铁生产需求，所以国内钢厂大多同时使用国产和进口两种铁矿石资源。从国产矿情况来看，因为国内钢厂建设初期都是依据铁矿石资源而建，很多中小矿山企业也都是环绕钢厂而建，多数与其临近的钢厂建立了相对稳定的供应关系，所以，国产铁矿石以区域消费为主，跨区域贸易量较小，运输方式以公路运输为主。在全国范围内，铁矿资源丰富的东北地区有小部分矿石外运至华北和华南地区；内蒙古自治区也有部分铁矿石流向华北地区的河北、山西等省；其余地区的铁矿石跨区域流量不大。

据此产业分布特点，大连商品交易所在环渤海沿岸的青岛港、唐山港、天津港、日照港、连云港等设置期货交割仓库，在河北及沿海港口设置交割厂库以辐射铁矿石产地。这将发挥以下几项优势：

1. 交割区域覆盖铁矿石消费集中区。环渤海地区（包含辽宁、内蒙古、天津、河北、山东、江苏）是我国最大的铁矿石生产地、消费地和贸易区域，辽宁、河北、山东、江苏四省是我国钢铁产能最为集中的区域。2012年四省铁矿石产量占全国总产量的53.6%，消费量占全国总量的51.0%；进口量占总进口量的57.7%。交割区域设置在这一地区，靠近产地、消费地及贸易活跃区，能够有效地降低不必要的物流成本。

2. 交割地覆盖我国铁矿石贸易集中区。从接卸港口情况来看，北方环渤海区域的青岛港、唐山港、日照港、天津港和连云港是我国最主要的铁矿石接卸港口。2010年，其接卸量分别为10 064万吨、14 331万吨、10 366万吨、6 401万吨和3 260万吨，累计接卸量占全国总量的69%。从库存情况来看，2012年，青岛港、唐山港、日照港、天津港和连云港的平均库存分别为1 380万吨、1 880万吨、1 450万吨、660万吨和475万吨，合计铁矿库存量占全国总量的62%。这使得铁矿石的交割能够与现货交易紧密结合起来，极大地方便了铁矿石贸易商的交割便利。

3. 交割厂库和仓库分布地域的铁矿石价格均具有较好的相关性。价格相关系数均超过0.99，能够组成一个完整统一的市场，贴合贸易习惯，为参与者提供广阔的公平交易平台，避免升贴水不合理引起的不公平交易。

我国五大港口铁矿石价格相关性分析见表9－5。大连商品交易所铁矿石期货交割仓库见表9－6。

表9－5　　　　五大港口铁矿石价格相关性分析

	连云港	日照	青岛	曹妃甸	天津
连云港	1	0.9998	0.9993	0.9995	0.9996
日照		1	0.9994	0.9995	0.9995
青岛			1	0.9990	0.9990
曹妃甸				1	0.9997
天津					1
澳大利亚粉矿与印度粉矿相关系数			0.9970		

数据来源：大连商品交易所。

表 9-6 大连商品交易所铁矿石期货交割仓库

交割仓库名称	地址	邮编	联系人	联系电话	传真	协议库容（万吨）	装运站/港	交割专区	基准库/非基准库	与基准库升贴水（元/吨）
天津港交易市场有限责任公司	天津港散货物流中心金岸2道481号	300452	李刚	13389023855 022-25703089	022-25703893	100	铁路：东大沽站 船舶：天津港码头	天津港港区	基准库	0
			李昊	022-25703892 13389953530						
江苏连云港港口股份有限公司	连云港市连云区鑫港大厦2220室	222042	李平	0518-82389267 13605132219	0518-82389267	20	铁路：连云港东站 船舶：连云港码头	连云港港区	基准库	0
日照港股份有限公司	山东省日照市上海路调度中心大楼107室	276826	付亚峰	0633-8382823 13686333206	0633-8381268	40	铁路：日照站 船舶：日照港码头	日照港港区	基准库	0
青岛港（集团）有限公司	青岛市港青路6号青岛港集团业务部309室	266011	鲁志刚	0532-82988356 13805428892	0532-86851759	300	铁路：黄岛站 船舶：青岛港码头	青岛港港区	基准库	0
唐山市港口物流有限公司	唐山港集团股份有限公司南办公楼	063611	苏鑫	0315-2916471 13931521582	0315-2916471	50	铁路：唐港站 船舶：京唐港码头	京唐港港区	基准库	0
天津港俊物流发展有限公司	天津市塘沽区新港南航路北侧	300452	王欣	022-25703947 13820893028	022-25703958	50	铁路：东大沽站 船舶：天津港码头	天津港港区	基准库	0
曹妃甸港有限公司	河北省唐山市曹妃甸工业区弘毅码头508室	063210	李进禄	0315-8850587 13313297826	0315-8850592	100	铁路：曹妃甸站 船舶：曹妃甸港码头	曹妃甸港区	基准库	0

资料来源：各交易所。

五、铁矿石期货交割质检的基本设置情况是什么?

作为国际大宗商品，铁矿石现货贸易中已形成了一套较为完备的质检体系，大商所紧贴现货实际，借鉴现有品种的质检经验，设计了仓单交割及提货单交割的质检流程。

（一）仓库仓单交割质检流程

1. 流动采样。铁矿石入库检验采用铁矿石流动抽样（即边入库边抽样）的方式。仓库或货主应与指定质检机构签订委托检验协议，并明确到货方式、到货数量、到货时间、通知方式、检验批次大小、包括夜间在内的检验作业费用以及因指定质检机构未及时到场给货主造成损失的责任承担方式。

说明：铁矿石现货贸易量大，一般都在1万吨以上，如果铁矿石入库卸车时没有抽样，形成了大堆堆放的状态，将无法实现均匀抽样，质检结果的准确性也无法保证，再次实行流动采样，必须进行开垛或倒垛作业，将显著增加损耗和成本。如果入库时铁矿石不卸车，又将发生延误运输工具的费用。因此，指定质检机构必须在入库卸货时及时到场，并在铁矿石流中动态取样。一旦指定质检机构未及时到场，并给货主造成损失，就必须按规定界定各方责任。

2. 入库质检。铁矿石在入库过程中由交易所指定的第三方质检机构进行抽样，质检机构检验抽样样品的铁、硫、磷、硅、铝、水分、粒度等指标，并将质检结果及时反馈至交割仓库。

说明：第一，铁矿石期货实行干基计重，盘面价格为干基价格。铁矿石在装卸、运输、露天存放等各个环节都会造成水分含量的变化，国产精矿和进口粉矿水分含量一般也有差异，国产精矿一般水分含量在10%左右，进口粉矿是8%左右。铁矿石现货贸易中，对水分含量和相应计价方式也有区别：进口铁矿石一般以干基计价，在港口的进口铁矿石现货一般以8%的标准水计价，国产精矿贸易一般以10%的标准水计价。为了反映现货实际情况，实现顺利交割，大商所规定，在仓库交割过程中由仓库按照质检机构检测的水分，将货物仓库检验重量折算成干基重量，进而注册仓单。这种做法为铁矿石交割计重提供了一个通用的基准和标尺，交易双方可以一次性地完成重量判定，合理解决了铁矿石水分变化导致的重量差异。

第二，指定质检机构质检与交易所现场核查相结合。在注册仓单的检验环节，交割仓库须向大商所提交由指定质检机构出具的质检报告。从降低成本角度考虑，货主与指定交割仓库可以从数家指定质检机构中选择，委托其出具质检报告。由于铁矿石在多个指标上有质量升贴水，为了把握入库铁矿石的质量，减少争议，交易所可视情况进行现场核查。

3. 出库质检。铁矿石出库时，指定交割仓库应当向货主出具由指定交割仓库检验的水分实测结果，折算成干基重量后足量发货。指定交割仓库可以依据仓单注册时的质量检验报告与客户结算质量升贴水，也可以经双方协商抽样、留样，在出库后的15日内双方对质量无异议的，依据仓单注册时的质量检验报告与客户结算质量升贴水；一方或双方对质量有异议的，以此样品检验结果作为与客户结算质量升贴水的依据。

货主对指定交割仓库实测水分有争议的，应当选择指定质检机构到场检验，并以该检验结果作为出库计重依据。货主对质量检验结果有争议的，可以选择以下两种方式之一抽样、留样：一是继续出库，同时选择指定质检机构到场在铁矿石流中抽样、留样；二是选择指定质检机构采取开垛、倒垛等方式抽样，并依据该样品检验结果作为解决争议的依据。

质量检验费用由货主先行垫付。检验结果与指定交割仓库出示的检验结果相符，由此产生的一切费用（检验费和差旅费等）和损失由货主负担；检验结果与指定交割仓库出示的检验结果不相符，由此产生的一切费用（检验费和差旅费等）和损失由指定交割仓库负担。

说明：货主可以视情况选择各种检验方式，如果货主对交割仓库实测水分结果有异议，可以委托指定质检机构到场检验。如果货主对质量存在异议，可以委托指定质检机构到场检验，但是考虑到需要在出库的铁矿石流中抽样，检验结果无法当时得到，检验成本较高，货主可以选择先行出库，只对出库的铁矿石进行抽样和留样，并且可以在一定期限内追溯质量问题，这样可以在很大程度上减少检验费用。

（二）提货单交割质检流程

与仓单交割流程类似，提货单交割质检也采用流动采样，并在卸货或堆垛过程中由第三方质检机构进行采样并质检，之后由质检机构向货主及时反馈质检结果。

但提货单交割与仓单交割在质检流程方面主要存在以下三点不同：

1. 提货单交割中，买卖双方可采用双方均认可的检验结果作为交收货物品质认定依据，如果采用非交易所指定的质检机构出具的检验结果为品质认定依据，买卖双方不得对交收商品提出品质、数量争议。

说明：如果买卖双方出于节省费用、相互信任等原因，认可其他质检结果，同意以此结算，交易所基于提高市场效率的角度，允许买卖双方的这种行为，双方应签订“交收商品品质、数量确认书”，发送至交易所。同样，出于权责对等原则，买卖双方的这种自发行为应由自身承担后果，买卖双方同意后即无权提出质量异议。

2. 不必出场检验。提货单交割质检完成后，要求不同货主的交割商品单独堆放，如对质量无异议，则买方未来可直接提货，不必重复检验。

说明：铁矿石品质稳定，但水分随环境不同易发生变化，水分变化又影响重量。由于交易所交割结算时采用干基重量，在质检完成后，单独堆放的货物的干基重量不会发生变化，这样完成交收后货主提货时可以不必进行再次测水，节省相应质检费用。

3. 卖方确认提货单据前提出质量异议。卖方如对商品质量有异议，双方可协商解决。协商不成的，应在买方向交易所提交质检结果的次日提出异议。交易所将指定检验机构对先前的抽样、存样进行检验，由此产生的一切费用（检验费和差旅费等）先由卖方垫付，过错方最终承担检验费用并赔偿对方损失。

说明：铁矿石出场不再检验，因此质量争议应在提货单据确认前解决。由于再次检验影响货物交收及货款流转时间，对交割对手方不利，检验中的过错方，除承担必要的检验费用外，还需向对方支付一定的赔偿。

（三）厂库仓单交割质检流程

与现有焦煤、焦炭品种类似，铁矿石厂库仓单在出库环节，由厂库在货主监督下抽样，经双方确认后将样品封存。先行出库，样品留存至仓单注销后的第 15 个自然日，作为处理质量争议的依据。

说明：铁矿石厂库应保证厂库仓单的质量，为降低检测成本，铁矿石仓库仓单出库时不必检测，而是采用留样备查，如货主对质量有异议，货主应当在发货日起 5 个工作日内以书面形式向交易所提出质量异议，由交易所指定的检验机构进行复检。

六、不同品级的铁矿石期货交割升贴水如何设置？

大连商品交易所铁矿石期货合约标的为设计的标准品质铁矿石，因此，交割品质升贴水设置必然要围绕标准品的具体数值进行细致设定。大连商品交易所铁矿石标准品按照最大宗主流的铁矿石设计，并纳入微量元素指标限制，将非主流矿排除在交割体系之外。替代品在铁、硫、磷、硅、铝等指标上有所放宽，并且将精矿纳入交割体系，但依然保证质量较优的铁矿石才能交割，能够达到符合交割标准的铁矿石大致能够覆盖市场近 60% 的总量范围，这就使得交割能够具有普适性和合理性。

（一）交割质量标准

大连商品交易所在交割细则中规定了铁矿石期货合约交割标准品、替代品的质量标准和质量升贴水，具体内容详见《大连商品交易所铁矿石期货交割质量标准（F/DCE I001－2013）》，参见表 9－7。

表 9－7 大连商品交易所铁矿石期货交割质量标准（F/DCEI001－2013）

指标	质量标准
铁（Fe）	=62.0%
二氧化硅（SiO_2）	≤4.0%
三氧化二铝（Al_2O_3）	≤2.5%
磷（P）	≤0.07%
硫（S）	≤0.05%
微量元素	铅（Pb）≤0.10% 锌（Zn）≤0.10% 铜（Cu）≤0.20% 砷（As）≤0.07% 二氧化钛（TiO_2）≤0.80% 氟＋氯≤0.20% 氧化钾（K_2O）＋氧化钠（Na_2O）≤0.30%
粒度	至少 90% 在 10 毫米以下，且最多 40% 在 0.15 毫米以下

数据来源：大连商品交易所。

（二）替代品质量差异与升贴水

符合大连商品交易所交割要求的为品位分布在 60%～65% 的各类铁矿石品种，受产地、选矿等影响，针对主要指标设定了升贴水计算标准，见表 9－8。

表 9－8　　大商所铁矿石期货替代品质量差异与升贴水

指标	允许范围	升贴水（元/吨）
铁（Fe）	≥60.0% 且 <62.0%	每降低 0.1%，扣价 1.5
	>62.0% 且 ≤65.0%	每升高 0.1%，升价 1.0
	>65.0%	以 65.0% 计价

续表

指标	允许范围	升贴水（元/吨）
二氧化硅（SiO2）+三氧化二铝（Al2O3）	≤10.0%	在二氧化硅>4.0%时，二氧化硅每升高0.1%，扣价1.0；在三氧化二铝>2.5%时，三氧化二铝每升高0.1%，扣价1.0；
磷（P）	>0.07%且≤0.10%	每升高0.01%，扣价1.0；
	>0.10%且≤0.15%	每升高0.01%，扣价3.0；
硫（S）	≤0.20%	>0.05%且≤0.20%时，每升高0.01%，扣价1.0
粒度	至少70%在0.075毫米以下	0

数据来源：大连商品交易所。

注：铁矿石产品用洁净的火车车厢、汽车车厢、轮船船舱或其他运输工具装运。

七、铁矿石期货交割所涉及费用的基本计算方法有哪些？

在前面期现套利的部分，已经涉及铁矿石期货交割的费用计算内容，本部分的标准内容与其保持一致。表9－9是铁矿石、焦煤、焦炭、螺纹钢期货交割费用计算的基本比较。

表9－9　　铁矿石、焦煤、焦炭、螺纹钢期货交割费用比较

费用项	铁矿石	焦煤	焦炭	螺纹钢
交易单位（吨/手）	100	60	100	10
最小交割单位（吨）	10 000	6 000	1 000	300
出入库费用（元/吨）	市价	12	交易所最高限价平均8	15～18

续表

费用项	铁矿石	焦煤	焦炭	螺纹钢
仓储费（元/吨·天）	0.5	1	1	0.15
交易手续费（元/手）	0.012%	0.012%	0.015%	0.00675%
交割费（元/吨）	0.5	1	1	1
过户费（买方，元/吨）	0	0	0	0
最高保证金	20%	20%	20%	20%
初始保证金	10%	10%	10%	10%
仓储时间	视卖方情况而定			
其他	预报定金 20 元/吨	内陆两库交割贴水 300 元/吨		天津地区螺纹钢交割贴水 130 元/吨
	检验费用按标准收取，约 2 元/吨			

数据来源：大连商品交易所、上海期货交易所。

注：①受市场情况和交易所调整等原因，上述值可能与最新值存在差别，以最新值为准。

②铁矿石检验费由客户与指定质检机构协商确定。

③铁矿石出入库费用实行最高限价，收费标准由交易所核准后公布。

值得投资者注意的是，在交割过程中卖方交割与买方交割所承担的交割费用具有较大差异性。以铁矿石标准仓单一次性交割为例，双方涉及的主要费用有：

（一）标准仓单一次性交割卖方费用

1. 卖方——交割库已有现货。交割预报定金、交割手续费、交易手续费、倒垛费加部分港杂费（约 7 ~ 14 元/吨）、质检费、仓储费（按单价和天数计算，包括现货仓储加期货仓储）

2. 卖方——运货到交割库。交割预报定金、交割费、交易手续费、入库费、质检费、仓储费 0.2 × 天数 + 3（按单价和天数计算，包括现货仓储加期货仓储）、运输费。

（二）标准仓单一次性交割买方费用

买方有交割手续费、交易手续费、期货仓储费（按具体天数计）。

值得注意的是，买方同样也涉及运输费，但已经在交割流程全部走完后才产生，因此不在交割费用范围之内。建议买方在得到提货单后尽快安排运输，以免产生过高的仓储费和滞纳金。

另外，对于厂库交割，在提货单开具后一段时间内，仓库与货主仍负有相应责任，具体见表 9 – 10。

表 9 – 10　　提货单开具后仓库与买方货主的责任范围

时间	提货性质	仓库责任	货主责任
提货通知单开具 4 日内	期货提货单	指定交割仓库保证全部商品质量符合期货标准	
提货通知单开具 4 日后、19 日内	期货提货单	指定交割仓库保证全部商品质量符合期货标	支付滞纳金
提货通知单开具 19 日后	期货提货单	指定交割仓库不保证全部商品质量符合期货标准	支付滞纳金

数据来源：大连商品交易所。

八、铁矿石期货提货单交割的具体流程有哪些？

提货单交割是指在交割月前一个月的规定时间内，由买卖双方主动申请、经交易所组织配对并监督，按照规定程序进行货物交收的方式，这是在铁矿石期货品种上的创新交割方式。表 9 – 2 为提货单交割的基本流程，而详细的提货单交割分为两个阶段：配对阶段和交收阶段。

（一）配对阶段

主要流程为：买方在交割月前一月第 10 个交易日至当月第 14 个交易日，提出提货单交割意向申请。闭市后交易所汇总并对外公布。在买方提意申请的次日，卖方根据上一交易日公布的买方意向，提出提货单交割意向申请，单笔意向申请可以包含两个交货地点。买卖双方每笔提货单交割申请的数量为 4 万吨或其整数倍（这点与一般交割具有差异性）。交易所在卖方提出意向申请当日闭市后，按最大交割量原则组织配对。配对成功后，交易所按当日结算价为买卖双方平仓。

提货单交割配对阶段需要注意以下问题：

1. 申请时间。提出申请时间需要提前，提货单交割制度首先由买方提申请，卖方需要按买方要求运至规定地点。同时，这个时间又不能提前得太长，因为配对后交易所即对买卖双方平仓，如果配对和交收存在较大时间周期，卖方可能会有较大的便利收益。将申请时间放在交割月前一月第 10 个交易日，此时进入临近交割月，保证金收取比例适中，也能保证交割商品运输时间，给后期买卖双方完成货物验收留有足够的时间。

2. 平仓时间。在配对后即为买卖双方进行平仓，主要是大商所目前的交易系统无法实现锁仓操作，在配对后平仓，与现有交割流程一致，能够规避由于未来持仓变动所导致的违约风险。

3. 申请数量。铁矿石提货单交割申请数量须为 4 万吨或其整数倍，主要综合考虑现货贸易习惯的设计。从港口角度看，铁矿石需要分堆堆放，而在现货贸易中，通常都是整船堆放，甚致是相同矿种堆放，所以，对港口来说，单笔申请提货单交割的量越大越好；从运输船型情况看，主流矿砂船是 15 万吨左右，单个船舱容量约 2 万吨左右，目前一船装两个甚或多个矿种的情况较为普遍，所以，以船舱容量确定申请量较为适宜。综合各方情况，就将提货单交割单笔申请量定为 4 万吨或其整数倍。

（二）交收阶段

货物交收是指由卸货开始，至交易所收到经买方、卖方、港口三方确认后的提货单并完成货款、物权划转的过程。船预计到港或在港货物验收前 3

个自然日，卖方需通知交易所有关交货地点、数量等信息，交易所将相关信息发送至买方，买卖双方协商交货相关事宜。通知日后第 3 个自然日内（如遇节假日延至下一交易日）买卖双方应按照对应合约价值的 20% 补足保证金。最后通知日为交割月前一个月倒数第 3 个交易日。

货物交收过程中，买卖双方需到场监收，第三方质检机构（由买方委托）在卸货或堆垛过程中完成抽样，进行品质认定。由于交收过程中铁矿石水分含量并没有测定出来，大商所规定：提货单交割实行地磅或双方认可的其他计重方式，先按装船时水分检测结果足量称重，依据实际检验结果，折成干基重量结算，卸货最终重量和配对重量允许 3% 溢短。卸货完成后，买卖双方依据港口磅单，确认交收明细。

卸货完成后，卖方应尽快完成报关手续，买方应在规定时间内尽快完成货物品质的检验，双方应及时保持沟通。上述手续完成后，买卖双方在港口就货物交收事宜进行确认。完成后，卖方填写“交收确认通知单”，并由买方确认。交收确认后，交易所划转货款和升贴水款项。如卖方对品质有异议，则应在买方提交质检报告的下一个交易日向交易所提出复检申请，以卸货时的抽样、存样的复检结果为解决争议的依据。交割流程见图 9－5。

交收阶段需要投资者注意的事项主要有：

1. 提高保证金比例。为降低风险，保障交割顺利进行，依据现有做法，在交收进行前，应收取买卖双方一定比例的保证金。为降低参与方资金压力，大商所将提高保证金比例的时间点安排在交收通知日后。由于该时间点由卖方选择，买方被动接受，将保证金缴纳时间段设为 3 天，给予买方一定的筹款期限。在此期间，会员负责督促客户补足保证金，到达规定时限后，交易所将从相关会员的结算准备金中划取对应保证金。

2. 最后通知日。如果卖方为进口来船，通知日后可还需要进行靠泊、卸船、质检、报关等一系列后续流程。现货贸易中，完成这套流程所需时间约在 15 天左右，为保证提货单交割顺利进行，大商所将最后通知日定为交割月前一个月倒数第 3 个交易日。如果最后通知日卖方仍未发送通知信息，则交易所将视最终结果决定是否处罚。

3. 具体交割溢短问题。大商所铁矿石期货采用干基计重，由于水分折算等原因会产生溢短，大商所规定提货单交割允许 3% 的溢短。假设应交

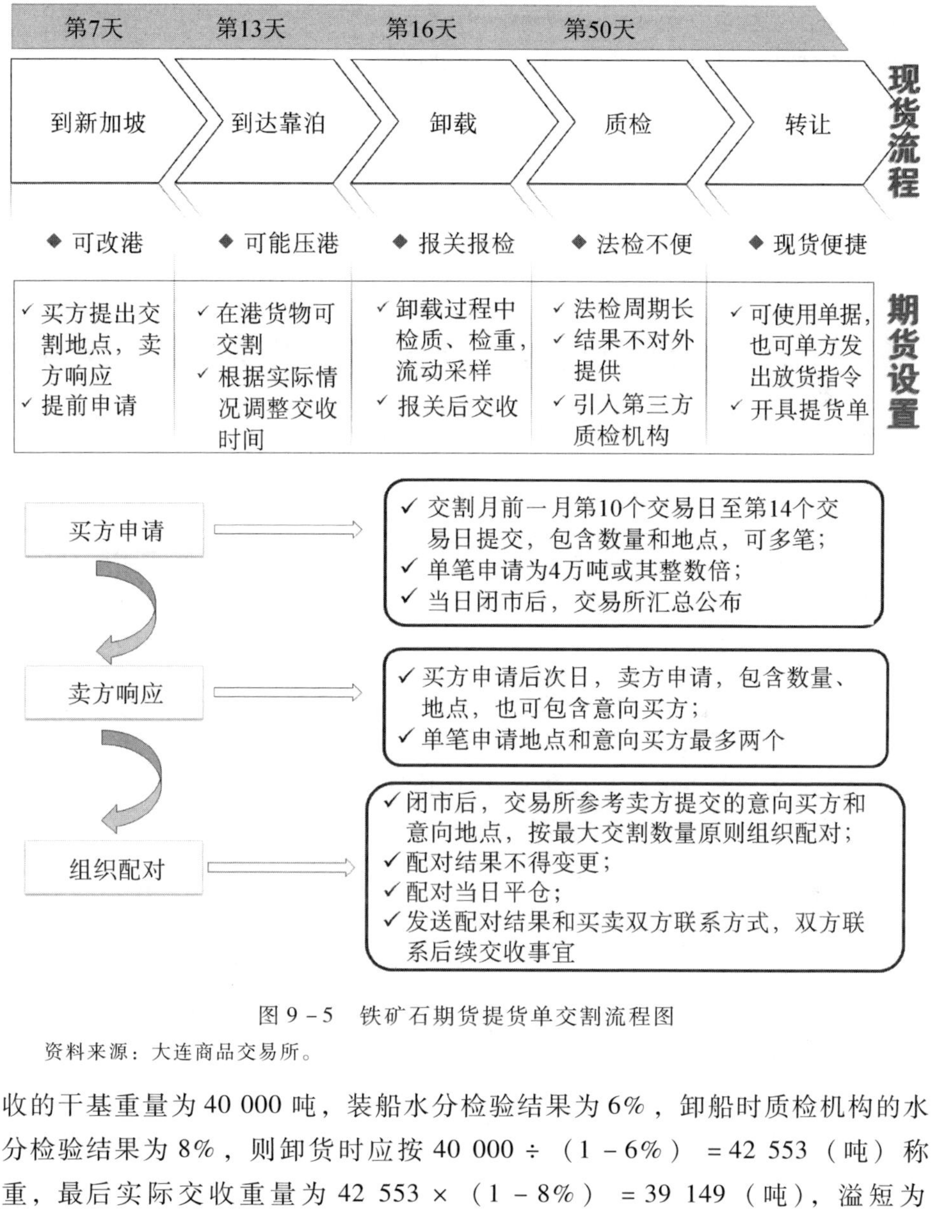

图 9－5　铁矿石期货提货单交割流程图

资料来源：大连商品交易所。

收的干基重量为 40 000 吨，装船水分检验结果为 6%，卸船时质检机构的水分检验结果为 8%，则卸货时应按 40 000 ÷ （1 －6%） ＝42 553 （吨） 称重，最后实际交收重量为 42 553 × （1 － 8%） ＝39 149 （吨），溢短为 39 149 －40 000 ＝851 （吨）。

4. 质量确认环节。铁矿石作为大宗干散货物，品质检验方面存在一定的误差。在传统仓单体系下，货物先检验合格后方能交割并由仓库保管货物负责质量，提货单交割不是这样的。考虑到提货单交收特殊性及铁矿石大宗干散货物品质的特点，大商所规定，提货单交割时，有两种品质确认方式：一是按照大商所指定流程，买方委托检验机构进行质检，样品保存2个月；二是买卖双方不按大商所程序，自行进行交收确认，双方应签订“交收商品品质、数量确认书”，并报知交易所，同时不能提出品质和数量异议。

九、期货交易中的期转现业务是什么？合理运用期转现业务的优势主要有哪些？

期转现业务的全称是期货转现货业务，是指持有方向相反的同一月份合约的会员（客户）协商一致并向交易所提出申请，获得交易所批准后，分别将各自持有的合约按照交易所规定的价格由交易所代为平仓，同时按照双方协议价格进行与期货合约标的物数量相当、品种相同、方向相同的仓单的交换行为，其实质就是通过未到期的提前交割来了结双方的期货持仓。

期转现交割基本流程在表9－3中已给出，期转现流程注意事项如下：

1. 申请日11：30之前流程：买卖双方提出期转现申请，并提交“期转现申请表”。

2. 申请日11：30之前注意事项：标准仓单期转现提出申请时需交齐货款、仓单。

3. 确定手续费：标准仓单期转现收取交割手续费，当日审批；非标准仓单期转现收取交易手续费，3日内审批。期转现的期限为该合约上市之日起至交割月份前一月倒数第3个交易日（含当日）。

4. 申请日收市后流程：对合格的买卖申请方的对应持仓按协议价格予以平仓。

5. 申请日收市后注意事项：平仓记入持仓量，不记入结算价和交易量；可以在大商所网站的交割信息中查询相关的期转现信息。

6. 批准日结算后流程：非标准仓单期转现时，货款、货物的划转由交易双方自行协商解决。标准仓单期转现时，交易所将 80% 的货款付给卖方会员，并给买方会员直接开具“标准仓单持有凭证”；清退买卖方对应的月份合约持仓的全额交易保证金。

7. 申请日收市后注意事项：增值税发票须按《大连商品交易所结算细则》的有关规定处理。

期转现相较于前两种交割方式具有比较明显的优势：

1. 买卖双方可以提前明确货款转换时间，期转现申请时间在交割月前一个月倒数第 3 个交易日之前，卖方客户可以提前回收货款，买方客户能够提前拿到仓单；

2. 买方客户可以接到确定地点仓库的仓单，打消了接到不确定仓库仓单，需要额外付出运输成本的担心；

3. 可以节约买卖双方的交割成本，通过非标准仓单期转现，卖方货物可以不必运到交易所指定交割仓库，可以是距离买方客户较近的存货地点，使双方客户都节省了成本。

4. 期转现的商量余地较大。

如果企业在得知期货市场中有对手持仓并有交割意向时，可积极寻求期转现交割的机会，从而给企业带来实实在在的方便和收益。

十、何谓铁矿石期货标准仓单质押业务？如何合理利用？

（一）基本定义

标准仓单是指符合交易所统一要求的，由商品（期货）交易所指定交割仓库，在完成入库商品验收、确认合格后由指定仓库签发给货主的，并经交易所注册生效的标准化实物提货凭证。标准仓单质押贷款是指借款人以其自有的仓单作为质押担保向银行申请用于其正常经营活动资金周转所需的短期人民币流动资金贷款业务。因此，从根本上讲，标准仓单质押其类似于有价证券融资。

（二）适用范围

从事与其自有标准仓单商品品种相关联的生产、加工和贸易活动，并且有短期资金周转需求的企业均可利用仓单质押业务。

（三）基本作用

1. 有效解决企业担保难问题，当企业无固定资产作为抵押，又寻找不到合适的保证单位担保时，可以自有的标准仓单作为质押向银行取得贷款；

2. 因为标准仓单的价值公开、透明、流动性强、易于变现，所以该产品自偿性好，风险低；

3. 能缓解企业因库存商品而造成的短期流动资金不足的状况；

4. 质押仓单项下货物允许周转，可采取以仓单置换仓单的方式。

（四）具体方式

仓单质押业务相对灵活，投资者可根据实际资金需要选择以下三种质押方式。

1. 可以将仓单质押给交易所（融资额为仓单市值的80%），但这笔资金只能用于账户的期货交易，质押后的仓单也予以冻结。对于冻结的仓单需要进行交割业务时，需要结束交易所的质押服务，从而解冻仓单。

2. 空头持有者可以将仓单做1∶1的头寸冲抵，即将仓单抵押为相对应数量的期货空头头寸（与交易所）。

3. 可以将仓单质押给商业银行（目前大多数商业银行都具有仓单质押业务，见图9－6），可以获得仓单市值70%的融资规模。此类质押的资金可自由支配资金，质押的仓单同样被冻结，仓单了结前需要提前结束质押（还款）。

目前，国内期货市场仓单质押业务量还比较少，主要是因为银行对期货市场的仓单风险评估仍然较高，对相关业务非常谨慎。而交易所的仓单质押由于资金的限制使用也未能提起投资者的广泛兴趣。

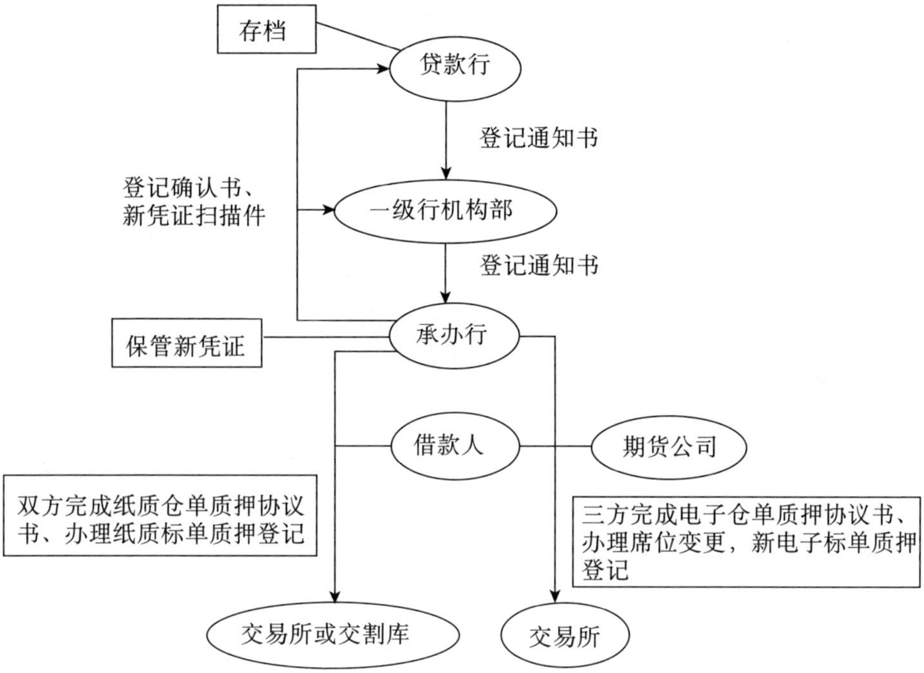

图 9－6　商业银行仓单质押业务基本流程图

资料来源：中国建设银行。

十一、如何选择最优化交割方式与矿种？

在铁矿石期货交割中，只要符合交割标准的铁矿石都可以进行交割，但不同矿之间会存在差异性。某些矿种在交割时能得到高于市场现货价格的额外收益，而某些矿种在交割时的定价就显得相对较“亏”，因此，交割过程中如果处理得当，则可以获得额外利润。

以 2013 年 12 月某时的价格为例，经过对结算价的估算，即时交割时有如下结果（见表 9－11）。

表 9-11　可交割矿的交割升贴水与现货直接超额利润分析

矿种	铁（%）	硅+铝（%）	磷（%）	硫（%）	粒度	市场价	交割价	超额获利
SSFG，巴粗	63.5	5.5+1.5	0.07	0.05	0.05	975	963	-12
PFCJ，巴精	65	4+1.5	0.03	0.05	0.05	1 035	997	-38
PB，Fine	61.5	3.8+2.3	0.1	0.05	0.075	910	946	36
Newman，Fine	62.5	4.3+2.3	0.08	0.05	0.075	920	956	36
62%，澳粉	62	5+2.1	0.08	0.05	0.075	920	946	26
印度粉矿	63.5	4.5+2.5	0.07	0.05	0.05	935	963	28

数据来源：我的钢铁网、大连商品交易所。

如果某贸易商在港口有上述矿粉需要通过期货交割出货的话，选择 PB 粉和 Newman 粉具有明显优势，其比现货市场出货要多 36 元/吨的利润空间；而作为市场买方交割者而言，如果能够以当前交割价买到 63.5% 巴粗或者 65% 的优质巴精粉矿，则相比现货市场购买会节省 12～38 元/吨的成本。当然，随着市场的成熟，这种利润空间会逐渐缩小，但这种差异性带来的利润空间仍然存在，仍值得投资者去利用。

有了相关分析，卖方和买方即可清楚何种矿种交割对自身有利，能够指导实际交割过程对交割矿种的选择。

十二、铁矿石期货交割过程中期货公司和企业需要特别注意的问题有哪些?

铁矿石期货交割过程中可能出现的问题有如下几个。

1. 对于未有交割意向的企业慎重持仓进入交割月，而期货公司应在进入交割月前对持仓客户进行提醒，确认计划交割后即启动相关服务内容，保证交割各项流程的顺利进行。

2. 交割月内商品价格会呈现小成交量宽幅走势，加之保证金比例提高至 20%，因此，计划交割的企业要注意资金安全性和充足性，避免交割月爆仓引起强平等风险，影响整体交割。期货公司也应特别加强交割月内的持仓风险监控与提示。

3. 对于交割量较大的客户需要做好异地交割的准备。因为交易所设定的交割库库存有限，配对制度中难免使得交割量较大的客户出现不同交割库交割的局面，所以运输距离远近等问题可能引起交割成本上升。

4. 对于卖出交割方，需提前将铁矿石运至交割库，因此需计算运输时间提前量，不能因为运输耽误入库，对于运输线路中各个环节都要考虑清楚；买方则应提前安排运力，尽量不要延迟出口造成成本升高。

5. 交割质检方面的争议要据理力争，按照标准办事，以规范整个市场环境。

十三、如何处理铁矿石期货交割过程中的违约?

（一）违约判定

大商所在《大连商品交易所交割细则》第 23 章规定，在交割过程中具有下列行为之一的，即构成交割违约：

1. 在规定期限内，卖方未能如数交付标准仓单的；
2. 在规定期限内，买方未能如数解付货款的。

（二）计算违约数量

对于卖方违约和买方违约数量，卖方体现为到库货物数量，买方则体现为资金准备情况，两者通过以下计算方法统一折算为交割品种上的交易手数违约数量：

卖方交割违约合约数量（手）= 应交标准仓单数量（手）– 已交标准仓单数量（手）

买方交割违约合约数量（手）=［应交货款（元）-已交货款（元）］÷（1-20%）÷交割结算价（元/吨）÷交易单位（吨/手）

对于违约部分应预留合约价值20%的违约金和赔偿金。

（三）违约处理

发生交割违约后，交易所于违约发生当日结算后通知违约方和相对应的守约方。违约通知通过会员服务系统随当日结算数据发送，会员服务系统一经发送，即视为已经送达。守约方须在下一交易日11：00以前将终止交割或继续交割的选择意向书面递交交易所。逾期未递交选择意向的，交易所按终止交割处理。终止交割后，交易所交割担保责任了结。

1. 卖方违约的，买方可作如下的一项选择：

（1）终止交割：交易所退还买方货款。

（2）继续交割：交易所在最后交割日后的3个交易日内发布标准仓单征购公告，并在最后交割日后的第7个交易日组织征购。征购成功，交易所支付给买方标准仓单；征购失败，卖方支付给买方违约部分合约价值15%的赔偿金，交易所退还买方交割货款后终止交割。卖方承担因征购产生的一切经济损失和费用。征购价格不高于交割结算价的125%，竞卖价格不低于交割结算价的75%。

2. 买方违约的，卖方可作如下的一项选择：

（1）终止交割：交易所退还卖方标准仓单。

（2）继续交割：交易所在最后交割日后的3个交易日内发布标准仓单竞卖公告，并在最后交割日后的第7个交易日组织竞卖。竞卖成功，交易所支付给卖方交割货款；竞卖失败，买方支付给卖方违约部分合约价值15%的赔偿金，交易所退还卖方标准仓单后终止交割。买方承担因竞卖产生的一切经济损失和费用。

3. 若买卖双方都违约的，交易所按终止交割处理，并对双方分别处以违约部分合约价值5%的罚款。

4. 会员发生部分交割违约时，违约会员所接标准仓单或所得货款可用于违约处理。

5. 会员在实物交割环节上蓄意违约，影响或试图影响实物交割的正常进行，牟取非法利益的，交易所对违约会员可给予警告、通报批评、暂停开仓交易 1 ~ 6 个月的处罚；有违约所得的，没收违约所得，并可处违约部分合约价值 10% ~ 30% 的罚款（见《大连商品交易所违规处理》第二十五条）。

十四、铁矿石期货交割过程中的常见问题有哪些？

交割过程中会出现很多具体问题，以下分析可供投资者参考。

（一）交割资金不足引起的交割问题

某投资商从事现货铁矿石贸易，并在期货上做买入套期保值作为库存管理方式。2014 年铁矿石期货一路下跌，导致其期货持仓亏损严重。进入交割月后，保证金从 10% 提高至 20%，使得其保证金占用率高达 85%。之后的不利交易导致此投资商盘中爆仓。由于资金亏损面大且无法及时补充，被迫采取挂跌停价减仓的措施，使得计划交割的数量严重缩减的同时资金爆亏 20%。事实上，如果该投资者在进入交割月后发现资金不足时，完全可以采用仓单质押方式获得活动资金，这样就可以完全避免上述损失的发生。该例子说明即使有现货基础，在不能对交易风险进行防范的时候也会造成巨大损失。对于交易规则、操作细节的了解有可能使风险化险为夷。

（二）混矿问题带来的买方亏损

混矿问题在焦煤交割过程中就存在，在铁矿石交割过程中也会发生。某小型钢厂积极参与铁矿石期货，并在原材料上采用买入套期保值的方式锁定风险。2014 年某月铁矿石主力合约进入交割月最后几天，价格较现货市场价具有 50 元/吨的明显优势，该企业决定交割。到期交割后，该企业发现卖方交割的铁矿石粉矿为混矿（即利用高品矿配好的低品矿），但质量检验符合交割标准，只能正常进入交割流程，而此混矿市场价比交割价要低 100 元/吨。这一情况使企业的交割预期利润损失殆尽，并高价买入了“不好用”的矿。遇到该类情况，企业可以向交易所提出异议，并积极与卖方就交割贴水进行谈判，一般能够降低损失。相关质检机构和交易所也在积极解决此类问题，例如在质检环节中加入矿相分析等措施来进一步完善质检环节。而作为买方在考虑此风险时可采用期转现的方式提前绕开，同时方便企业挑选对自身有利的矿。

（三）交割结算价带来的偏差

交割结算价是自交割月第 1 个交易日起至最后交易日所有成交价格的加权平均价，因此，进入交割月后，持有仓位的交易者就要关注价位的变化。一般来说，成交量会随着交割临近而逐渐减少，但价格波动幅度依然很大，有时甚至达到涨跌停板的幅度，这也是多空逼仓的最后较量。某投资者持有期货空单做期现交割套利，而交割月内价格基本呈现有利方向变动，波动不瘟不火，临近交割日前，行情突然出现转机，连续 3 日出现 3% 幅度以上的拉涨，且成交量较大，导致该投资者持有的仓单按照最后交割结算价计算出现大量亏损，基差向不利方向大幅偏转导致套利收益为负，从而导致套利失败。实际上，笔者经过统计发现，在合约临近交割或换月过程中，基差经常出现短期大幅变化，上述风险的发生概率也较大。因此，期货与现货的套利在进入交割月后就要关注基差的变化，如出现较大不利情况就需要考虑提前止盈，从而还能省出一部分交割成本。

当然，随着交割业务的增长，其中将会出现越来越多的问题，也需要所有市场参与者共同去发现并解决，从而共同促进铁矿石期货市场的健康发展！

自测题

一、填空题

1. 铁矿石期货的交割方式有__________、__________以及__________三种。

2. 符合大商所铁矿石期货交割品质的铁矿石品位最低需要在__________之上。

3. 铁矿石一般性集中交割的最小交割单位为__________，而提货单交割方式的最小交割单位为__________。

4. 铁矿石期货提货单交割分为两个大致阶段，分别为__________和__________。

5. 铁矿石期货交割价格采用__________加上__________确定。

二、选择题

1. 最后交易日收市后，对于个人客户交割月份合约的持仓和非交割单位整数倍持仓仍未能平仓的情况，交易所的基本做法是（　　）。
   A. 按照“不允许交割持仓优先，含有时间最短持仓的交割单位整数倍持仓优先”原则，选择对手方持仓对冲平仓，平仓价格为该合约交割结算价
   B. 客户持有的不允许交割持仓部分处以按交割结算价计算合约价值20%的罚款，该款项支付给对方
   C. 对冲双方均为持有不允许交割持仓的客户，交易所对双方分别处以按交割结算价计算合约价值20%的罚款，不再支付给对方
   D. 交易所将关闭相关账户的交易权限，并且不再允许进入相关市场
2. 交易所在考虑铁矿石期货交割地点时，主要考虑以下（　　）。
   A. 符合现货贸易流向
   B. 处于一个统一的价格区域内
   C. 兼顾市场避险需求并降低交割风险
   D. 价格为全市场最低价格区域
3. 大连商品交易所在环渤海沿岸的青岛港、唐山港、天津港、日照港、连云港等设置期货交割仓库，在河北及沿海港口设置交割厂库以辐射铁矿石产地，这将发挥这些地区的（　　）优势。
   A. 交割区域覆盖铁矿石消费集中区
   B. 交割区域具有良好的天气与海况
   C. 交割地覆盖我国铁矿石贸易集中区

D. 交割厂库和仓库的分布地域的矿石价格间均具有较好的相关性

4. 关于铁矿石仓库仓单交割质检，下面说法错误的是（ ）。

A. 铁矿石入库卸车时没有提前抽样，将显著增加质检带来的损耗和成本

B. 铁矿石入库质检单位为交易所指定的第三方质检机构

C. 出库时，货主对质量检验结果有争议的，可让指定质检机构到场检验，所产生的一切费用一律由货主承担

D. 铁矿石使用干基计重，因此大商所规定在仓库交割过程中，由仓库质检机构检测水分，将货物仓库检验重量折算成干基重量

5. 铁矿石期货提货单交割方式在交收阶段时，投资者要特别注意的问题有（ ）。

A. 提高保证金比例

B. 最后通知日

C. 具体交割溢短问题

D. 质量确认环节

E. 交割港口接船信用问题

三、判断题

1. 参与期货市场的投资者都可以参与铁矿石期货的交割。（ ）

2. 铁矿石期货交割过程中，只有与标准品的品质一致的铁矿石才可以参与交割。（ ）

3. 铁矿石期货交割过程中涉及各种费用，买方和卖方的费用基本一致。（ ）

4. 铁矿石期货交割运输选用洁净的火车车厢、汽车车厢、轮船船舱或其他运输工具。（ ）

5. 交割末期，买方在获得提货通知单后需尽快安排出库，否则在 4 日后就要支付滞纳金。（ ）

6. 期转现业务只需要买卖双方任何一方向交易所提出申请即可实现。（ ）

7. 从事与其自有标准仓单商品品种相关联的生产、加工和贸易活动，并且有短期资金周转需求的企业均可利用期货仓单质押业务。（ ）

8. 期货仓单质押业务只能抵押给交易所。（ ）

9. 对于交割过程的违约部分，应预留合约价值 20% 的违约金和赔偿金。（　）

10. 若买卖双方都违约的，交易所按终止交割处理，但双方不需承担罚款。（　）

参考答案

一、填空题

1. 集中交割（一次性交割）　期货转现货交割　提货单交割
2. 60%
3. 10 000 吨　40 000 吨
4. 配对阶段　交收阶段
5. 交割结算价　品质升贴水

二、选择题

1. ABC　2. ABC　3. ABC　4. C　5. ABCD

三、判断题

1. ×　2. ×　3. ×　4. √　5. √
6. ×　7. √　8. ×　9. √　10. ×

参考文献

1. 王筱留：《钢铁冶金学：炼铁部分》，冶金工业出版社2013年版。

2. 叶卉、张忠义、应海松：《铁矿石资源的战略研究铁矿石检验技术丛书》，冶金工业出版社2009年版。

3. 褚永："国际铁矿石贸易垄断价格的形成机制"，《外国经济事务与贸易实践》，2007（4）：38～40页。

4. 侯卉、李兵、王娜："我国铁矿石资源可持续发展的战略分析"，《我国经贸导刊》，2006（22）：17～18页。

5. 刘宝发、王震、毛箭："国际铁矿石定价机制及其发展"，《国际观察》，2008：28～29页。

6. 李拥军、仲海洋："中国钢铁产业集中度的政策性因素分析"，《冶金经济与管理》，2008（4）：13～15页。

7. 万学军、何维达："中国钢铁产业政策有效的影响因素分析——基于政策制定与实施过程的视角"，2010（10）：18～24页。

8. 应海松、朱波：《铁矿石商品的检验管理/铁矿石检验技术丛书》，冶金工业出版社2009年版。

9. 任春生、付冉冉、余青：《铁矿石检验结果的数据处理》，冶金工业出版社2009年版。

10. 周源、艾光华：《铁矿石选矿与实践》，化学工业出版社2011年版。

11. 牛福生、张晋霞、刘淑贤：《铁矿石选矿技术/现代选矿技术丛书》，冶金工业出版社2012年版。

12. 杨丽梅：《铁矿石资源约束下的中国钢铁工业可持续发展研究》，冶金工业出版社2010年版。

13. 应海松：《铁矿石国际标准规定及应对策略》，冶金工业出版社2009年版。

14. 冯志方："国际定价权与中国铁矿石期货市场的构建"，哈尔滨工业大学，2011年。

15. 张会清："中国铁矿石进口风险的量化评估——兼评进口多元化策略的成效"，《国际经贸探索》，2014（01）：52~61。

16. 约翰·墨菲（丁圣元译）：《期货市场技术分析》地震出版社2005年版。

17. 斯坦利·克罗（陈瑞华译）：《期货交易策略》山西人民出版社2013年版。

18. 丁鹏：《量化投资——策略与技术》，电子工业出版社2012年版。

19. 吴岚、王燕：《风险理论》，中国财政经济出版社，2008年版。

20. 马克·道格拉斯（刘真如译）：《交易心理分析》，电子工业出版社2011年版。

21. 萧普谢尔：《交易赢家的心理优势》，山西人民出版社2010年版。

22. 鹿希武：《趋势交易法（第2版）：新增交易心理学》，中国金融出版社2011年版。

23. 刘兴强：《现代企业套期保值高级教程》，中国财政经济出版社2012年版。

24. 张鸿儒：《套期保值策略计划步骤》，地震出版社2011年版。

25. 于研：《外汇操作理论与实务》，上海财经大学出版社2012年版。

26. 大连商品交易所：《铁矿石期货交易手册》，2013年。

27. 大连商品交易所：《铁矿石期货合约制度设计说明》，2013年。

后 记

随着中国铁矿石期货这一重量级品种的上市及成功运行，市场中迫切需要一本围绕铁矿石期货为内容的基础教材，本书在此背景下孕育诞生。对铁矿石期货有兴趣的普通读者、投资者及铁矿石期货现货企业都可以认真读一下本书。本书介绍了铁矿石期货相关基础知识，针对不同的投资主体，以各自差异性需求为导向，向广大读者介绍了包括铁矿石期货基本面、分析手段、交易心理、风险控制等诸多重点环节的实务性内容，特别是在基本面分析、套期保值、套利交易、风险管理四大方面展开了较为全面的阐述，并引入了大量实际案例方便读者体会和领悟。因此，本书不仅可以做基础性教材，也可作为投资者的启发性读物，同时可为各类投资者的实际决策提供参考依据。

本书在编写过程中，遵循“基础全面、内容翔实、突出运用、易于上手”的设计宗旨，突出基础性、通俗性、实用性、规范性及可读性。针对铁矿石采选、运输、仓储、冶炼四大基础环节所涉及的各方面内容展开结构性说明，通过大量实际案例来间接说明相关内容的应用。本书结构安排中，采用“前—基础、中—提高、后—实务”的整体布局，使读者在阅读过程中，自然而然地提高铁矿石期货的认知水平。本书内容上充分考虑铁矿石这一期货品种的特点，坚持以其商品属性为基础特点展开行业分析，同时考虑其国际金融属性论述其投资价值，使读者能够准确把握其中的投资定位及投资策略的产生基础，从而能够指引投资者以明确的目的参与铁矿石期货交易。

同时，本书还加入了投资心理、制度设计、风险控制等相关内容，帮助读者在学习期货知识时，也能够形成一套适合自身需要的交易心理、交易制度及风险解决方案。本书还向广大企业介绍了企业应用期货市场所需要的制度、流程等必要内容，便于企业在认识期货市场的同时明晰参与方式，从而消除企业参与期货交易不必要的顾虑，帮助企业提高参与期货交易进行风险控制的积极性。

本书反复强调期货市场本身的风险及其产生原因，穿插引入反面案例说明错误投资造成的巨大危害，以期帮助投资者认识理性投资的重要性，加深投资者对期货投资中容易发生的错误的印象。此外，作者加入了一些对于交易制度、交易方法等的分析解读，使得读者更容易理解相关内容。关于铁矿石期货交割，作者还分享了大量资料的整理分析和经验积累，便于读者参考。

需要说明的是，“期市有风险，入市需谨慎”！

本书由于篇幅有限，无法一一尽述相关企业及投资者在期货上可能面临的所有具体情况。因此，企业运用期货交易工具过程中，务必结合自身的经营需求，制定科学合理的交易策略，严格控制交易规模，切忌“以套保之名行投机之实”。同时，普通投资者在决定参与期货交易之前，应审慎评估自身能力，尽可能熟悉并掌握交易品种的市场运行特点及操作技能，从而规避不必要的风险。

作为《期货投资者教育系列丛书》之一，本书由中国期货业协会投资者教育部负责编写组织工作，余晓丽、刘保宁承担统筹任务。具体编写人员通过公开遴选，并经专家评审最终敲定。英大期货有限公司蔡卓飞同志承担了本书的编写任务。河北钢铁集团北京国际贸易有限公司邵剑华同志为本书提供了专业素材，北京神雾环境能源科技集团股份有限公司孟嘉乐同志为本书提供了政策分析建议，北京达飞安评管理顾问有限公司张志梅同志提供了流程设计方面的参考内容，中国机械进出口（集团）有限公司宣言同志提供了外汇风险管理方面的参考内容。大连商品交易所王淑梅同志对本书的书稿进行了审阅并提出了宝贵的建议。本书在编写过程中还得到了中国证监会期货部、大连商品交易所和英大期货有限公司领导的指导和帮助，在此表示由衷的感谢！书中难免有错误之处，还请广大读者和专家批评指正！

中国期货业协会

《期货投资者教育系列丛书》编委会

2014 年 11 月